资深 HRD 手把手教你进阶

魏少俐　著

任何组织的价值分配、价值激励体系都将着眼共同目的：
激活个体价值，促进组织和商业的指数级增长。

中国经济出版社
CHINA ECONOMIC PUBLISHING HOUSE
·北京·

图书在版编目（CIP）数据

资深 HRD 手把手教你进阶 / 魏少俐著. -- 北京：中国经济出版社，2022.1（2022.10 重印）

ISBN 978 - 7 - 5136 - 6801 - 9

Ⅰ.①资… Ⅱ.①魏… Ⅲ.①企业管理 - 人力资源管理 Ⅳ.①F272.92

中国版本图书馆 CIP 数据核字（2021）第 268648 号

责任编辑　邓嫒嫒
责任印制　马小宾
封面设计　任燕飞工作室

出版发行　中国经济出版社
印 刷 者　北京力信诚印刷有限公司
经 销 者　各地新华书店
开　　本　710mm × 1000mm　1/16
印　　张　18.25　插页印张　1
字　　数　274 千字
版　　次　2022 年 2 月第 1 版
印　　次　2022 年 10 月第 3 次
定　　价　69.80 元
广告经营许可证　京西工商广字第 8179 号

中国经济出版社 **网址** www.economyph.com **社址** 北京市东城区安定门外大街 58 号 **邮编** 100011
本版图书如存在印装质量问题，请与本社销售中心联系调换（联系电话：010 - 57512564）

推荐序一

中国企业人力资源管理能力偏弱的问题，在近十年已经得到了改善，但是这个问题依旧困扰着许多持续快速发展的企业。

在商会活动和企业家协会活动中，我也常常听到这样的感叹“公司的业务机会很多，人员老是跟不上”“公司 IPO 后并购了很多企业，就是派不出人去管理”“公司规模在扩大，能胜任的人却总是捉襟见肘”……目前有数据显示，91% 的企业家认为公司发展最大的瓶颈问题是人力资源问题，但是将人力资源第一负责人排在公司高管前五位的企业数却只占 16%。

许多参加私董会的企业家都发现一个现象——私董会上讨论的一半以上都是有关人力资源的话题。中国品牌营销大师叶茂中认为，绝大多数人力资源跟不上公司发展的痛点都源自于“冲突”。人力资源成为阻碍企业快速发展的最大瓶颈，与企业并没有将人力资源管理工作放在最重要的位置、没有将人力资源工作交给最有能力的人去做之间的冲突。

企业存在上述瓶颈与冲突的根源在于企业 HRD 严重缺位，导致无法从根本上解决人力资源支持企业发展的问题。

越来越多的企业家在寻找优秀的 HRD，原因有三：第一是企业规模增长“做大”的需求，需要更多的优秀人才；第二是企业高质量发展“做强”的需求，需要企业不断提高管理能力，加强内部协作，提升组织效能；第三，企业持续发展“做久”的需求，需要企业培育组织能力。中国经济与社会的变革转型期，大量的中国企业仍然保持着持续增长的势头，在这样的背景下，企业“做大、做强、做久”的需求，需要强大、专业的人力资源部来支撑，而企业能否拥有一个强大、专业的人力资源部，取决于企业有没有一位胜任的HRD。

我个人认为一个优秀的HRD，要与CEO一样，具备使命感、梦想和信念，同时还要具备主人翁责任心。少俐在本书中第一章“管理者的自我修养”里面，反复提到HRD需要具备的心态、理念、素养，与我的看法一致。少俐在书中不仅仅写出了优秀管理者的格局和胸怀，更是从实战层面详细地解剖了管理工作的每一个模块。她无私地分享了自己多年来在一线工作岗位上的经验，用案例和图表来阐述如何做好人力资源管理第一负责人的各项工作，非常难得！

本书值得企业家们认真研读，一来可以为企业找到合适的HRD提供人才画像，二来可以检查一下组织内部的人力资源管理工作，寻找提升的空间。

本书也值得HR们的认真研读，它为HR的进阶、提升，提供了非常有效的路径和方法。

朱国志

浙江省台州商会会长

浙江省休闲养生协会副会长

台州市路桥区“桐屿乡贤会”副会长

北京中宏瑞康控股有限公司董事长

推荐序二

人力资源工作简单吗？我想每一位从事人力资源工作的专业人员都会有不同的答案。本人从事人力资源工作多年，听闻更多的还是纠结和抱怨。之所以有这样的困扰是因为人力资源从业者，尤其是人力资源第一负责人，常常需要平衡和解决组织与员工之间不同的利益诉求，需要处理不同群体，特别是组织中的高层管理者对人力资源的定位以及对人员招聘、评价、激励、培养、任用等具体工作不同的认知和标准。大多数的冲突往往来自更深层次的理念，譬如对人性的假设、对环境的判断、对企业经营管理的不同观点，以及对人力资源价值的判断。这类深层次理念，却很少在日常工作中被涉及、被讨论，因而就难以达成共同的语境、协同的行为和共同期望的目标。

现实往往就是当有人被提拔，那就是其个人的能力强、业绩好，或是受领导的赏识与提携，与人力资源部门毫无关系；当员工被辞退、被降职、被降薪，员工往往会觉得是人力资源部门在作祟，至少没有为其去争取、维护；如果业务不能及时找到合适的人，没有足够的人才可供事业扩张发展，甚至业绩没能如期完成，那“背锅”的肯定是人力资源部门；组织文化氛围不好、员工敬业度低，人力资源部门被怪罪必定是首当其冲……凡此种种，人力资源的从业者，多会感叹“人不好做，事不好做，人事就更不好做。”

本书作者少俐，在不同类型的企业从事人力资源管理工作 17 年，既经历过大型传统制造业发展壮大过程中复杂的管理模式，也经历过新型互联网公司从萌生想法到产品成型、融资上市的“涅槃”过程。她本人的法律背景和文化素养，为其职场发展和著书立说奠定了坚实的基础。少俐的发展不同于其他的人力资源总监，她逆势发展、从上往下做管理工作，从律师楼工作3年出来之后，2006年开始担任大型制造业公司的总裁助理，管理法务、人力和行政工作，从组织发展角度和风控层面去考虑企业经营层面的管理策略，并迅速实操了人力资源管理各模块的业务，她常年保持良好的学习习惯，工作中爱思考、爱创新。2012年，她去了当时处于资本风口浪尖的物联网企业，担任人力资源第一负责人，把在传统企业烂熟于心的流程体系和管理经验，与当时最新颖、最前沿的管理理念相结合，形成了自己的360度无缝支撑业务成长的HR管理模式、人才选拔模型方法论和绩效管理创新OKR管理方法。之后的这些年，她沉淀并深耕于科技类公司，2017年，少俐在万人规模的高科技集团公司担任HRVP①，进一步实现她对管理的理解和方略，从构建人力资源三支柱模型为起点，成立HRCOE②专家组，统筹人力资源体系，再设置HRBP③部支撑全国业务事业群，形成双向管理和辅导体系，后再搭建HRSSC④共享服务中心，应用统一、标准的基础服务体系，支持集体在全国各地的下属公司的业务。次年，她搭建了集团的企业大学，分设三大学院，担负起全体员工的教育和人才发展工作，她革新了集团陈旧的绩效管理体系，优化了宽带薪酬政策，为厘清集团管理体系、激励和保留关键人才做出了较高的贡献。

本书共八章，涵盖了全面的管理理论知识，从管理者的自我修养，到战略管理和组织创新，再到人才招聘与配置，然后是企业文化、培训

---

① HRVP是Human Resource Vice President的英文缩写，是人力资源副总裁的简称。

② HRCOE又称人力资源专业知识中心或人力资源领域专家，COE是center of expertise or center of excellence的缩写，意思是HR（Human Resource）领域的专家，主要是制定、设计制度、流程和方案，提供全球方案标准，并进行管理。

③ HRBP又称人力资源业务合作伙伴。HRBP实际上就是企业派驻到各个业务或事业部的人力资源管理者。

④ HRSSC又称人力共享服务中心。HRSSC的定位是HR的标准服务提供者，确保服务交付的一致性，提供标准化、流程化的服务，使主管和HR从操作性事务中释放出来，提升HR整体服务效率。

与人才发展，再到绩效管理与创新，薪酬福利管理，最后是员工关系管理。少俐结合了多年来在人力资源第一负责人工作岗位上的实战经验，充分应用案例、图、表、真实工作记录，详细阐述了管理理念的含义和实操流程，解锁了各模块管理工作的速成要点，展示了大量的工作技巧和管理干货，新颖而实用。少俐在本书**“组织创新”**中推崇**“青色组织/液态组织体系”**，建议年轻的互联网、科技类企业设置灵活高效、激发个体自我意识的组织体系；她主张构建激发员工个体自我精进、自我管理、敏捷赋能的企业文化，推荐所有的管理者弱化权力距离，致力于创造使员工产生心流体验的工作氛围；少俐还强调在人力资源工作的各个模块，企业应当时时处处与员工建立良好的心理契约，树立正向积极的企业氛围，来保证组织使命的实现。

面对当前快速巨变的时代、眼花缭乱的技术、纷繁复杂的人性，要做好人力资源管理工作，就得看穿实质、抓住问题的关键，回归人力资源的本源，从理论到实践。少俐具备这样的功力是非常不容易的。回归本源、化繁为简的功力来自少俐多年来跨行业、跨领域的实践、思考与总结提炼。建议人力资源从业者们都认真阅读一下，在理念的框架下、在实战的案例中，相信一定会帮助你在人力资源工作上获得新的思路或方法，更好地帮助企业实现组织目标。

曾晓华
深圳市人力资源协会会长

推荐序三

从事人力资源工作从来不容易，要当好现代的 HR 更是颇具挑战。在后 VUCA[①] 时代，组织的变化特别快，模糊性和复杂性比以前变本加厉。组织的负责人需要了解最佳人力资源实践（High Performance Work System）、知道怎样做战略配合（Strategic Fit），也需要具备人力资源管理能力。根据德勤 2020 年十大人力资本趋势的分析，组织需要员工发挥潜能，为企业做贡献，建议管理层懂得怎样管理好员工的心。

如果要做好相应的准备，HR 需要对数字化经济有所了解，能很精准地分析问题和使用恰如其分的工具与方法。很高兴知道少俐有这份担当，愿意把作为高管 HR 的经验与大家分享，她是我的学生，我看到少俐有这方面的优势，她不单是学过 HR 的专业，有管理心理学的背景，而且懂得学以致用。

在《资深 HRD 手把手教你进阶》一书中你会看到内容涵盖的范围很广：从企业战略出发，到 HR 模块（人才招聘与配置、培训与发展、人才激励/绩效与薪酬、员工关系）的具体操作、工具、流程和技巧。而且，书中有很多新的概念。例如，少俐建议企业成为“青色组织”以回应数字时代、互联网的时代要求，文中清楚说明了如何构建这种组织和如何辅以案例来说明。少俐也特别提到 HR 需要帮助个体找到价值与意义，使员工在工作上产生心流，更投入地工作，发挥潜能，为企业做更多的贡献。

---

① 注：VUCA 是 volatility（易变性），uncertainty（不确定性），complexity（复杂性），ambiguity（模糊性）的缩写。VUCA 这个术语源于军事用语并在 20 世纪 90 年代开始被普遍使用。随后被用于从盈利性公司到教育事业的各种组织的战略这种新兴思想中去。

另外，书中特别重视管理中的心理学应用。虽然本书是谈论怎样做好人力资源管理工作和需要的相关能力，但是，少俐也提醒读者必须要注意员工的心理状态，目标是成为一位组织中的“心理人”（Psychological man）：对员工有真正的尊重和关怀。所以，在本书的第一章，她就提出管理者的自我修养要求，这些建议也符合我们中国文化中的先修身，然后才齐家、治国和平天下的理念；在描述员工关系管理时，她建议构建EAP员工心理救援方案的同时，也特别强调管理者需要有“人本主义”的心态。

我推荐这本书的另一原因是内容很具体。在人才选拔中少俐建议用大五人格测试，在做素质模型构建时需要注意的地方，在绩效管理中她建议“轻绩效重氛围”，而不是一味追求新的理论模型，这对每一位从事HR的朋友们都是很好的提醒。由于少俐的工作经验，她考虑到这本书必须要使用不同的案例。在战略管理一章中，除了描述人力资源管理者需要知道的管理策略外，她使用案例，非常具体和详细地描述了怎样分析与确认K公司的战略目标。

盼望大家通过这本书来深入了解一位成功的HR是怎样处理组织中的人力资源管理与开发的问题，与少俐一起成为组织的战略伙伴（Strategic Partner）。

骆松森博士

人力资本管理系主任

学院首席讲师

香港大學SPACE中國商業學院

Preface | 序

当今世界，一切都处于不确定的VUCA时代，企业到底需要什么样的管理体系？组织究竟需要什么样的人才，来支撑战略实现和业务布局？来完成企业的使命和愿景？

李善友教授在混沌大学的课程中反复指出，"管理就是牛顿机械论的应用和阐述"。他主张按照牛顿机械论的逻辑和理念来做管理，在各个环节和流程上，运用机械齿轮咬合的方法，来拆分管理流程、业务运营环节和每个环节的交叉及模糊点。

彼得·德鲁克在《管理的实践》一书中首次提出"人力资源"名词，他指出企业管理最终是人力资源管理，人力资源管理就是管理的代名词。在我看来，管理是一门科学，更是一门艺术，不能仅仅用机械论的观念来做管理，由于管理的对象是人，就必须考量人性的效用和复杂心理的不可控因素。因此，我认为管理是科学严谨的分析、研究、验证和预测，加上艺术般的人性探索，秉承良善、正直积极的文化导向，相互共同作用的一门综合学科，是社会进步发展的重要表现。管理的终极意义是激发人性之美，塑造积极公正的群体效应，使组织效能最大化。

通过管理来实现组织效能最大化这个过程是非常难以实现的，企业的第一管理者是老板，由于老板忙于各种战略规划、方向性指引，以及融资、上市、业务、技术突破等重大问题，所以承接组织管理的人，一般来说是企业的HRD（人力资源总监的简称），国内部分大型集团企业也会设置HRVP等更多层级的人力资源管理职级和职位等。HRD上承企业战略，下接基础人才工作，是现代企业中不可或缺的重要岗位，那么，HRD的工作该如何开展？管理的有效性该如何发挥？老板究竟需要什么样的HRD？HRD究竟应该具备什么样的素质和技能呢？

本书从作者的实际工作经验和真实案例分析出发，为您深度揭秘HRD的工作秘籍。从现代企业的战略分解到组织设计，从人才和测评发展到人才管理的各类风控，继而研究人力资源管理的各个模块，以HRD的实战经验、工作心得，结合真实案例以及管理理论，深入浅出，分阶段、分层次地阐述了如何进行战略目标的确定、如何进行组织设计、人力资源规划、招聘与配置、人才测评、人才素质盘点及优化、培训和发展、绩效管理及创新、薪酬福利管理、员工关系与组织氛围管理，以及管理者的修养提升等内容，详细讲解了人力资源的理论和应用方法。

本书以企业的生命周期起点为基石，从如何借助HRD这个桥梁来实现企业使命，到各类基础管理工作的实操方法，详尽而实用地阐述了HRD工作的思路、方法和关键技巧，为广大中高级人力资源从业者，在走向人力资源管理第一负责人的道路上、成为企业老板左膀右臂的重要过程中，提供真实而可行的参考意见和方法。本书又为企业老板挑选合适的HRD提供了具体的能力素质模型，以便企业找到真正适合其发展的管理人才。

书中图表文件
可扫描二维码获取

Contents | 目录

第一章 管理者的自我修养

第二章　战略管理

第三章　人力资源规划与组织发展

第四章 人才招聘与配置

第五章 培训与发展

第六章　绩效管理

第七章 薪酬与福利管理

第八章　员工关系管理

第一章

管理者的自我修养

俗话说，打铁还需自身硬。身为管理者，我们必须具备足够的能力与素养，才能做好管理工作，尽到我们应尽的职责，为企业的发展保驾护航。

书中图表文件
可扫描二维码获取

一、管理者概述

（一）管理和管理者的含义

所谓管理，是指管理者通过与其他人的共同努力，既有效率又有效果地把事情做好的过程。

管理者是指在组织中直接参与和帮助他人工作的人。管理者通过其地位和知识，对组织负有贡献的责任，因而能够实质性地影响该组织经营并达成成果。现代观点强调管理者必须对组织负责，而不仅仅是监督指导、与管理者相对应的是非管理者。

管理者的角色多种多样，主要包括以下三类：人际关系角色、信息转换角色和决策角色。管理者在不同类型的企业，工作角色会有差异。大型企业管理者担当的角色是资源分配者、联络人、信息搜集人、谈判专家、企业家；而小型企业管理者担当的角色是发言人、代表人物、领导者、信息传达人。

（二）基本内容

1. 管理者的级别

（1）基层管理者

基层管理者是指那些在组织中直接负责非管理类员工日常活动的人。

主要职责是直接指挥和监督现场作业人员，保证完成上级下达的各项计划和指令。基层管理者的称谓主要有：督导、团队主管、教练、部门主管、轮值班长、系主任、部门协调人、部门组长等。

（2）中层管理者

中层管理者是指位于组织中的基层管理者和高层管理者之间的人，是两者之间承上启下的桥梁。主要职责是正确领会高层管理者的指示精神，结合本部门的实际工作，有效指挥各基层管理者开展工作。注重的是日常管理事务。中层管理者的称谓主要有：项目经理、大区/地区经理、中心/部门经理、门店经理等。

（3）高层管理者（引导者）

高层管理者是指组织中居于顶层或接近顶层的人。对组织负全责，主要侧重于沟通组织与外部的联系，以及决定组织的大政方针。其更为严格的定义是引导者，不属于管理者的范围，主要职责是注重良好环境的创造和重大决策的正确性。

高层管理者（引导者）的称谓主要有：总裁、副总裁、行政长官、总经理、首席运营官、首席执行官、董事会主席等。

2. 管理者的主要任务

彼得·德鲁克在《管理的实践》中提出，管理者有两项特殊任务，企业中其他人都不需要承担这两项任务，凡是必须承担这两项任务的人都是管理者。

管理者的第一项任务是创造出大于总和的真正整体，创造出有生命力的实体，而且其产出将大于所有投入资源的总和。

管理者就好比交响乐团的指挥家，通过他的努力、学习力和领导力，将发出各种声响的乐器组合起来变成富有生命力的和谐乐章。不过指挥家只负责诠释作品，而管理者既要扮演作曲家，还要充当指挥家。为了完成任务，管理者必须要善于发挥资源优势，特别是人力资源方面的长处，用以中和其短处。要创造出真正的整体，必须要平衡协调企业的三个主要功能：管理企业、管理“管理者”以及管理员工和工作。要创造真正的整体，管理者还必须在采取每个行动时，同时考虑企业的整体绩效，以及需要哪些不同的活动来达成一致的绩效。企业整体绩效的提升，为市场研究创造了更大的空间和挑战，而通过改善市场研究的绩效，也同时改善了企业的整体绩效。

管理者的第二项任务是协调每个决策，调和行动的长远需求和眼前的需求。

无论牺牲长期或短期利益，都会危及整个企业。换言之，管理者必须要一边埋头苦干，一边放宽视野、高瞻远瞩，这要求确实是比较高的。对于管理者来说，如果他不能处理好未来一百天可能遭遇的问题，公司或许根本看不到一百年后的未来，说不定五年后公司就不存在了。管理者无论做任何事情，应该一方面是短期的权宜之计，另一方面也符合长期的基本目标和原则。当管理者无法完全调和长短期的考虑时，至少要设法在中间取得平衡，他必须审慎评估为了保全眼前的利益，将牺牲哪些长期利益，或为了明天的发展，今天需要付出多大的代价。无论是哪一种状况，管理者都必须要有所节制，尽可能将必要的牺牲降到最低，同时尽快修补带来的伤害。

3. 管理者的工作

每一个管理者都需要做许多非管理性质但属于本职工作的内容，例如，销售经理需要做统计分析工作，或安抚大客户的投诉情绪；公司老板需要处理融资细节或进行重要谈判，或者花几个小时去主持晚宴，表扬资深或绩优的员工等。但是这些工作内容有别于所有管理者共同且独有的工作，无论管理者的层级和地位多高，都必须要完成这些工作。我们能够把科学管理的系统分析应用在管理者的职务上，就是最好的证明。管理者可以借助改善五项基本活动，来提升管理绩效，这五项活动共同将所有资源整合成为生机勃勃、不断成长的组织。

（1）管理者设定目标

管理者决定目标是什么，也决定应该采取哪些行动以达到目标。管理者将目标有效地传递给各部门的员工，并通过员工的工作来达成目标。

（2）管理者从事组织工作

管理者分析达成目标所需的活动、决策和关系，将工作分门别类，并且分割为可以管理的职务，将这些单位和职务组织成适当的结构，选择对的人来管理这些单位，也管理需要完成的工作。

（3）管理者必须激励员工，和员工进行沟通

管理者通过管理，通过与下属的关系，通过奖励措施和晋升政策，以及不断地双向沟通，把负责不同职务的人变成一个团队。

（4）管理工作的基本要素是衡量标准

管理者必须为工作建立明确而清晰的衡量标准，这是关乎组织绩效和每一位成员最重要的因素之一。管理者必须确立组织中每个人都有适用的衡量标准，并把衡量标准的重心放在整个组织的绩效上，同时也放在个人的工作绩效上，并协助个人达到绩效标准。管理者分析员工的表现，也评估和解释他们的表现。同时，和对待其他工作一样，管理者和下属沟通，也和上司沟通这些衡量标准的意义和衡量结果。

（5）管理者必须培养人才

管理者可以通过管理方式让员工更容易或者更难发展自己。管理者可能引导下属朝正确的方向发展，也可能误导他们，管理者能够激发他们的潜能或者压抑他们的发展，管理者可能强化他们的正直品格或者令他们腐败。无论管理者是否意识到这一点，他们在管理的时候都会做这些事情。管理者的工作很复杂，做好每个分类工作都需要不同的资格和品质。

设定目标、组织、激励和沟通、绩效评估和培养人才，都是正式管理的工作项目。只有靠管理者的经验才能具体实践这些工作内容，并赋予意义。因此，每一位管理者都可以通过这些项目来评估自己的能力和绩效，可以系统地自我改善和提高管理绩效。

4. 管理者的工具和资源

管理者的一个特殊工具是信息。管理者不是操纵他人，而是通过激励、引导、组织他人来做好自己的工作。而管理者做好这一切事情的唯一工具是文字、语言或数据。无论管理者的职务属于哪个领域，都依赖于

听、说、读、写的能力来发挥工作效能。管理者必须懂得如何把自己的想法传递给别人，同时也必须懂得如何掌握别人的需求。管理者如果不能通过书写文字或口头表述或明确的数据来激励下属，就不可能成为成功的管理者。

管理者手中掌握的资源是人，由于人是特殊的资源，因此管理者运用这个特殊资源时，也需要管理者具有某些特殊的品质。一般情况下，人与人之间的关系总是双向的。然而，管理者与被管理者的关系却比较像亲子或师生关系，在这类关系中，仅仅是公平对待还是不够的，诚实正直的品格才是管理者的关键素质。真正优秀的管理者是具备较强的道德责任和致力于实现企业愿景的人。

5. 管理者如何做决策

无论管理者做什么事情，都是通过决策来完成工作的。一些决策可能是常规性工作，管理者甚至都没有意识到自己做了决策。但是真正重要的决策，都是战略性决策，必须设法了解情势或改变情势，找出可用的资源或应该采用的资源。决策包含了五个不同阶段：界定问题、分析问题、选择方案、寻找最佳的解决方案、把决策转化为有效行动。

（1）界定问题

决策的首要任务是找出真正的问题是什么，并且界定问题。大多时候管理者采取症状诊断方法，这个方法依赖的是经验而不是分析，因此不能以系统化的方式获取经验的企业管理者，就无法采取这个方法。

要明确界定问题，管理者首先必须找到“关键因素”，也就是在进行任何改变或采取措施之前，必须要先改变的因素。其次是决定解决问题需要什么条件，同时彻底想清楚解决方案的目标是什么。解决方案的目标必须反映企业目标、聚焦于组织绩效和经营成果上，在短期的未来和长期的未来之间取得平衡，并且将企业整体与经营企业所需的活动一起纳入考虑。同时，管理者必须对限制解决方案的各种问题或规定进行深思熟虑。

（2）分析问题

找准问题、设定目标和确立规划等步骤构成决策的第一个阶段。问题界定清楚之后，下一个阶段是分析问题：将问题分类，并且寻找事实。

问题的分类遵循四个原则：决策的未来性、决策对于其他领域和其他部门的影响、决策品质的考虑、决策的独特性或周期性。这样的分类能确保决策对于企业整体产生实质性贡献，而不是以牺牲整体利益为代价来解决眼前或局部的问题。因为这个分类方式乃是根据问题与企业的整体目标以及个别部门的分立目标之间的关联性来筛选问题，强迫管理者从整个企业的角度来审视自己的问题。

（3）选择方案

方案的选择因想要解决的问题而异，但是都需要考虑一个可能的方案：根本不采取任何行动。在所有组织问题中，尤其重要的是必须考虑到不采取任何行动的选择方案。

（4）寻找最佳的解决方案

管理者可以根据四个标准，在各种可能的方案中，选出最佳解决方案：①风险；②投入精力所达到的经济效益；③考虑时机；④资源限制。

管理者不能因为任何一个原因而做出错误的决策，决策必须在真正可行的方案中做选择，无论最后选择哪种行动，都足以解决问题。

（5）解决方案都必须要有效实施

最后一条，任何解决方案都必须要有效实施。由于决策会影响到员工的工作，所以决策应该帮助他们达到目标，展现更优的绩效，取得更好的工作效益，并且获得更大的成就感。决策不应该只是为了协助管理者更好地运营、使工作更顺利，还应包括从工作中得到更大的满足感。

无论管理者的职能或层级如何，他们都必须做出越来越多的战略性决策，并且越来越难以依赖直觉来做出正确的战术性决策。

二、 管理者的修养

（一）管理者的基本修养

在企业中，每一位管理者都要面对的现实就是：一方面企业要求管理者做到有效管理；另一方面却又使管理者很难达成有效性。因此，一位管理者如果不能致力于使他的工作卓有成效，现实必将迫使他一事无成。作为管理者，在企业里无时无刻不面临着四类现实难题。

一是管理者的时间总是只属于别人，而不属于自己。如果我们从工作的情形来给管理者下个定义，我们可以说管理者是组织的囚徒。每个人都可以随时来找他，而事实上企业里每个人真的都是这么做的。

二是管理者往往被迫忙于“日常运作”，除非他们敢于采取行动来改变周围的一切。管理者所面临的一连串工作几乎没有人告诉他们任何情况，更不可能向他提示真正的问题所在。如果管理者被迎面而来的事务所左右，那他不久就要穷于应付了。当然，有才干的管理者足以应付得了，但是实际上这样是在浪费他的知识和能力，把原本更有效的工作撇开了。管理者需要有一套判断标准，使他们能够集中精力去做真正重要的事情。但是现实中，一些管理者缺乏他们所需要的这套判断标准。

三是管理者本身处于组织内部的限制之中。对于管理者的有效性而言，最重要的任务，往往并不是管理其直接的下属员工，而是其他部门的人员，就是所谓的跨部门沟通，或者是管理者本人的上司。一个管理者如果不能与这些人主动沟通，不能使这些人利用他的贡献，他本身就没有有效性可言。

四是管理者所处的组织是个外部变量。管理者由于身处组织或某个企业的内部，他们所看到的，都是组织已经主观加工过的、高度抽象的外部世界，已将组织的相关标准强加给外部的客观事实。然而企业是社会的一个组织，只有为外部环境做贡献，才能有所成就。针对外部情况，真正重要的不是趋势，而是趋势的转变。对于这种转变，管理者必须要有所察觉，转变是个变量，是无法界定、无法分类的。

以上所提及的四个现实难题，是管理者无力改变的，也是管理者之所以存在的原因。因此，如果管理者不致力于学习和提高自己的管理有效性，就不能成为卓有成效的管理者。

（二）做好时间管理

组织规模越大，管理者实际可以掌握的时间就越少。身为管理者，更应该知道自己的时间用在什么地方，并且更应该妥善运用那剩下的、可以自由支配的少量时间。人事决策都是费时的决策。任何人都很难完全合乎组织要求的条件，而人又不是可以随意修整、随意更改的。

提高管理者的有效性，第一步就是记录其时间消耗的实际情况。有了时间耗用的记事本，管理者们就能自行检讨了。第二步就是要做有系统的时间管理。管理者先要把非生产性和浪费时间的活动找出来，尽可能将这类活动从时间表上排除出去。除了消除个人生活中浪费时间的情况，在组织里也应该注意减少浪费时间的情形。首先，要找出由于制度缺乏远见而产生的浪费时间的因素。同样的困难或危机，在组织中不应该一次又一次地出现。其次，要注意企业的人员过多，也常常造成时间浪费。再次，由于组织不健全，导致会议太多且无效。原则上，一个管理者的时间，绝不能让会议占用太多。会议太多，表示职位结构不当，也表明部门设置不合理。最后是信息功能不健全。信息传递不当，后果非常严重。

总而言之，一个优秀的管理者，必须有效掌控自己的时间，从而能集中精力处理更加重要、更有意义的事情。

（三）重视贡献是管理有效性的关键

管理有效性表现在三个方面：一是自己的工作，包括工作内容、工作水平及绩效影响；二是自己与他人的关系，包括对上司、对同事和对下属；三是各种管理手段的运用，如会议或报告等。可是绝大多数管理者都做不到这一点，他们重视勤奋，却忽视结果。他们耿耿于怀，认为所服务的组织和上司亏待了他们，他们抱怨自己没有职权，结果做事没有效果。

一个管理者能够重视贡献，是人才发展最大的动力，因为人可以随着外加的要求来调整自己。重视贡献的管理者还可以帮助那些与他共事的人将眼光放得更远，这样也就提高了他们的工作水准。对于贡献的承诺，就是对管理有效性的承诺。没有这项承诺，管理者就等于没有尽到自己的责任，这必将有损于其服务的组织，也必将有损于与其共事的同事。

在一个组织中，自认为有管理天赋的管理者，往往并没有较好的人际关系。而在自己的工作生活和人际关系上都比较重视贡献的管理者，往往都有较好的人际关系，他们的工作也因此而富有成效。有效的人际关系，着眼于贡献，满足于互相沟通、团队合作、自我发展、培养他人这几个条件。

重视贡献的管理者的会议，应当注重会议的实效，而不是浪费时间。重视贡献，足以消除管理者的工作烦乱，找出事情的轻重缓急进行处理。重视贡献也可以避免对他人的过分依赖，还可以使作为组织内的人，转而把目光和精力聚焦于外部世界，进而对组织的贡献更多。重视贡献就是重视有效性。

（四）发挥他人的优点

优秀的管理者能使人发挥其长处。在许多企业中，管理者的工作是管而无效的，甚至因管理而增加了沟通成本、降低了整体工作效率，这是无效管理。真正的管理者，必须使管理本身有成效，不仅仅是解决问题，更重要的是发挥人才的效能，称为“有效”管理。只抓住人的缺点和短处是干不成任何事的，为实现目标，必须用人之所长——用其同事之所长、用其上级之所长和用其自身之所长。利用好这些长处可以给管理者带来真正的成功。**充分发挥人的长处，才是组织存在的唯一目的**。要知道任何人都必定有许多缺点和短处，而缺点和短处几乎都是不可能改变的，但是管理者可以设法限制其发挥作用。管理者的任务，就是要充分运用每个人的长处和优点，共同完成任务。

重视一个人的长处，也就是要对他的工作绩效提出要求。管理者应该在用一个人之前就问问他能做什么，要求不能过于宽松，以免员工没有积极的态度去做贡献。管理者在用人的时候，不要过多在意他人的短处。组织有一种特殊的手段，它既可以使人的长处得到发挥，也能够把人的短处所带来的影响减少到最低程度。管理者可以把组织设置得有利于充分发挥员工的长处，而限制人的短处产生作用。

有成效的管理者用人有四个原则：①避免把职位设置成为常人无法胜任的工作岗位，岗位设计非常重要，不能完全照搬前任的工作能力和特质，也不能使这个岗位总是处于人员流动的状态；②职位要求应该严格，涵盖要广泛；③用人的时候，首先要考虑他能做什么，而不是职位的要求是什么；④在用人所长的同时，必须能容人之短。总之，只有经得起绩效考验的人，才可以提升，反之，对于一个没有突出表现的人，尤其是没有突出表现的主管，应该果断地将其调离或与之解除劳动关系，这是管理者的责任。

卓有成效的管理者需要向上管理，即管理自己的上司。上司是人，也有优缺点，但更重要的是上司手里握有比管理者更多的资源和有利条件，管理者需要想方设法，使上司发挥他的优点和长处。这里不能靠唯命是从，应该从正确的事情着手，并以上司能够接受的方式向其提出建议。如果能够在上司的长处上下功夫，协助他做好想做的事情，就能使上司发挥作用，下属也才能发挥作用。找到上司的工作方式，协助上司发挥其优点所具有的作用，是促使管理者有效的最好方法。“有效”管理不是优秀管理。对应的是无效管理，包含成本。

有效的管理者对于自身的工作，也同样要从长处出发，使自己的长处充分施展。有效的管理者虽有自己所面临的各种各样的局限性，但他们其实知道自己还有更多想做的、能做的、该做的工作。因此，有效的管理者会顺应自己的个性特点，不勉强自己，更多地关注自己的绩效和成果，从而发挥出自己的优势。

总之，**管理者的任务不是改变人，而是运用组织里的每一个人才**。

（五）做好工作任务排序

管理者的工作任务重，这就需要做好工作任务的排序，重要且紧急的事情优先。根据四象限管理法则，我们得知，重要且紧急的事情是第一时间处理的，其次是紧急而不重要的工作，再次是重要而不紧急的工作，最后处理的是既不重要也不紧急的工作。判断重要、紧急的原则是：①重视将来而不重视过去；②重视机会，不要只看见困难；③选择自己的方向而不盲从他人；④目标要高、有新意，不能只求安全和方便。一个优秀的管理者，会把主要精力集中在当前正在进行的工作上，而不会再去兼办其他工作，完成这件工作之后，再去处理下一个优先事项。要集中精力全神贯注于一项工作，首先要有足够的勇气，敢于决定真正该做和先做的工作，只有这样，管理者才能做时间和任务的主宰者，而不会沦为它们的奴隶。

（六）做有效的决策

决策是一种判断，是从若干方案中所做的优质选择。管理者都知道一项有效的决策不是源于信息量，而是源于自己的见解和判断。人总是有自己的思想、观念，所以要求别人从搜集事实开始是不符合实际的。这样做的结果就是，他所搜集的事实必是以他的既有结论为依据的，他既然有了结论，必能搜集到许多的事实。

有效的管理者会运用反面意见，只有这样他才能避免似是而非的看法，他才能得到可供选择和决定的替代方案，他才能在万一决策行不通时不至于迷茫。有效的管理者绝不会认为某一行动方向为是，其他方向均为非。他也绝不坚持己见，以自己为是，以他人为非。有效的管理者第一步会先找出为什么别人有不同的意见，进而探寻出他人未曾言明的事实或真相，然后再综合运用信息，谨慎地做出判断。

决策的反面是不做任何决策，有时候不做任何决策，事情也不会出现问题。当然我们会做比较，做了新决策可能有什么收获和风险，不做又可能会有什么损失，当然需要遵循这样的原则：如果利益远大于成本及风险，就该行动；反之放弃。**企业雇佣管理者并不是要他做自己喜欢做的事**

情，管理者的责任是把该做的事情做好，具体地说，就是要进行有效的决策。

做好决策，管理者可以应用的方法有：收益矩阵、决策树、盈亏平衡分析、比率分析、线性规划、排队论和经济订货批量等，在本文不做详细描述。

三、 管理者的素质提升

（一）寻找成长的边界，提高深度思考的能力

作为管理者，如果要了解某个人眼里看到的世界轮廓，我们就必须提问，让他可以借由那些问题抵达自我理解的边际。为了达到这个目的，我们必须提出一些和我们日常对话常问的句型有些许不同的话题。如果我们用最典型的“怎么了？发生了什么事？然后呢？”这个模式，你会发现彼此的对话充满了不同的风味和感觉。他们用新的方式思考旧的问题，因此他们将体验到对话本身对自己有惊人的帮助。当我们的问题问得越趋向“边际”化，我们就越容易触发被询问人进入自我探索的过程，他们会被带入一个新的境地，从而获得更多的自我成长的益处。

我们都知道聆听的重要性，但是如果你想试着领会某个人是如何理解他们的世界的，不论你原来的聆听技术有多好，都需要多走一步。就是抛下“自己应该真的已经了解对方在说什么”的想法，以前会说“嗯，我想我已经知道你想说什么了”，可以为彼此的对话创造更多的轻松和谐的感觉，然而这恰恰是我们察觉别人对话中所有细微而重要差异的机会以及明白他们话中真正隐含意义结构的大忌所在。因此，聆听其实包含了心智层面和对话层面两个不同层面的锻炼。“我没有听懂”或者是“我从你的话里听到更多可能的诠释，但我想问哪一个才是你真正想表达的意思”这样的提问会让谈话对象保持一种强大的好奇心，从而不会让对方感觉到抽离，会有沉浸在话题里自我思考的感受。

在对话中能够提出好的评断是重要的，但是能够暂停判断直到你有足

够的证据才提出，就更重要了。事实上，我们几乎不可能不去评判别人，我们对他人的评判在自己还没有觉察的时候就已经开始了。然而，意义构建是每个人内在的一个复杂而隐秘的部分，要看出他人的意义构建，我们必须要有意识、经过缜密思考而且放慢脚步地得出自己的评论。

管理者在了解他人心智模式的时候，有四个步骤：

第一步，寻找主要议题：责任、矛盾、关于外在世界的观点选择和假设；

第二步，缩小选择范围；

第三步，用“最”的问题将原来的心智结构推至边际；

第四步，用新的提问方式提问相同的问题，以便走得更远。

了解自己的心智模式和了解周围人的心智模式都是有益的。认识你认为重要的人他们是如何为世界赋予意义，这固然很有意义，但是若论最有意义的莫过于认识自己的心智结构。感受他人的心智模型况且需要非一般的心力，要感知自己的心智模型就更不容易了。可以通过问自己一个或一系列相互对立的问题，同时聆听答案来了解自己的心智模型。这期间，我们可以明白限制自己的究竟是什么，明白什么会调动自己的反应以及为何会有这样的反应，以便将自己的期望调整得更加实际可行。这是管理者寻找自我成长边际的范式。当你一层一层剥开事情的种种表象，不断探究问题的根源，最终会直至问题的核心。

（二）协助他人成长

管理者的首要目标是帮助老板、同事、员工、下属、客户达成预期目标。如何协助他人成长，通过他人完成任务，实现高效管理是 HR 取得成功的关键，也是高效管理者成功的必修课。但我们也要明白以下几点。

一是管理者不一定是解决问题的专家，而是能在必要时提供指导的人。

自有现代管理理论以来，管理者被理解为帮助组织“发现问题、解决问题的人”。管理者们也经常以能够解决棘手问题为己任。当这些管理者逐步成为组织中的“达人”时，却忽略了作为管理者，不仅仅要有解决问题的能力，更重要的是帮助他人取得成果。在这个前提下，管理者必须时刻知道，他们并不拥有所有问题的答案。当专业技能类问题出现或者在某个领域管理者具有经验与才能的时候，管理者作为专家出现，直接提供权威性的解决方案。但是在管理过程中，有许多问题是实时发生的，尤其当问题没有唯一解决方案的时候，如果管理者仍然以专家身份出现时，不可避免地会出现主观臆断、自作主张与权力滥用。在这种状态下，管理者应该做的是协调资源，帮助专家，解决问题。

二是问题和解决方案都是属于提问者的，应避免过度管理。

作为管理者，是专家还是顾问？在什么时候成为专家、什么时候成为顾问？这是沙因博士在他的书中提出的一个问题。沙因博士认为，在大多数情况下，在团队中管理者经常会习惯性地以专家的身份出现。他们拥有所有问题的解决答案、掌握一切资源和信息，不仅是解决问题的专家还必须时刻做出正确的决策。

当我们作为专家给他人支招的时候，经常出现这样的情境：或者对方表面上同意，但实际心里又有了其他的不安；或者对方会找出各种各样的理由，推诿说你的方案有多么不合时宜；又或者干脆找出各种借口，暗示你不了解实际情况，你根据所掌握的信息给出的建议是多么不靠谱。究其原因，大概因为作为问题的提出者，被排斥在问题解决的过程之外，而问题已经被作为专家的管理者接管了。这直接导致了提问者内心的不安或面对解决方案时地推诿。

作为管理者，我们应该让问题的提出者参与到问题诊断和解决方案生成的过程中来，让提问者学会自己看待问题。如果问题拥有者能够自己解决问题，那么不仅解决问题的过程会更高效，而且解决后的效果也会持续更长的时间。因此，管理者应该教给员工解决问题的技巧，而不是亲自去解决问题，除非他真的是这个领域的专家。

三是有效的沟通技巧要“学会倾听”。

我们看到的真的是事实吗？每个人看问题的角度不同，所看到的都只是事实的一部分，而人们往往不会真实地阐述观察到了什么，大家更愿意说出他们的理解，并把这部分当成真相与事实。尼采曾经说："没有真理，只有诠释。完完全全相同的环境，却能被截然相反地解释，事实是不存在的。"这是有一定道理的。

管理者解决问题的最大困难来自掌握信息的真实性、全面性，当管理者面对问题的时候，管理者自认为已经获取了准确的诊断信息，事实上面临问题的员工，并不一定愿意坦诚地回答管理者所提出的问题，从而直接影响管理者做出准确的判断。

因而，当管理者在提供帮助前，要请问题拥有者从实际观察出发阐述具体情境，尤其是详细地询问具体细节，包括但不限于当时的情境、对话甚至于眼神抑或肢体语言等，而不仅仅是听他的感觉。当管理者需要提出具体建议时，还需要特别明确这样的思路："如果我是你，我可能会……"

四是要善于反思与反馈。

通过互联网和其他方式，员工获得了令人难以想像的大量信息，过去那种谨慎封锁信息的方式已经不可能调动员工的积极性。信息获取的多元化，使得员工有很大的自由空间去创新，从而影响运营结果和服务于客户。员工们希望获得过去被认为是少数人才知道的信息，并希望可以参与到决策的过程中。同时，他们也希望在完成任务的方式上有一定的自由度。尤其是"90 后"员工，他们成长于市场经济快速发展的环境之下，比"70 后""80 后"的员工更加务实，他们清楚自己的职业生涯规划，也期望一个能够呈现能力的职业发展平台。

在这种情况下，管理者要更多地放下自己的控制，帮助员工思考的同时，也教会员工分析问题、解决问题的方法，以协助者的身份、顾问的身份，而不是以专家的身份，引导员工做出决策。

（三）注重双向沟通

沟通的重要性不言而喻，然而正是这种大家都知道的事情，却又常常被人们忽视。没有有效的沟通，就没有成功的企业，最终导致大家都能发挥工作才能。企业内部良好的沟通文化可以使所有员工真实地感受到沟通的快乐和绩效的提升。加强企业内部的沟通管理，既可以使管理层工作更加轻松，也可以使普通员工大幅度提高工作绩效，还可以增强企业的凝聚力和竞争力，因此我们每个人都应该从战略意义上重视沟通。

双向沟通是个人或社会组织与公众交换意见，其中包括同组织内部人员或组织外部公众之间沟通思想和感情。开展公共关系工作，必须在组织机构与社会公众之间建立起双向沟通的联系网络，一方面利用各种媒介和手段对外传播，使公众认识、了解组织；另一方面又必须吸取舆情民意，将它反馈给组织的最高决策层，作为调整、改善自身的依据。实现双向沟通，要求组织全体成员，尤其是领导成员和公共关系人员，承认公共关系双方的平等地位，在交往中相互倾听意见。

双向沟通的优点是沟通信息准确性较高，接收者有反馈意见的机会，产生平等感和参与感，增加自信心和责任心，有助于建立双方的感情。**双向沟通实施的原则就是要减少双向沟通的层级，弱化权力距离，从而提高沟通的效率，使组织结构扁平化。**

对双向沟通使用，应该掌握以下几点：

一是要掌握沟通的及时性。

信息的作用是有限的，要及时沟通才能发现问题、快速解决问题，沟通本身也才是有效的。

二是要善于运用多种形式的“敏捷沟通”（研发工作中的“敏捷开发”的演绎说法，表示随时随地、及时快速地调整策略以应对问题的沟通方式，作者称之为“敏捷沟通”，本文中还会提及“敏捷招聘”）。

和绩效相关的沟通是一种动态的过程，要按照实际情况和实际运行结果修正方式方法，要针对员工的不同需要选择合适的方法，不能仅仅依靠某种单一的形式。“敏捷沟通”就是要选择同时满足主管和员工需要的、随时变化的、及时高效的综合沟通方法。

三是沟通的过程要目的明确、程序明确。

任何正式的绩效问题讨论过程都要做到这一点，这既有利于节约时间，又能打消员工心中的疑虑，不致使员工在沟通中因目的不明而不知所云，也不致因猜疑交谈而隐去一些重要信息。

四是要掌握气氛设置技巧，防止冲突。

只有主管和员工都主动地、自愿地加入双向沟通的过程，这个过程才会发挥作用，因此沟通环境的设置相当重要，几乎占据了沟通成功率的一半以上。

五是要学会倾听，并对员工的信息给予积极的反馈。

只有倾听才能了解情况，但只听是不够的，还需要给予员工积极的反馈，这是双向沟通最重要的特征之一。

总之，沟通需要双向，只有双向信息才有可能是准确完整的。否则，沟通就存在障碍，但中国传统文化更加喜欢单向沟通，领导讲员工听着不吱声，或者员工抱怨时领导敷衍几句，这就为沟通埋下了一些隐患。从沟通过程来看，相互之间要有来有往，才是有效的沟通。

（四）让数据说话

当今处于后互联网和AI时代，作为管理者，我们同样需要运用数据来展示和说明问题。数据管理是利用计算机硬件和软件技术对数据进行有效的收集、存储、清理、归类处理和应用的过程。其目的在于充分有效地发挥数据的作用。实现数据有效管理的关键是数据组织。数据化管理的目标在于为管理者提供真实有效的科学决策依据，宣导与时俱进地充分利用信息技术资源，促进企业管理可持续发展。数据化管理是企业管理改进的关键。优秀的企业管理应该具备完善的运营数据分析体系。一切企业活动，最终都以数据作为参考，达成一定的数据指标，循环改进，持续发展。数据化管理存在于企业的每个环节，通过参考经营数据管理的企业体制是确保企业良性发展的关键。

在本书中，我们常常可以看见人力资源报表中的员工数据，以及相应的招聘数据总结分析、入离职员工动态数据分析、试用期员工跟踪数据报告、培训活动执行和结果应用分析报表、薪酬福利分析和绩效数据分析等文件，这些报告中的数据均来自真实的日常工作。通过记录大量的求职、面试、复试、录取、入职等数据，我们得出了员工入职率；通过记录离职人员人数部门、学历、在岗周期、绩效贡献、期末人数等数据，我们计算出了离职率和员工满意度；通过培训工作的执行情况，我们记录了参训人员人数、部门、学历、经验等数据，发现了培训覆盖程度和员工学习的偏好，得出了公司的培训效果评估结论；通过不断地收集和分析员工的绩效月度分数及等级情况，我们对员工的业绩贡献有了清晰的了解，这既可以用于指导我们进行员工沟通和提醒工作，还可以用于检验某个业务流程环节的工作效能；薪酬数据的统计分析，就更加不用提了，人力总成本的控制和分析来源于此，并且这些数据可以指导企业在下一年的经营计划中设置参数和幅度；通过对员工入离职数据的整理和分析，我们可以看到员工契合度的情况，用于指导公司的整体福利规划、成本调配和绩效目标调整等工作。

毋庸赘述，在当今时代，对于各类运营和工作数据的收集、整理、分析、预测和判断，是管理者必备的技能之一。

（五）运用政治技能来做管理

在组织中运用良好的政治技能，可以提高目标实现的效率，更快更好地解决难题。要注意尽可能把你的观点描述成为实现组织目标的关键，有效的政治手段是要求我们掩饰私人利益，即便这利益是为了企业发展。同时，要尽量树立正面形象，以成功地表现出我们工作的真诚。对知识和专业经验的控制，可以使我们在组织中更有价值，从而使你的地位稳固，有机会赢得晋升，并且观念容易被接纳和应用。呈现你的工作成果，让付出看得见，支持你的上司，这些都是管理者工作的政治技能，它们会帮助管理者更容易取得成功。

（六）尽可能激发员工心流

积极心理学奠基人米哈里·契克森米哈赖在《心流》一书中指出，**心流**在心理学中是指一种人们在专注进行某行为时所表现的心理状态，也成为心理学的最优体验。**最优体验出现时，人们会投入全部的注意力，以求实现目标；没有失序现象需要整理，自我也没有受到任何威胁，因此不需要分心防卫。因此人们称它为“心流体验”**。它是精神熵增的反面，拥有它的人能培养一个更坚强、更自信的自我，能够用更多的精神能量专注于自己选择的目标，哪怕倾其所能也甘之如饴。

应用在工作场景中，如果管理者能够通过管理举措、流程制度的设计，或语言沟通、福利与薪资的配置，使员工自主地集中所有注意力，投入在工作任务上，充分体验这种过电一般地沉浸在工作中的最佳心理体验，那么，员工的主动性、积极性和忘我的工作状态就会被激发出来，进而发挥更好的效能。

（七）把管理与业务紧密连接，同时培养跨学科思维

充分理解企业的运营逻辑和盈利模式，把管理工作与业务场景进行密切的连接，是做好管理工作的重要前提。因此，身为管理者，我们需要不断学习企业的顶层逻辑和业务生态，并时刻关注行业前沿信息与发展趋势，为企业的每一次革新和转型做好充分的管理配套工作。管理者，不仅仅需要庞大的管理知识、技能与思维力，更重要的是陪同企业其他优秀管理者包括老板一起成长，因此我们需要跨界创新，需要了解其他领域里的第一原理①，需要培养高效学习能力。

综上所述，作为企业的管理者，无论是企业的总裁，还是初、中、高级管理者，我们都需要保持不断学习和创新的态度，在提高自身修养和素质的同时，了解世间百态、理解自己、帮助他人，进而为组织贡献自己的力量。

---

① 第一原理（First Principle），哲学与逻辑名词，是一个最基本的命题或假设，不能被省略或删除，也不能被违反。第一原理相当于是数学中的公理。最早由亚里士多德提出。

第二章

战略管理

做企业犹如逆水行舟，不进则退，稍有不慎就会功亏一篑。作为企业的管理者，我们需要旗帜鲜明地告诉所有人：企业的方向是什么，企业的存在是为了解决什么问题，或生产什么产品，或提供什么服务，用于满足外部市场的需求，以求企业的长久存活和不断壮大。因此，我们首先要确定企业的战略目标。

书中图表文件
可扫描二维码获取

一、 战略目标的确定

当我们成立一家企业，一定有最开始创业的初衷，即你想成为什么样的人，你想做出什么样的企业，通过这家企业做出什么样的产品或服务，来实现你的社会贡献，通过这家企业，你可以帮助什么人来实现什么价值，或解决什么问题。起点即终点，这就是企业的终极使命，它是确定企业战略目标的起点。

二、 企业的使命、愿景、价值观

（一）企业使命

企业使命是企业在社会活动和经济发展中所承担的角色和责任。企业使命一般都是高度抽象的，主要是为企业的经营活动提供一种原则、方向和哲学，而非经营活动结果的表述。过于狭窄的企业使命，在企业功能和战略目标制定过程中，会限制创造性和灵活性。而过于宽泛的企业使命，会给企业管理者留有细节填补及战略调整的余地，从而使企业在适应内外环境的变化中有更大的弹性。

1. 企业使命的意义

企业使命是企业生存与发展的理由，是企业最根本的、最有价值的、崇高的责任和任务，它回答的是**“我们要做什么、为什么这样做”**的现实问题。使命不仅包括目前面临的任务，更涵盖企业对过去的认识、反思以及对未来的期望和判断，揭示了企业成长的基本原则和思路。使命体现了企业全体员工的行为共识，是**引导和激发全体员工持之以恒，为企业不断实现新的发展和超越而努力奋斗的动力之源**。

2. 企业使命的两种体现方式

企业使命的体现方式一般分为两种：主动式表述和被动式表述。主动式表述通常体现为一句高度概括式的语言。被动式表述一般可以分为五个维度：股东、客户、员工、合作伙伴、社会。

（二）企业愿景

企业愿景是企业的发展方向及战略定位的体现，是企业的长期愿望及未来状况，是组织发展的蓝图，体现组织永恒的追求。它回答“我们要到哪里去”“我们的未来是什么样的”“我们的目标是什么”这几个问题，它是战略的指引，也是文化价值观的导航。愿景的意义建立在“你想成为什么，所以你能成为什么”，而不是“你能成为什么，所以你想成为什么”。愿景的哲学智慧给予企业激发人群无限潜能的力量，去实现其人生哲学与企业哲学的终极发挥。

设立企业愿景需要注意满足两个条件：一是要确认企业目的；二是要明确企业使命。企业使命与愿景密不可分，互相支持。企业愿景在企业运营活动中有六个方面的效用：①将企业的存在价值提升到极致；②协调利益关系者；③可以整合员工的个人愿景；④用于应对企业危机和困境；⑤积累企业的努力和成果；⑥增强组织的知识竞争力。

企业愿景表达的是“我们渴望成为什么样的企业”，一般从四个维度考量：①地域范围；②外部评价；③排名排序；④与竞争对手的比较。参见图2－1企业愿景的四维度模型。

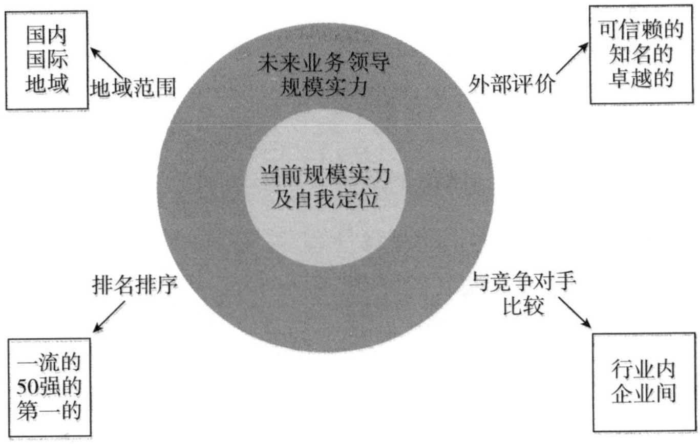

图2－1　企业愿景的四维度模型

愿景包括核心理念和未来图景两个部分。有效的愿景必须体现组织的核心理念，而核心理念又分为两个部分：一是核心价值观，即指导原则和信条；二是核心宗旨，即组织存在的最根本理由。如图2－2阐明愿景所示。

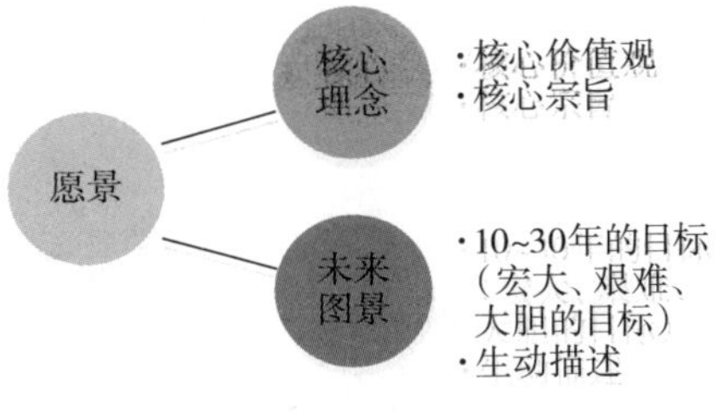

图2－2　阐明愿景

（三）企业价值观

企业价值观是企业发展的灵魂，是企业经营和员工行为的兜底准则。它一般包括四个部分：①它是企业作为自然人用来判断善恶的标准；②它是这个组织对事业和目标的认同，尤其是认同企业的使命和愿景；③在这种认同的基础上形成对目标的追求；④全体人员形成一种共同的境界。

企业价值观应该是企业核心团队或企业家本人发自内心的肺腑之言，

是企业家在企业经营过程中身体力行并坚守的理念，它还必须是真正影响企业运作的精神准则，是经得起时间考验的，因此它一旦确定下来就不会轻易改变。一般情况下，它是高度提炼的简短词语，通常有3～5条核心词汇。

三、企业战略目标的制定流程

（一）企业现状分析

对于企业经营状态的分析，最常见的是进行SWOT分析，所谓SWOT分析就是分析企业的优势、劣势、竞争对手，以及竞争对手的长处和短处，机会在什么地方，市场状况等等，然后基于分析的结果给出一个判断。我们需要做到以下三点：一是要了解企业的业务状况以及行业内的市场占有率分析；二是要评估核心竞争力和可被利用的能力及资源，确定企业核心能力；三是要确定财务目标、预期的业务表现及企业发展的限制条件。

（二）外部环境的分析和预测

许多人都认为在行业内处于统治地位的大型企业不需要卓越的管理，这些大企业往往被认为“规模大到不可能失败”。人们认为市场份额、经济规模、地理位置优越、行业先机占领、专利和知名度等明显的竞争优势，能够给企业带来足够的保护。大企业创造大量的利润，就会立于不败之地。但是所有的组织都面对的是不断变化的环境，过度传统、不愿意改变和创新，都会使大企业可能在不确定的世界里灰飞烟灭。因此，我们需要不断关注外部环境的变化和影响，制定或适时调整我们的战略目标。

一是宏观了解整个行业/整体市场的发展状况，即市场规模、市场增长、产品生命周期、竞争状况、资源需要、利润率、市场进入的难易程度等。

二是进行公司自身竞争能力的评估，即市场份额、产品线、成本优势、商业形象、内部的管理能力、自主品牌等。

三是结合公司自身的核心能力，制定战略方案，并制定实施计划。

（三）找出合适的发展机会，进行排序和筛选

了解了外部环境的影响和提供的机遇，我们需要针对确定的行业/市场和确定成功关键因素的五种竞争力量做分析，这五种力量是：新进入者、替代产品、供应商、购买者、竞争对手五方面的力量。如图 2－3 所示决定行业竞争的五大力量分别是现有竞争者之间的对抗、新进入者的威胁、买方的议价能力、供应商的议价能力和替代产品/服务的威胁，其中任何一种力量的崛起或削弱，都会威胁到企业的现有竞争力和行业地位，要时刻保持警惕和研究。因此我们需要：一是确定可能实现增长的各种发展机会；二是衡量各种机会对企业发展的影响。

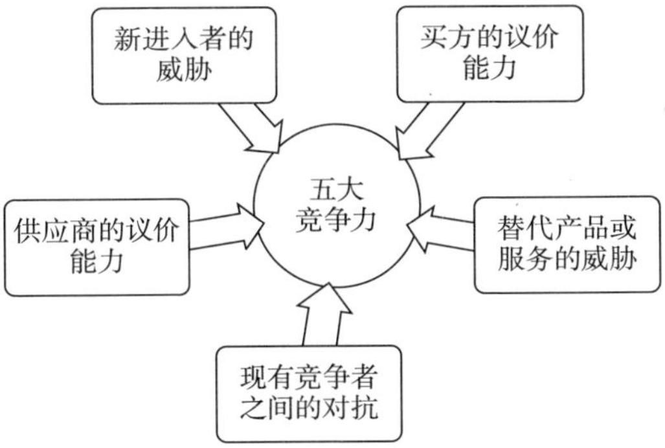

图 2－3　决定行业竞争的五大力量

（四）逐步确定企业的发展战略

上述五大竞争力量的分析，显示出行业结构决定了一个行业的长期盈利潜力，因为它确定了行业创造的经济价值是如何分配的，即有多少价值被行业内企业保留，又有多少受到潜在进入者的制约。通过全面考虑这五种力量，企业可以全面把握行业结构，而不是只关注其中一个因素。此外，企业应当长期关注行业的结构状况，而不是非常短期的因素。**尤其值得注意的是，我们常常会将一个行业的显著特征误认为是其基本结构，这**

是制定战略必须要避开的误区。

诸如这些因素，我们针对关键政治（及制度）、经济、社会和形成产业变革的技术创新等因素的综合分析，用来构建公司当前和未来的竞争环境的框架。

一是根据影响的大小，排出战略方案的优先次序，确定公司的定位；二是根据行业变化因素和关键成功因素，分析能力差距，重新分配利润；三是确定公司的主要职能战略；确定行业，扩大行业“利润池”；四是预测采取战略选择后的业务状况，以及与企业发展目标之间存在的差距。

（五）制定实施计划

一是确定战略实施的资源及风险；二是制定实施计划；三是制定最终的战略目标，进而指出组织发展规划的方向。

四、注意事项

1. 全体投资人/创始人都需要参与决策，确保在战略目标制定过程中，所有投资人/创始人都知晓并认同整个过程的公平公正和客观真实，以确保在日后的经营活动中目标统一、行动步伐一致。

2. 大量运用国内外的公文框资料，充分调查行业和市场信息，确保数据提取的客观有效。

3. 目标不要过高，也不要过低，未来的 3 ~ 5 年内可以实现为最佳，并依据实际发展情况，进行必要的调整。

五、案例

案例2-1

K 公司战略目标的分析和确定（2013 年 Q1）

企业背景

K 公司是一家成立于 1998 年 10 月的、专注于路面坑洼修补工程的实业公司，拥有无坑封带、CAP路面翻新抗滑等专利技术，以及路面裂缝修补产品。2013年，公司发展迅速，除西南和云贵地区以外的城市，均有K公司的路面修补工程项目，市场占有率超过20%。员工总人数约200人，其中施工人员占比80%，员工平均薪资8 500元/月，投资人及管理者共6人。为更好地拓展市场，提高管理效能，K公司总裁邀请了知名H咨询公司，进行了K公司的组织氛围提升咨询全案的设计和落地执行。

（一）K公司的战略框架解析

参见图2-4 K公司的战略解读框架。

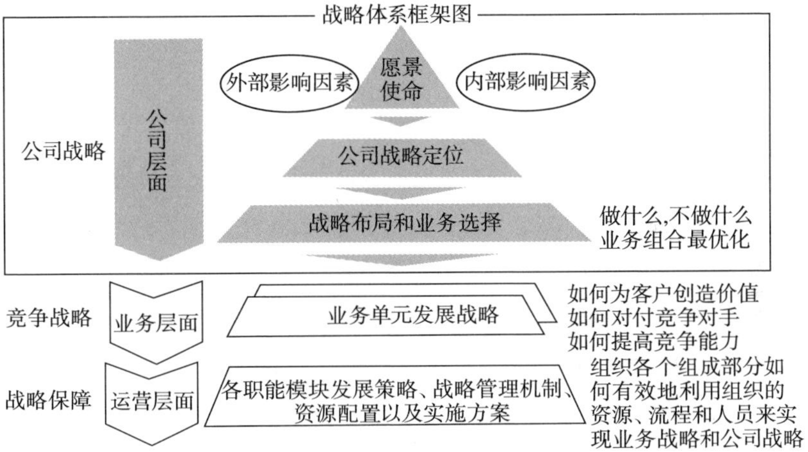

图2-4　K公司的战略解读框架

清晰的战略和明确的目标是吸引员工、引领企业员工共同努力的“发动机”，也是进行下一步优化组织体系的前提和基础。

由图2-4可见，K公司梳理了外部影响因素和内部影响因素，明确了公司战略层面的基本框架，明确和重申了业务领域，下一步工作需要检查公司的使命、愿景、价值观的设置是否符合战略。

（二）K公司的使命、愿景、价值观确定

首先，从图2-5出发思考公司使命的结构，厘清“愿景”“使命”“价值观”三者之间的关系，找出K公司存在的理由。其次，综合考虑客

户、股东、员工、行业等因素对K公司存在价值的需求，如图2－6所示，我们找出了多方共赢的目标。因此我们拆解出K公司的使命描述（见图2－7），即K公司的使命是“为道路提供最具价值的管养解决方案”。

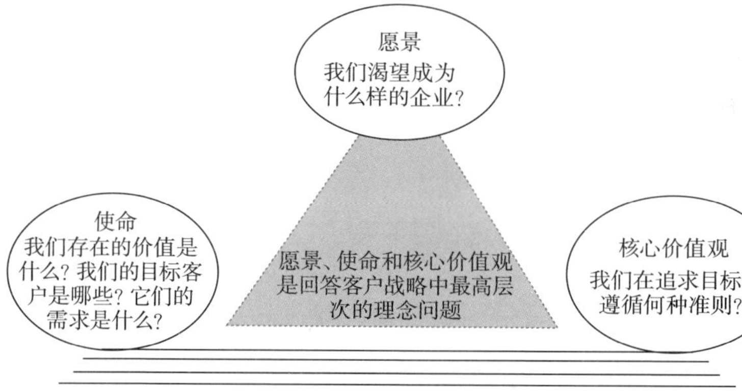

图2－5　使命、愿景、价值观效用

说明：公司愿景、使命与核心价值观是公司战略的最高层次定位，三者共同构成了公司的企业灵魂，指导公司目标、业务选择、员工行为等各方面。

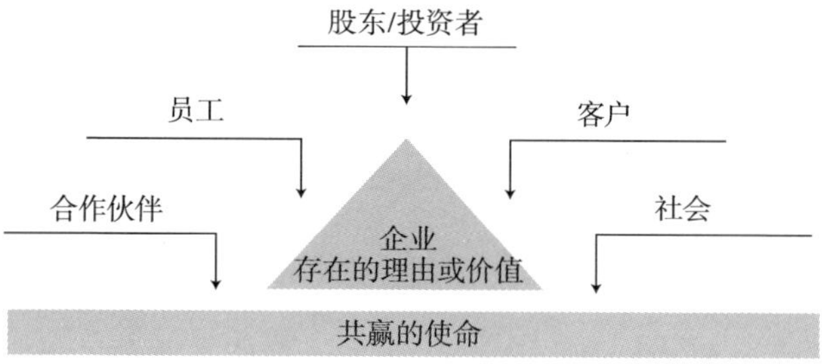

图2－6　使命思考框架

图说：

公司使命思考：企业为什么会存在。

使命的意义：使命是企业生存与发展的理由，是企业一种根本的、最有价值的、崇高的责任和任务，它回答的是“我们要做什么、为什么这样做”的现实问题。使命不仅包括目前面临的任务，更涵盖企业对过去的认识、反思以及对未来的期望和判断，揭示了企业成长的基本原则和思路。

使命体现了企业全体员工的行为共识，是引导和激发全体员工持之以恒，为企业不断实现新的发展和超越而努力奋斗的动力之源。

综合考虑客户、股东、员工、行业等因素，我们建议K公司的使命描述为“为道路提供最具价值的管养解决方案”。使命的体现方式一般分为两种：主动式表述和被动式表述。主动式表述通常体现为一句高度概括式的语言。被动式表述一般可以分为五个维度：股东、客户、员工、合作伙伴、社会。

为道路提供最具价值的管养解决方案

服务对象：道路
服务的品质：最具价值
服务范围：管养解决方案——我们提供的不是简单的养护方案，而是通过深层次的剖析和解读而提炼出来的道路管理理念、管理模式和养护解决方案——这是我们对道路管养行业的深刻理解而给出的系统解决方案！

图2－7 K公司使命描述

依据愿景阐述理论和愿景设立的原则，我们梳理了K公司的愿景。如图2－8所示，K公司的愿景描述：“成为中国道路水损害防治领域首选服务商”，定义了K公司是提供特种行业服务的供应商，主要领域是道路工程，细分行业是水损害的治理，主要提供道路的水损害防治工程服务。3～5年内，K公司的期待是国内客户信任的首选企业。K公司的愿景是“成为中国道路水损害防治领域首选服务商”。

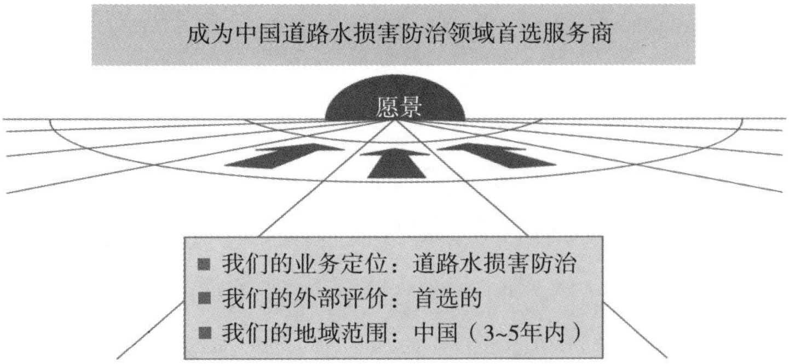

图2－8 K公司的愿景描述

根据K公司总裁的个人价值观方向，结合他本人对于企业创立和服务宗旨的主要目标和意愿，我们梳理了K公司的主要价值观，如图2－9所示。“坦诚、担当、协作、自省”是K公司的核心价值观，主张员工坦诚沟通，勇于承担责任，主动配合其他人的工作，持续改进个人绩效的工作作风。

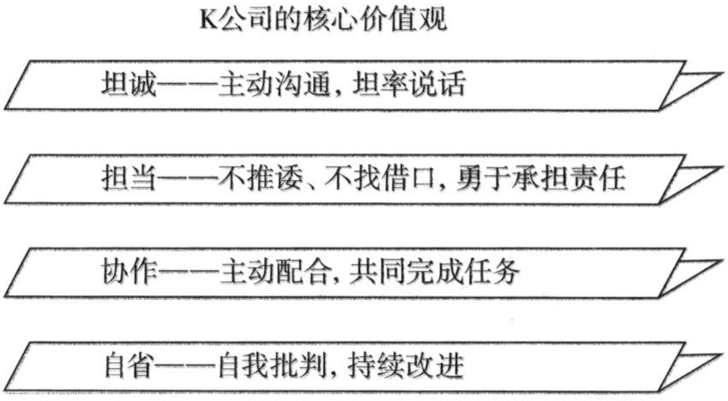

图2－9　K公司的核心价值观描述

（三）外部环境、市场分析、竞争对手调研

首先，通过大量的国内外数据研究和政策分析，我们得知道路修补行业的市场前景远大，属于基础建设行业中的民生工程。未来至少20年的政策导向一致指向大力发展道路建设，企业的战略定位属于长青行业，思路正确。参见图2－10，K公司战略的价值链定位：从养护产品的设计研发制造到养护施工、技术服务的全价值链服务。

图2－10　K公司的战略价值链定位

接着，我们详细分析了排名前5的竞争对手企业的产品和技术后，发现K公司拥有的产品和专利对路面的渗水和坑洼有独特修补功效，可走跨区域发展，由点及面，逐步壮大业务的发展路线。

然后，我们根据K公司所处行业的实际情况，采取了区域选择模型，综合考虑了各区域的市场吸引力和K公司的内部资源匹配度两方面，进行区域选择。参见图2－11 K公司战略选择模型。

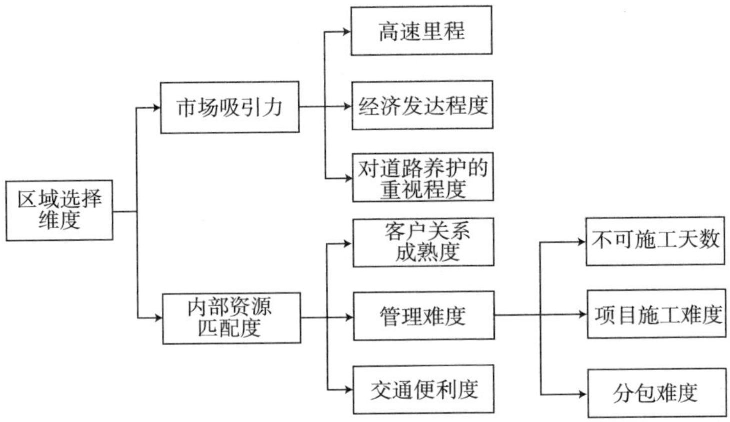

图 2－11　K 公司战略选择模型

接着，根据外部客观环境和行业实际情况分析，在市场吸引力维度，我们分别测算了各省高速路和市政道路的里程得分排名、各省经济发达程度排名（取 2012 年的 GDP 数据）、各省对道路养护的重视程度得分及排名这 3 个分值表，进而得出市场吸引力的权重排名表。参见表 2－1 K 公司市场吸引力各指标权重排名表。

表 2－1　K 公司市场吸引力各指标权重排名表

省份	高速里程		经济发达程度		对道路养护的重视程度		综合得分	
	得分	排名	得分	排名	得分	排名	得分	排名
广东	60	2	60	1	33	14	53.25	1
江苏	50	5	50	2	59	1	52.25	2
山东	50	4	50	3	57	2	51.75	3
河北	50	3	30	6	49	6	44.75	4
湖北	50	7	20	10	47	7	41.75	5
河南	60	1	30	6	15	16	41.25	6
山西	50	6	20	21	37	12	39.25	7
浙江	40	12	40	4	31	15	37.75	8
辽宁	40	13	30	7	39	11	37.25	9
陕西	40	9	20	17	45	8	36.25	10

说明：得分标准以及过程，各维度权重设计：高速里程权重占 50%；经济发达权重占 25%；对道路重视占 25%。

由表2－1可见，广东、江苏、山东、河北、湖北、河南、山西、浙江、辽宁和陕西分列前十位。这10个城市是K公司未来3～5年的主要业务拓展目的地。

再根据K公司自身的经营管理环境来看，其内部资源匹配程度维度上，我们从客户关系成熟度、交通便利程度、内部管理难度这3个层面的综合得分，测算出K公司内部资源与外部环境的匹配得分表。参见表2－2 K公司与各区域的资源能力匹配排名表。

表2－2　K公司与各区域的资源能力匹配排名表

内部资源匹配度分析							内部资源匹配度分析						
区域	客户关系成熟度60%	交通便利程度10%	项目管理难度			内部资源匹配度得分	区域	客户关系成熟度60%	交通便利程度10%	项目管理难度			内部资源匹配度得分
			不可施工天数10%	项目施工难度10%	分包难度10%					不可施工天数10%	项目施工难度10%	分包难度10%	
广东	100	100	100	60	100	57.6	吉林	60	20	20	60	60	31.2
湖南	100	100	60	100	60	55.2	新疆	60	20	20	60	60	31.2
海南	100	100	100	60	60	55.2	山西	60	20	20	20	60	28.8
山东	100	20	60	100	60	50.4	甘肃	60	20	20	60	20	28.8
浙江	100	60	60	60	60	50.4	江西	20	100	100	60	60	26.4
上海	100	60	60	20	100	50.4	北京	60	20	20	20	20	26.4
江苏	100	20	60	60	60	48	云南	20	20	100	60	60	21.6
福建	60	100	100	60	100	43.2	河北	20	20	60	60	60	19.2
广西	60	100	100	100	60	43.2	重庆	20	20	60	20	60	16.8
青海	100	20	20	60	20	43.2	陕西	20	20	20	20	60	14.4
湖北	60	60	60	100	60	38.4	天津	20	20	60	20	20	14.4
河南	60	60	60	60	60	36	内蒙古	20	20	20	60	20	14.4
安徽	60	60	60	60	60	36	宁夏	20	20	20	60	20	14.4
贵州	60	60	60	60	60	36	辽宁	20	20	20	20	20	12
四川	60	20	60	60	60	33.6	黑龙江	20	20	20	20	20	12

说明：根据K公司的评估，得出K公司与各区域的资源能力匹配度，其中广东、湖南、海南、山东、浙江、上海、江苏、福建、广西、青海排前十位。

最后，通过区域选择模型，我们可以看到广东、江苏、山东、浙江、湖北、河南是公司的战略重点区域，应优先布局，其次为战略发展区域，最后为机会发展区域，可逐步推进。根据上述市场吸引力和公司内部资源匹配程度的综合考量，我们得出K公司的吸引力模型。参见图2－12 内外匹配的K公司吸引力模型。图2－12依次展示了战略重点区域集中于华南和江南地区，战略发展区域集中于华中、华东和华北部分地区，机会发展区域多位于东北和西南偏远地区。

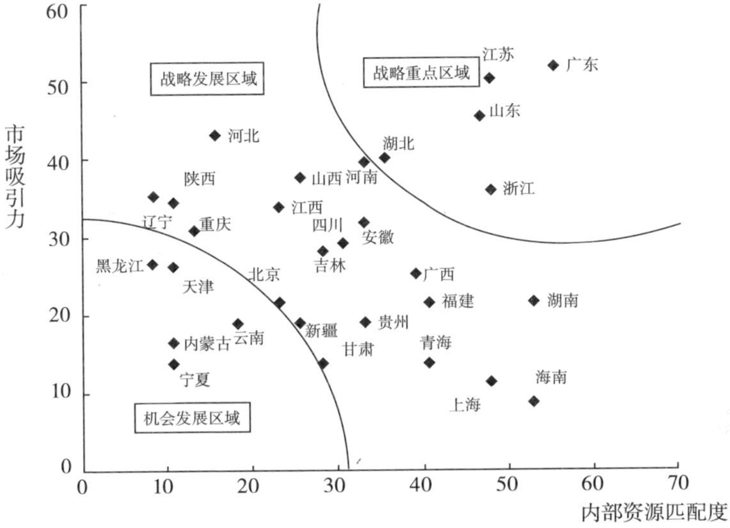

图 2－12　内外匹配的 K 公司吸引力模型

（四）K 公司战略目标及发展规划建议

综合上述各项分析结果，K 公司应从战略出发，基于现有资源状况，分步骤、有重点地进行区域拓展，其中 2013 年重点建立七大办事处，三年内完善办事处，试点大区制，五年内逐步形成大区覆盖全国市场。我们运用 BSC 平衡计分卡方法①，拆解了战略地图上的关键成功因素，从财务、客户、内部运营管理、学习成长方面做出详细规划。在财务方面，需要提高销售净利润和资产周转率；客户方面，应缩短首单成交时间，增加区域内客户数量，提高大单比例，提高老客户复购率，提高解决方案的价值；在内部运营管理方面，应该加强技术服务和施工管理，加强部门之间的协作，加强大客户关系维护和品牌管理，着力开拓新区域；学习与成长方面，需要加强施工标准化管理，优化业务流程，加强核心人才管理，做好员工激励与评估工作。具体参见图 2－13 K 公司的关键成功因素分析图。

---

① 平衡计分卡（Balanced Score Card）：平衡计分卡（BSC）是常见的绩效考核方式之一，是从财务、客户、内部运营、学习与成长四个角度，将组织的战略落实为可操作的衡量指标和目标值的一种新型绩效管理体系。平衡计分卡主要是通过图、卡、表来实现战略的规划。

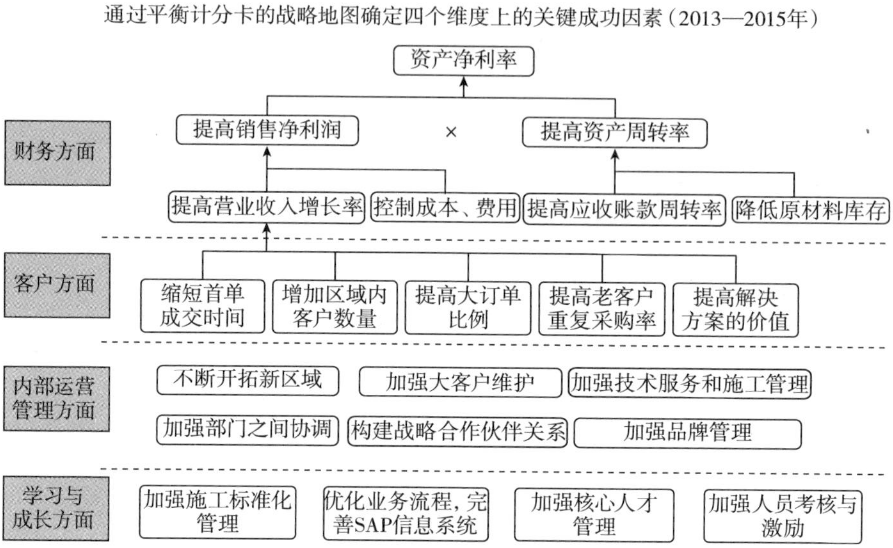

图2-13　K公司的关键成功因素分析图

再结合K公司连续3年的经营状况和盈利分析，我们梳理出K公司的当前任务是重申战略目标、统一思想，厘清业务流程和管理体系，从而保障战略目标的推进和实现。

参见图2-14 K公司发展规划图。起始年，夯实基础，完善人才体系建设，完善运营流程，设立核心区域的办事处，开辟重点市场；第二年，

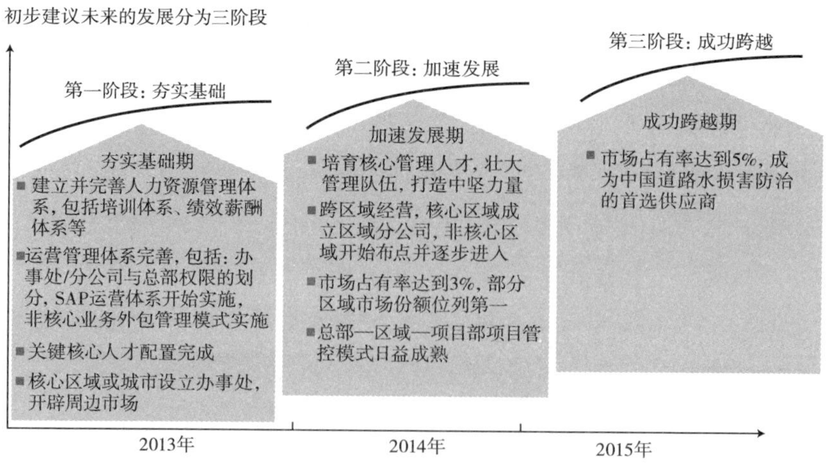

图2-14　K公司发展规划图

加速发展，打造人才中坚力量，做好跨区域经营管理，提高市场份额，拉宽管理层级；第三年，成功跨越，市场占有率提高到5%，实现使命初期目标。

（五）K公司的组织发展规划

依据上述各项的分析和研究，我们确定了K公司的战略目标。完善而功能齐全的组织体系，是实现战略目标的最重要载体。根据员工访谈、行为观察、参与会议、查阅数据等方法，通过采样、比对和分析，我们发现K公司存在一些问题，需要进行组织结构的优化。参见表2－3 K公司组织体系中的问题和改进建议表。

表2－3　K公司组织体系中的问题和改进建议表

K公司组织体系存在的主要问题	解决思路
■ 有些部门职能划分不清晰和不合理 ■ 重要职能缺失，如战略管理、经营计划管理、流程制度管理等重要的职能缺失	■ 基于业务价值链和职能分解，设置部门，明确部门业务职能（主导职能和协助职能）
■ 核心业务流程不清晰	■ 基于价值链，分解核心业务流程，明确部门、岗位责任
■ 岗位职责不明确 ■ 员工发展通道不明确，缺乏学习动力与目标	■ 建立员工发展双通道，分解岗位职责为行为标准，明确知识、技能和素质要求，开发课程，建立培训体系（下一步工作）
■ 员工工作目标与激励举措缺失	■ 建立与薪酬挂钩的激励体系，明确工作职责、目标和考核要求，提高员工工作积极性（下一步工作）

表2－3左侧显示的这些问题，向我们提出了组织优化的方向和要求，表2－3的右侧是解决方法。总体来看，K公司的组织不健全、业务流程不清晰、职责不明确、员工发展和激励举措缺失，我们建议完善主业务价值链，规划整体职级体系，梳理部门职责和业务流程，明确员工岗位职责，同时增设员工发展晋升通路，绩效与薪酬管理等激励措施。基于此，我们梳理了K公司组织优化的原则，提出了组织结构设计原则。主张通过“精干高效”“适度前瞻”“制衡与监督”“兼顾人才发展”，来实现战略导向和客户导向，具体参见图2－15 K公司组织优化的原则。

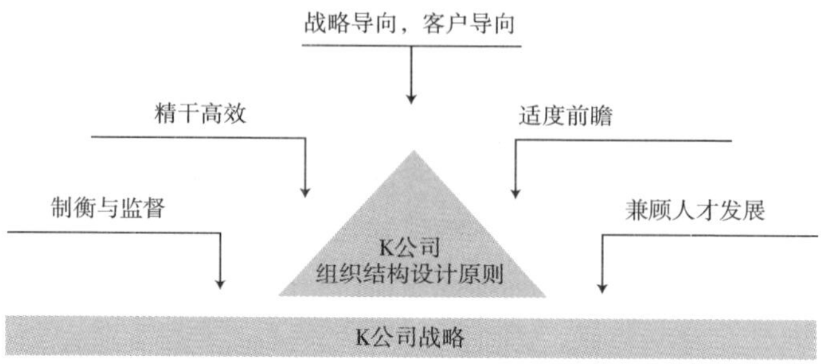

图2－15　K公司组织优化的原则

根据K公司的战略目标和业务选择，我们分解了公司的主业务关键价值链，用以帮助K公司进行组织结构的设计和优化、职级体系的建设工作，以及明确企业的管理方向和重点。参见图2－16 K公司的主业务关键价值链图。第一层是业务主价值链，从市场拓展到项目施工，再到售后服务和服务承包，来满足客户价值需求；第二层是业务辅价值链，包含了技术管理、成本管理、安全管理、质量管理、进度管理、分包商管理、物资与设备管理这些内容；第三层是职能辅价值链，包含了战略与经营计划管理、人力资源管理、财务管理、信息化管理、法律事务管理、企业文化管理、行政与后勤管理、流程与制度管理等内容。通过业务辅价值链和职能辅价值链的管理，来实现业务主价值链的目标，最终为客户提供价值并令其满意。

依据图2－16，我们可以清楚地看到组织体系中的重点职能和岗位，以及与之匹配的组织结构图，基于此，我们提出了2种组织结构的设计方向，在此不做具体描述。

图 2-16 K 公司的主业务关键价值链图

鉴于 K 公司属于传统企业，其战略目标的确定和组织结构设计带有较强的行业特殊性，但万变不离其宗，制定战略目标的思路和流程，亦可用于其他类型企业的设计。

第三章

人力资源规划与组织发展

如果我们把企业比喻为一艘航海的船，那么船体一定是由企业的各类人才构成的，相应的管理制度、流程、业绩、目标、计划与报告，都是基于人才的工作过程和结果贡献而衍生的。在这里，建造这艘船，我们需要设计图，而人力资源规划和组织发展体系，就是这艘船的设计图。

书中图表文件
可扫描二维码获取

一、 人力资源战略目标

（一）人力资源管理的定义、内容及基本目标

资源分为四类，分别是自然、资本、信息、人力。广义的人力资源是指具有智力劳动能力和体力劳动能力的人的总和；狭义的人力资源是指组织所拥有的用以制造产品或提供服务的人力。

人力资源管理就是指运用现代化的科学方法，对与一定物力相结合的人力进行合理的培训、组织和调配，使人力、物力、财力保持最佳比例，同时对人的思想、心理和行为进行恰当的诱导、控制和协调，充分发挥人的主观能动性，使人尽其才、事得其人、人事相宜，以实现组织目标的过程。人力资源管理的内容包括为了达到人力资源管理目的所需掌握的各种概念和技术，例如：通过分析确定每一位雇员所承担工作的性质，制订人力需求计划并开展人员招聘工作，对求职者进行甄选，为组织确定和选聘有能力的员工；引导并培训新雇员，使招聘的新员工了解企业的宗旨与价值观，建立和加强他们对组织的认同与责任感，并对员工实施培训，以获得适应组织和不断更新技能与知识的能干员工；通过科学的绩效评估、公平的奖酬及各种激励措施激发员工的工作积极性，指导他们明确自己今后的发展方向和道路，以获得能长期保持高绩效水平能干的、杰出的员工等。

人力资源管理的基本目标是建立高素质、高境界、高度团结的队伍，创造出一种自我激励、自我约束、促进优秀人才脱颖而出的机制，为企业的快速成长提供保障。

（二）人力资源战略规划的概念及内容

人力资源战略规划是指以企业战略目标为基础，对人力资源战略目标、方针与政策、实施步骤、费用预算的总体安排。它常常包括：数量、结构、素质、政策、预算规划。一般我们可以根据企业战略目标的定义和企业的发展阶段，例如××年度经营计划，结合3年发展规划，来确定具体的人力资源战略目标及××年度人力资源规划目标。

（三）人力资源战略的概念及制定步骤

人力资源战略是在组织战略的指导下，通过内外部人力资源环境分析，制定人力资源战略指导思想、战略目标，以及实现这个目标所需的战略措施。制定人力资源战略的步骤：①分析企业内外部环境（重点是对企业未来绩效产生影响的因素）；②识别关键问题（目的是明确重点，也是构建目标的基础）；③选择合适的模式（可以使用SWOT分析法）；④拟定备选方案（战略方案的核心：指导思想、战略目标、战略措施）；⑤选择最终方案（并非一成不变的）。

（四）人力资源战略目标的内容与实施步骤及层次

企业通过人力资源战略，在人力资源的吸引、开发、使用等方面达到绩效，包括人力资源部门、非人力资源部门。人力资源战略目标的内容包括：①保证人力资源需求得到最大满足；②最大限度地开发人力资源；③维护与激励人力资源。

人力资源目标的层次包含：①直接目标；②具体目标；③最终目标。实现期限：长期目标（基本为5年以上）；短期目标（执行目标，一个财年内）。

（五）人力资源战略目标的措施

（1）获取与配置战略措施：

保守型：①内部获取为主；②岗位匹配为依据；③对直接主管充分授权；④采取灵活的录用方式。

进取型：①外部招聘为主；②录用权在人力资源部门；③用正式方式录用新员工。

（2）绩效经管战略措施。以绩效管理为主要导向，获取人力资源目标的措施。

（3）薪酬经管战略措施。以薪酬与福利为主要导向，获取人力资源目标的措施。

（4）人力资源开发战略措施：以着重开发和培养人力资源为方向，来获取人力资源目标的措施。①制定职业发展计划；②拓宽发展通道；③创新人才培养。

（5）员工关系战略措施：以员工关系管理作为主要方向，来获取人力资源目标的措施。①拓宽沟通渠道；②非解雇政策；③提升工作生活质量；④建立员工帮助计划。

注意：以上这些措施，一般适用于短期（1 年以内）人力资源目标的确定，人力资源战略整体目标的设置，一般是以人力资源各模块的目标分别进行规划的，或以 1－2 个模块的重点目标为主进行整体规划的。

（六）企业制定人力资源战略目标的意义

（1）吸引、留住、开发重要人才的才能。

（2）建立高效的工作系统。

（3）成为组织之间的战略联盟。

（4）组织员工的学习与知识经管。

（5）适应全球竞争的环境。

（七）人力资源战略目标随企业发展阶段而变化

不同的企业战略下，人力资源战略目标也应随之变化，在企业发展的稳定期、增长期和收缩期各有不同，如表 3－1 所示。

表 3－1　不同时期的人力资源战略目标

战略类型	企业战略特点	人力资源战略目标
稳定期	追求过去或既定相似的经营目标； 保持规模略或有增长； 较少创新	保留核心关键员工； 重视员工的职业生涯发展和精神层面的激励； 多样化福利建设； 文化体系建设
增长期	快速的市场增长率； 利润水平超出社会平均水平； 倾向于非价格手段的竞争； 立足于创新； 主动引导环境的变化	人力资源的快速补充和优化； 并购接管企业的人力资源各类整合问题； 提高员工的技能和素质水平； 加强企业的绩效管理
收缩期	缩小规模； 控制费用； 明显的短期性	适当裁员，加强剩余员工的管理； 提高培训的针对性和有效性； 优化薪酬结构，控制人力成本

企业在增长期，快速发展的市场和创新环境，要求人力资源快速补充人才和迭代人才，提高员工技能和素质，加强激励管理；在企业发展稳定期，人力资源战略目标是保留关键员工，注重文化建设和福利多元化，加强对精神层面的激励；当企业进入收缩期，例如 2020 年的全球新冠肺炎疫情，导致各大企业纷纷控制成本、缩小规模，人力资源需要适当裁员，并做好存量员工的管理，优化薪酬结构，控制人力成本，同时加强培训，以适应企业的“冬天”。

二、组织发展管理

明确了人力资源战略目标后，我们需要设计出用于承接战略目标、匹配企业发展进度的组织体系。

（一）什么是组织

组织是为了实现特定目的所设计的工具，是一种调整自己适应所处环境以求生存的社会群体，组织结构服务于战略目标，对组织的维护本身会成为组织的目的。组织具有自我维系的能力，这种能力的基础是加工从环境中获取的资源。参见图3－1。

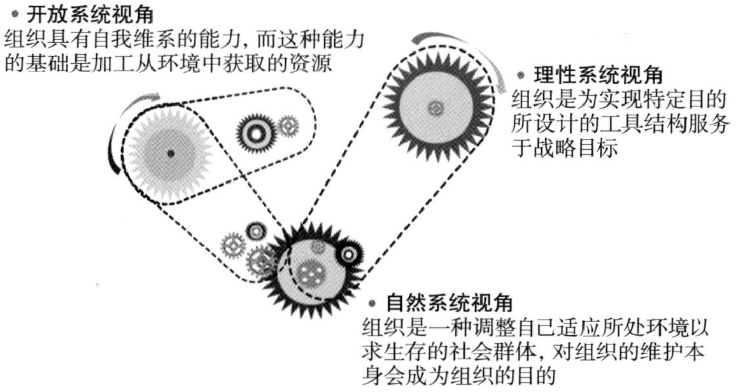

图3－1　组织发展的三个视角

从理性视角来看，组织是从目标到结构的搭建，结构又服务于目标，他们之间的关系是分工和协作、互相影响。从自然视角来看，当企业具备进化型组织条件后，就会形成一个开放系统，就会不断地通过自组织、自适应来预测环境、改变自己，通过不断向更高的层级变化，来应对环境的变化，长久的存在，这也是主动的组织变革。

（二）什么是组织发展管理

组织发展管理即OD（Organizational development），它是基于行为科学，有计划、有过程的，以行动研究的方式展开，关注于人才、文化、组织系统和架构，目的是提升组织的有效性，提升业绩达成企业战略目标的变革管理。它关注外部业绩表现与内部组织的健康。组织发展管理的过程，包括了组织、人才、文化三方的融合与衔接，它是有计划的、注重过程的，并以实际行动研究为基础的互相影响的迭代过程。参见图3－2组织发展与组织、人才、文化的关系。

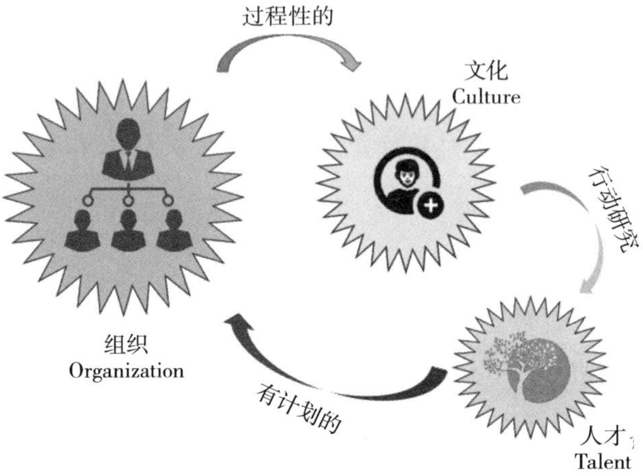

图 3－2　组织发展与组织、人才、文化的关系

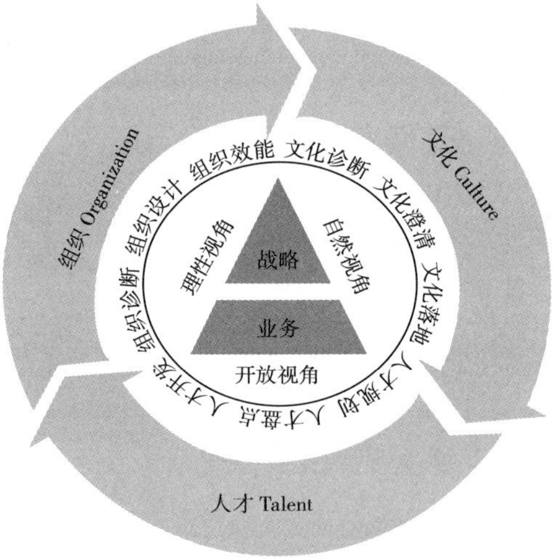

图 3－3　组织发展的 OTC 模型

如图 3－3 所示，组织发展是在战略和业务的指导下，依据组织、文化、人才三大块进行有效衔接的管理过程。在组织层面，它包括了组织诊断、组织设计和组织效能；在文化层面，它包括了文化诊断、文化澄清和文化落地；在人才层面，它包含了人才规划、人才盘点和人才开发。组织发展通过理性、开放和自然三个视角，紧密围绕企业的战略和业务，构建组织、沉淀文化、开发人才，使其有机结合交互影响，用于指导人力资源各方面的规划工作。

（三）组织结构的设计与进化

伴随着市场生态的发展，企业出现了四种不同组织形态的特征，形成了企业进化的轨迹。参见图3-4。

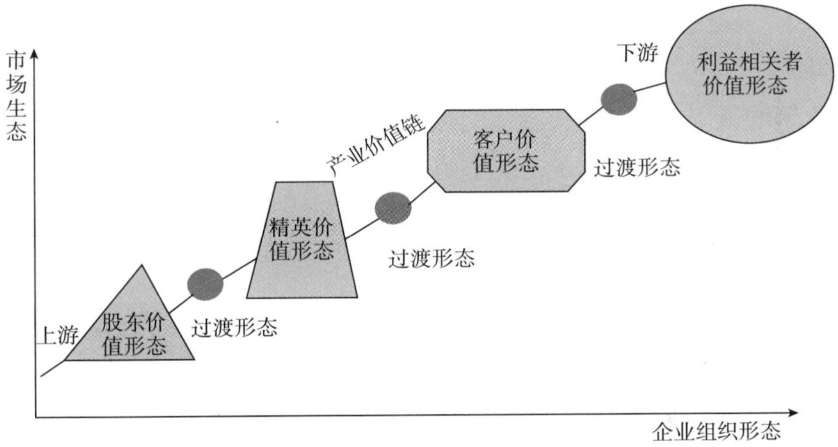

图3-4 企业组织形态进化规律

组织进化的阶段有五个层次：

第一个层次是信息化组织（从纸质文档到电子文档）；

第二个层次是分析化组织（标准流程化、公式和画像）；

第三个层次是平台化组织（价值共创）；

第四个层次是模组化组织（所有部门都盈利，生命性组织，模块无界创新，实现跨界收费）；

第五个层次是可预测性组织（数据黑洞、预测用户需求、人工智能等功能）。

在制定组织结构的时候，我们常常需要分析组织所处的发展阶段，结合战略目标和人力资源战略目标，进行因地制宜的设计。

从图3-4可以看出，企业从股东价值形态发展到利益相关者价值形态，是一个逐步成长壮大的过程。不同的发展阶段决定了组织结构的方向和模式。市场生态和企业组织形态的演变，是人力资源在不同时期的价值和责任的改变而导致的。

（四）影响组织结构的权变因素

1. 战略

简单的战略要求简单的组织结构，复杂的战略则要求复杂的组织结构，不同的组织战略需要设计特定的结构来匹配。

2. 规模

大量的证据表明，规模会影响组织结构的选择。大型组织一般会选择机械式结构，适用于2 000 人以上的企业。有机式结构的小企业增加大量员工时，会促使其转变为机械式结构。

3. 技术

所有结构都会采用某种技术，把投入变成产出。

4. 环境

环境会限制管理决策，也会对组织结构产生重要的影响。

（五）管理的底层逻辑是对人性的不信任

组织发展的终极目标，是从制度管理走向自我管理，从垂直管理走向水平管理，从有形组织走向无形组织结构的演变。组织结构的演变规律，随着市场生态和企业形态的发展，最终会走向无为而治。在股东价值形态时期，一般采取直线型组织结构，发展到精英价值形态时期，一般采取矩阵式、事业部制、直线职能制。再进一步发展到客户价值形态时期，企业一般采取流程型组织架构，合伙人制。当企业发展到利益相关者价值形态时期，会采取网络型组织机构，如液态组织①、青色组织②。

---

① 液态组织相较于固定形态的组织结构，表示随时可调整可变化的结构框架，如同水的形态，遇框而变形。

② 青色组织是相对于传统组织结构的颜色划分，它将组织视作一个有机生命体，组织中每一个成员在各自的角色上也是完整的有机体，它是自我管理、身心完整、目标进化的自组织。

三、人力资源规划

人力资源战略是人力资源规划的前提，人力资源规划是人力资源战略的延伸和落地，人力规划是建立在人力资源战略的基础上，是可以操作的实施方案和行动措施。人力资源发展也是经历了一个从粗糙到精细化、专业化的发展历程，如图 3－5 所示。

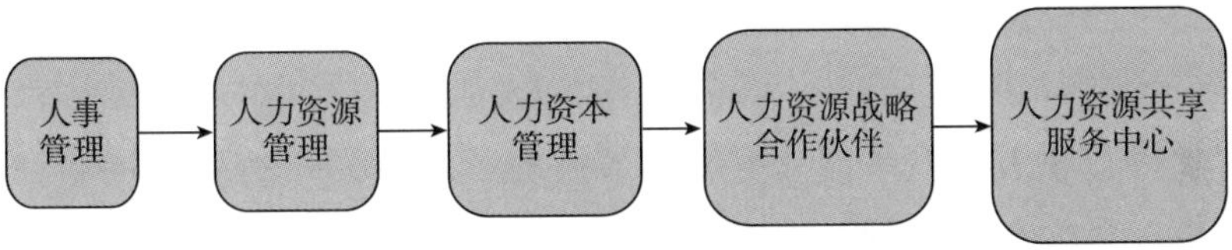

图 3－5　人力资源管理的发展进程

（一）人力资源规划的定义和内容

人力资源规划是将企业的经营战略和目标转化成人力需求，从企业整体的超前和量化的角度，分析和制定人力资源管理的一些具体目标的过程。

人力资源规划是“把其他所有的人力资源活动，连接在一起并且把这些活动与组织的其余部分整合起来的线”，通过人力资源规划把人力资源管理实践与组织目标紧密联系起来；通过人力资源规划过程，一个组织能够确定它未来所需要的技能组合，利用这一信息为其招聘、选拔以及培训和人才开发实践制定计划；人力资源规划的使用让公司能通过对可能发生的事情进行准备，来获得对其未来的控制，从而帮助一个组织以能动性的而非反应性的运作方式避免问题。

人力资源规划的内容：总体规划（计划期内总目标、总政策、实施步骤、总预算的安排，是战略与具体行动的桥梁）、业务规划（包括补充计划、分配计划、提升计划、教育培训计划、工资计划、福利保险计划、劳动关系计划、退休计划，都由目标、政策、步骤、预算组成）。

（二）人力资源规划的制定流程

人力资源规划的制定需要充分考虑公司战略、业务战略、人力资源战略目标的各个层面的问题。制定程序参见图3－6人力资源规划的制定流程。第一步，分析组织内外部条件，包括经营环境、战略决策、现有人力资源等，主动预测组织的需要，然后推测未来的人力资源需求和未来可利用的人力资源（包括外部招聘和内部选拔），再根据需求预测和供给预测进行供需平衡的比对，这其中包含了人才的选拔测评与盘点、员工开发和绩效管理等专业工作，从而分析出人力资源管理计划中的过剩决策和不足决策，由此形成行动计划，并在实施计划的过程中，对计划进行调整、评估、监督以及反馈。

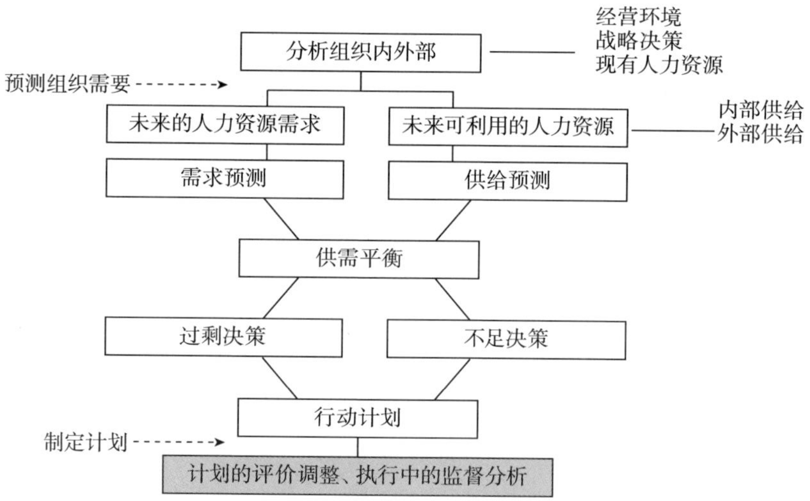

图3－6　人力资源规划的制定流程

（三）人力资源与组织发展的关系

组织整体效能在很大程度上取决于战略、组织架构和人力资源管理的水平，具体表现在制度管理和文化整合（参见图3－7）。因此，人力资源管理工作是以组织提升和管理效率为目标，采取严谨科学的态度来构建文化和管理体系。

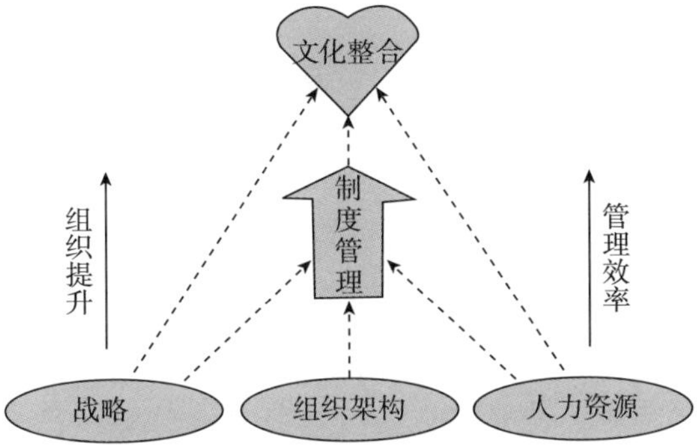

图3－7　组织发展模型

（四）人力资源规划编制的内容和步骤

维特勒教授认为，人力资源规划包括对当前人力资源状况的分析，以及配合组织需求进行未来人力资源需求的预测过程。伯杰将人力资源规划分为长期规划和短期规划。

人力资源规划可在三个层次进行：一是长期战略性人力资源规划；二是短期经营性人力资源规划；三是人力资源规划的实施、控制与评价。

人力资源规划编制的程序有四个步骤：①环境评估；②设定目标与战略；③拟订方案；④实施与控制。

其中，拟订方案主要包括以下内容：①工作分析；②岗位评价；③职业生涯分析；④招聘规划；⑤培训规划；⑥绩效管理规划；⑦人力资源需求、流动预测规划；⑧薪酬与福利体系规划；⑨其他，如申诉制度等。

四、　案例

案例3－1

关于重塑L集团的人力资源战略目标和组织规划（2017年Q2）

企业背景

L集团是国家高新技术企业，成立于2002年，总部在深圳，子公司和分支机构共计52个，2017年员工总人数约9 000人。公司的发展理念是“科技创新、绿色环保、合作共享、服务至上”，以“精益求精、追求卓越”的工匠精神为指引，汇聚了一大批行业人才，专注于城乡环卫一体化、生活垃圾分类和分类处理、固废综合利用与治理、再生清洁能源、生态环境修复、绿色热电转换等人居环境领域的创新、研发、装备制造、投资、建设和运营服务，提供一站式环境服务解决方案，致力于成为高质量环境装备供应商和专业环境综合服务商，为生态文明发展和城乡人居环境提升贡献力量。公司先后承担国家重点项目、国家“十二五”科技支撑计划、国家科技惠民计划、国家火炬计划、国家“十三五”环境科技重大攻关课题，荣获国家示范工程、国家华夏奖、省部级科技进步奖等数十项荣誉；已获得授权的国家发明类专利逾70项，荣获国际发明奖项10余项。上海复星集团、中国东方资产、兴业银行等先后投资L集团，成为L集团的重要股东。L集团2017年的销售总额突破120亿元人民币，成为环保科技行业的TOP3企业。不过，L集团发展超过15年，却依旧采取总部垂直管理各子公司，用直线职能制结合大区矩阵式来管理整个集团，因此效率较低、审批流程过长，人力资源管理体系陈旧，员工积极性不高，存在出了事推脱、找大领导的现象，总部不知道一线员工的情况和困难，甚至出现子公司总裁独霸一方的局面。

（一）战略回顾、业务分析

L集团从成立之初直至2017年，战略目标发生了两次转型，第一次是在2008年，集团从单一地承接各市政环卫清洁项目发生转变，从前端清洁到中转，再到垃圾转运和分类处理。第二次是在2013年，战略目标转变为固废综合利用与处理、生活垃圾的再利用、生态修复、再生清洁能源等前沿高科技项目的处理。集团的战略定位高度匹配国家环保发展的大趋势和政策导向，具备长青行业持续发展的特质。因此当集团引入了压榨分类计数、厌氧发酵技术、臭气处理、热解气化、焚烧发电技术后，L集团的市场规模在2015—2017年出现逐年翻倍的业绩盛景。L集团随着业务的发展，逐步形成了以深圳为总部，全国各省会城市为大区，各二三线城市均覆盖项目的业务形态。当下的战略目标是3年内在国内主板上市，保持业务持续稳步增长，做国内排名第一的环保科技企业。

（二）组织、文化和人才分析

我们深入研究了集团的业务，遍布国内各大城市，约52个城市子公司和分支机构，项目300多个。但L集团在员工9 000人时，依旧采取直线职能制和大区矩阵式来管理整个集团公司，导致集团管理效率低下，管理幅度较小。

由于L集团发展至今已经15年有余（注：此报告写于2017年），承接政府项目居多，项目金额又常常超过1亿元人民币，因此L集团会录用来自各行各业、各个年龄层的员工，从“50后”到“95后”，均在L集团的各职能部门工作，员工之间年龄代际大，文化差异巨大，导致沟通上常有误差，工作配合时会出现互相推诿等各种问题。

L集团的文化呈现多种多样，是由于集团的人才来自五湖四海，既有来自海外知名大学的环境科学博士，也有来自国内某环保局的退休老干部，他们的学历、经验和技术背景差异较大，对文化融合和针对性、差异化的管理体系有较高的要求。根据分析可见，现有的文化和人才，不足以支持企业实现战略目标。

（三）重塑组织结构，厘清人力资源战略目标

根据当前的企业形态分析，L集团处于快速增长期，且处于主板上市递交材料期间，在集团整体管理体系上需要更加科学和严谨，在人才和文化方向上，需要调整计划。我们根据公司的规划，重新梳理了集团的组织架构，如图3－8所示，并重塑了人力资源战略目标。

L集团处于快速增长期的企业形态下，人力资源的战略目标重点是人力资源的快速补充和优化；并购接管企业/分支机构和子公司的人力资源整合问题；提高员工的技能和素质水平；加强企业的绩效管理。为更好地承接集团战略目标，统一思路，协同作战，我们把L集团的人力资源管理

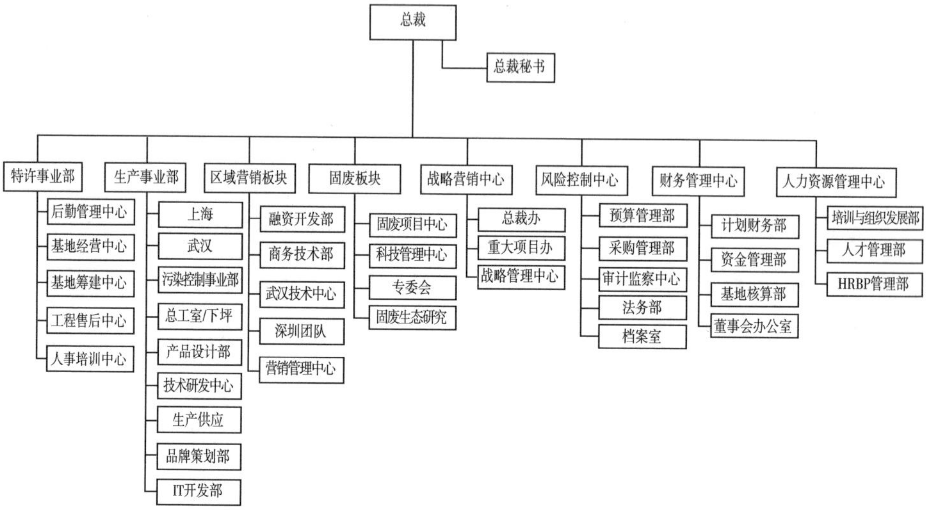

图3－8　L集团组织架构图（2017版）

战略目标定义为：

（1）在最快的时效下，保证人力资源需求得到最大程度的满足；

（2）最大限度地开发人力资源，为业务发展提供坚实基础；

（3）维护与激励人力资源，通过管理提升效益。

具体工作目标：

在未来3～5年，一是采用人力资源三支柱模式，全面覆盖和托底各子公司和分支机构的人力资源管理工作，做到各HR下沉、全方位支援一线业务，并反馈管理问题到总部专家组；由总部专家组提供解决方案，宣导至一线，并统一向各子公司和分支结构提供标准化、信息化基础人力资源服务工作，由总部复制到各一线业务组织，形成良好的管理和服务循环。二是做好人力需求预测，加强人力资源配置，着力选拔中、高级优秀人才（以营销和中、高层管理岗位为主）。三是加强人才盘点和测评工作，逐步建立员工的任职资格体系，拓宽员工的职业晋升通路。四是设立企业大学，加强和提升不同层级员工的岗位技能、销售技能、管理能力，体系化培养人才。五是优化绩效管理体系和薪酬福利体系。六是员工关系建设和劳动风险管控。

（四）L 集团人力资源管理规划

（1）鉴于 L 集团 2017 年下辖 18 家子公司、34 个分支机构（项目基地），故引入人力资源管理的三支柱模型，进行统筹管理。即：COE、HRBP、HRSSC 三大支柱管理模式。总部设立 COE 战略管理专家团队，统筹各事业群（各分/子公司/分支机构/项目基地）的人力资源团队 HRBP，同时自上而下地建立 HRSSC 人力资源共享服务中心，提供人力资源相关的全部基础服务工作，包含各类人力资源的常用流程、表格、数据、记录文件等规范。

（2）中心具体设置：总部设立人力资源管理中心，并成立虚拟 COE 战略管理专家团，下设三大部门，即培训与组织发展部、人才管理部、HRBP 管理部。COE 战略管理专家团成员从三大部门各级成员中选拔具备某领域/模块专家水平的人才来担任。涉及中心及集团其他子公司/分支机构的基础人力工作（数据、表格、流程化服务等），设立 HRSSC 人力资源共享服务中心，进行统一服务。如图 3－9 所示。

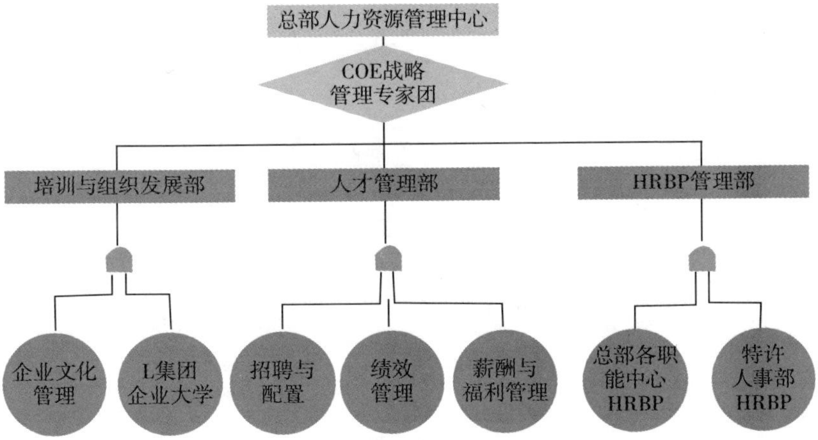

图 3－9　人力资源管理中心—组织结构图

（五）人力资源各模块工作职能规划

培训与组织发展部：

①承担企业文化建设与传播职能；

②建设 L 集团企业大学，承担全体员工的培训与培养职能。

人才管理部：

①承担人才选拔招聘与人才配置管理职能；

②承担人才的绩效考核管理与评价职能；

③承担薪酬与福利管理职能。

HRBP 管理部：

①承担对总部各职能中心/部门的员工绩效管理职能；

②承担对集团所有项目基地的人事行政管理职能。

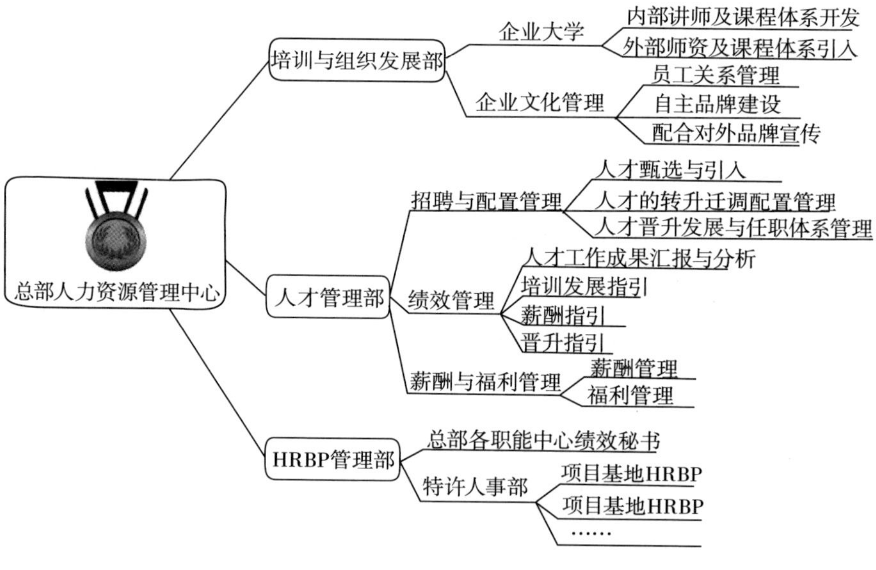

图 3－10　人力资源管理中心职责图

综上，确定企业的人力资源战略目标和人力资源规划任务，需要根据企业战略目标、市场形态，以及业务战略目标，结合人才、文化、组织现状等情况，进行分析和预测，因地制宜地做出决策。

五、关于组织创新

当今 VUCA 时代，全球范围内众多企业表示，目前迫在眉睫需要考虑的是组织的转型。世界变化太快，处处是危机，处处也是机遇，我们如何跟上世界的步伐，这是摆在每一个企业家面前的重大命题。

（一）企业进化危机路线

企业发展过程中，会遇到到瓶颈，虽然战略方向清晰而明确，但就是无法实现。瓶颈不是单一的危机构成，而是双重危机构成。只有进化才能解决危机、突破瓶颈。企业进化危机路线如图 3－11 所示。

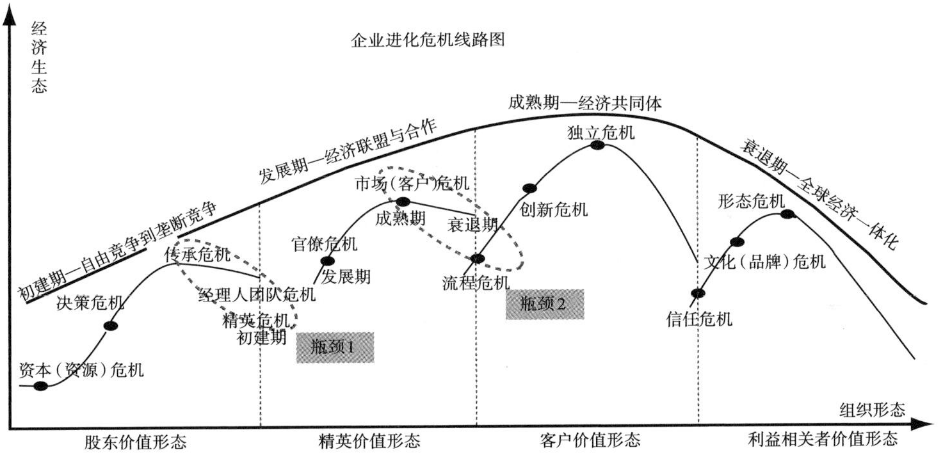

图 3－11　企业进化危机路线

由此可见，企业初建期，注重股东收益和价值，面临着资本和决策危机，市场处于大力拓展期。发展到一定阶段，一般是 3～5 年，企业会出现团队管理危机和精英匮乏危机，主要是解决优秀人才和团队发展问题。企业发展到快速增长期，在管理上的难题是内部出现官僚主义危机，在市场方面是客户危机和流程危机，需要解决客户整合和企业内部管理流程的难题，此时，企业进入第一个衰退期。成立 8～12 年的企业，发展到成熟期，追求经济共同体和多元化业务，发展到这个阶段一切已定型，企业死气沉沉，面临创新危机和独立危机。当企业发展到 15～20 年，一般会进入衰退期，正常情况下，企业这个阶段进入了全球一体化的经济形态，信任危机和雇主品牌危机凸显，需要进行一个新的整合。

组织的进化，我们从“颜色”划分来对比。从第一个阶段，初创期的野蛮生长、业绩为先的组织形态，这种红色组织形态下，以劳动分工为主，组织主要靠权力产生凝聚力，权力距离较大，形成命令式管理体系，一般采取直线职能制组织，效率高、粗糙快速而野蛮，相当于黑社会组织。当企业进化到琥珀组织时，它是线性思维的产物，有群体意识，寻求秩序、稳定和确定性。流程可复制，自上而下的层级架构清晰，中国传统军队采取这种管理模式。当企业发展到橙色组织阶段，追求效率，职责明确，有一定的创新，注重人才的晋级发展，类似机械，关注成就，是典型的精英制。当企业发展到绿色组织阶段，以价值观驱动并注重平衡多种利益相关方，注重管理授权，推崇价值驱动文化，注重关系重于价值，类似家庭关怀，属于利益相关者模型。参见图 3 - 12。

组织的进化之旅

图 3 - 12 组织进化之旅

（二）青色组织是企业进化的最高阶段

青色组织是指将组织视作是一个有机生命体，组织中的每一个成员，在各自的角色上也是一个完整的有机体。相比其他“颜色”的组织，青色组织体现出三大突破：身心完整、进化目标、自我管理。它的特质是：上级带动下级，无层级、员工不被控制，用自主管理方式提升工作主动性，横向沟通中，上级先沟通好，再下达对接好，角色间的直接沟通对接工作，通过高效、扁平的管理方式，推动企业最终自动化运行、自动进化，实现自组织。参见图 3 – 13。

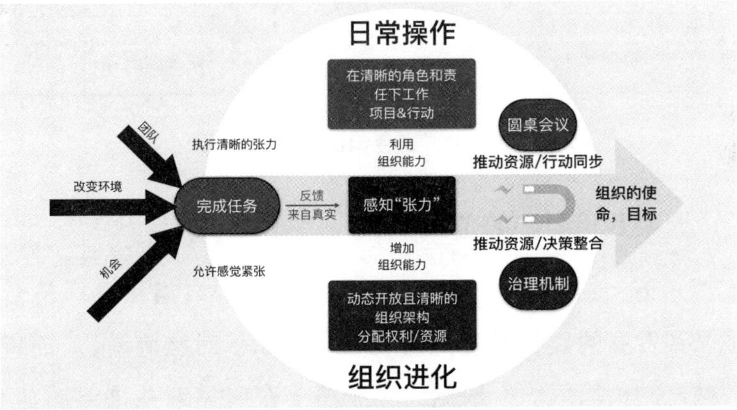

图 3 – 13　高效的治理运营机制

在高效的运营机制下，由于张力带来了组织进化和日常运营模式的改进。**张力是指组织进化共创过程中，个人感受到的现实状况和理想可能之间的差距**。张力是个中性词，可以是一个亟待解决的问题，或是一个发展机遇。组织是一个张力处理系统，组织中每一个成员都是组织的张力传感器。保持张力，就可以促使企业不断发展和改进。

青色组织的功用表现在，上手就直接摒弃旧观念，取消考勤、KPI、审批等，彻底信任员工；导入"角色使命、职责、管辖领域"，明确每个角色的边界；导入引导圈子进化的圆桌会议流程；导入青色的指标体系；导入同僚反馈和评估；引导管理者转型。参见图 3 – 14。

如图 3 – 14 所示，员工是伙伴，一个伙伴可以在组织内同时承担多个角色，一个角色也可以由多个伙伴同时来承担。**主要的操作是去管理化、去中心化、去架构化，将人分配到任务上去。**

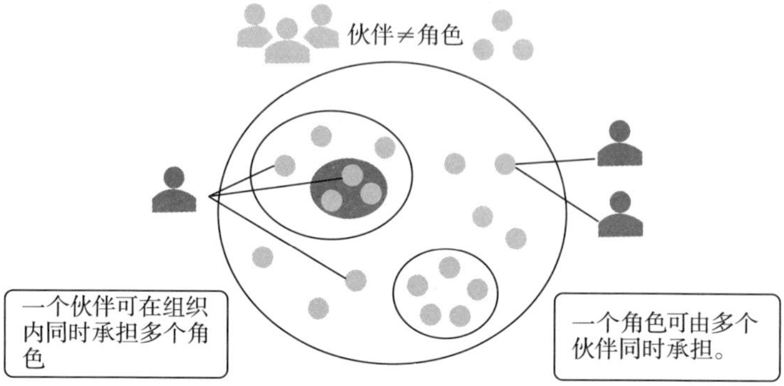

图3－14　青色组织的基本架构

（三）繁荣共进组织的范式

我们都知道，组织是一个耗散结构。**企业的自组织必须符合耗散结构，其成长和发展的终极目标是进化性自组织，对抗熵增**[①]。而青色组织就是繁荣共进的负熵组织，根据吴大有博士在《繁荣共进组织基本框架》中描述，它的基本框架需要符合“个体—团队—组织—生态”的十二原则。它包含清醒自主的个体、敏捷赋能的团队、自治使命牵引的组织、开放共赢的生态。参见图3－15。

第一是激发清醒自主的个体：帮助个体自我实现、帮助个体实现自我精进、动态自治。

在繁荣共进组织里，非常强调个人使命和个人在工作中寻求的意义感和满足感。自我实现者是拥有自主人格的人，他们自己决定自己，自己为自己负责。他们会思考“什么样的生活值得过?”他们认为一种更大的社会身份状态的认同感尤为重要。他们探索个人使命，结合团队使命，产生同频共振，寻找个人实现的方向。通过自我反思、自我精进不断突破自己的舒适区，提升应对复杂世界的能力。自我精进需要能够迅速掌握复杂工

① 管理熵是指任何一种管理的组织、制度、政策方法等，在相对封闭的组织运动过程中，总呈现出有效能量逐渐减少，而无效能量不断增加的一个不可逆的过程。这也就是组织结构中的管理效率递减规律。

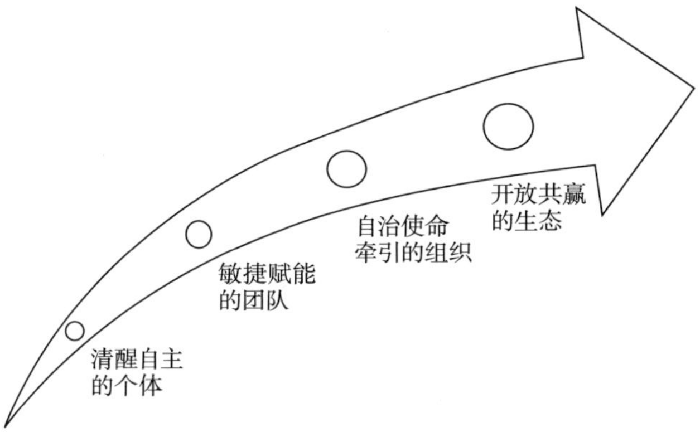

图 3－15　繁荣共进组织的基本框架

具的能力，以及在工作质量和速度方面都能达到精英阶层的能力。自我精进并非自我隔绝和自我封闭，而是优秀的协作沟通。新生态、新组织是一个让所有自我精进的个体都能够完美协作共赢的场域，这是组织最不可替代的作用。动态自治是自己对自己负责的角色，它意味着：①有意识地定期回顾自己角色的职责；②根据自己角色的职责，创建新的项目或张力[①]；③通过张力来驱动自己的角色不断迭代和进化；④推动角色和圈层使命不断进化。

第二是搭建敏捷赋能的团队：目标和信息的敏捷迭代、自发协作的工作模式、设置安全空间。

当人们处于简单环境或者复杂环境中时，人们相信事务是有强逻辑的，是可以被分析和预测的。企业运营的基石是“预测＋控制”，我们采用各种管理工具和一系列的流程制度，是希望一切都达到一个稳定状态。而当我们真的步入复杂环境时，我们会发现这种预测越来越不准确。我们需要把目标和计划调整为敏捷动态的。目标设定需要敏捷开放、信息开放，让张力对组织在运营和治理层面不断迭代。同时，去中心化、自上而下的项目统揽模式，让每个人对自己直线连接的任务负责。与此同时，管理者需要洞察环境，展示出不同的领导力，来适应团队发展。

---

①　张力是指组织进化共创过程中，个人感受到的现实状况和理想可能之间的差距。张力是个中性词，可以是一个亟待解决的问题，或是一个发展机遇。

在团队中，自发和协作经常被视为一种反向关系。没有协作的自治权被剥夺了关系的力量，会变得资源匮乏。**在健康的文化中，每个人变得更加自主的同时也变得更加协作。自主协作放松了传统合作经常施加的限制，可以对工作满意度产生积极影响。**

建立动态迭代的群体协作规则：首先明确出来，什么行为是孤立的，什么行为是团队所不能容忍的，并将其形成行为准则；其次，协作规则要做到及时（第一时间）、公平（一视同仁）、公开透明（团队内部）；再次，行为准则是群体承诺，一旦推出，需要所有人坚决执行；最后，要注意行为准则可以根据张力变化而随时动态迭代，以激发每个成员的主动性、积极性和创造性。

心理安全空间，是一个团队内的人们对于承担风险的共同信念，以及人们对于风险下工作的惩罚和奖励模式的认知。设置心理安全空间使员工在工作中拥有安全感，以便在瞬息万变的环境中成长、学习、贡献，以及有效地发挥他们的价值。随着人类社会进入后互联网及AI时代，我们的技能型劳动将大量被替代，因此，我们也将大力呼唤"创造性劳动"，人们与生俱来的共情能力、丰富的情感解释、创造性劳动的源泉，是任何AI工具都无法替代的，要做到这一切，首先在工作环境中，我们需要把员工当人看，更多的是激发和信任，而不再是依赖监控和控制。

第三是形成自治使命牵引的组织：打造使命驱动、动态灵活的战略框架、去中心化的团队。

使命是组织的指南针，指明整个组织未来的方向。我们坚信，随着科技的发展和物质生活的丰裕，一代又一代的新生力量涌入职场，会有更大基数的人们在生命的更早时期有意识地探索个人使命与自我实现。而青色组织正是这群人赖以繁荣生长的土壤。我们可以大胆地预言，未来组织也不再是"雇主+雇员"的掌控依赖模式，而是实现真正意义上一群志同道合的"合伙人"一起前行（可能是庞大的整个群体）。**在青色组织里，每个个体不仅仅服务于组织的使命，同时也服务于他所承担的各个角色的使命，以及他的个人使命，当组织与角色使命和个人使命的重叠部分越高，**

个体能量将被激发得更强大，如前章所描述的，心流激发大量个体自主自觉地奉献和付出。如图 3 –16 所示。

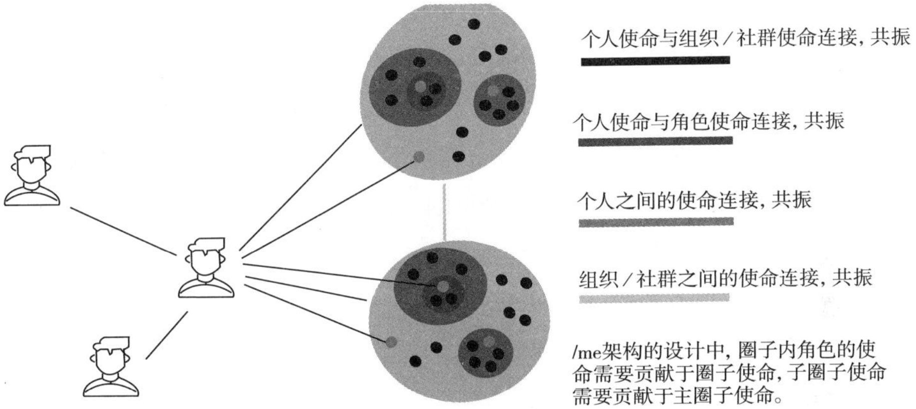

图 3 –16　使命共振显像化、具体化

后移动互联网时代以及 AI 的崛起，商业组织都渐渐开始摒弃线性增长而转身投入指数级增长的新商业游戏规则。如果组织希望能够有指数级的增长，那么首先需要具备一个拥有指数级增长的组织。这些商业能够拥有动态实时响应的组织特质，这是指数级增长的前提。

组织的去中心化首先是去运营化——领导者放手运营权力。掌权者/管理者脱手日常运营性工作的职责，不再拥有任何的权力参与或决定团队日常运营层面的工作和决策。同时，需要确保组织内所有角色/岗位的承担人，对自己及他人所承担的角色/岗位的职责和权力有明确清晰的认知。其次是角色细分——领导角色的分布化。掌权者/管理者将自己承担的角色更加细化，例如战略官、专家、资源调配官、协调统筹官、顾问、危机处理专家……管理者选择承担其中的某些角色，与此同时，组织设计层面将不再有“管理者”“圈长”“经理”这样的名称出现。这意味着，管理者开始渐渐卸去团队治理层面的权力。同时，组织内（团队内外）开始涌现出富有卓越领导力和影响力的伙伴，承担某些细分的角色。最后是认知升级，完成分布式架构的设计。组织中的个体将不再认谁是领导者，谁是掌权者，人们只是有能力和意愿承担着不同的角色。权力被极度地分布在整个组织架构上，“人人都是主人翁”的意识开始产生，每个人的主人翁意识开始产生，员工开始汇报“公司是我的”（而代替以前：公司是老板的）的认知。组织变得前所未有的动态敏捷、快速洞察、响应变化。

当今的企业呼唤一种动态灵活的战略框架，可以快速响应市场的变化。这是一种不同的目标，它的目的是让客户感到高兴。这是结果，而不是活动的原因。它是关注性的创新。它是动态的，而不是控制的。它通过结构化、迭代、以客户为中心的实践来协调工作。

一是构造可持续进行战略对话的空间和载体。实施步骤：①创建代表组织整个系统的战略枢纽团队，替代纯高层管理者的战略决策机构。②赋能战略枢纽小组，成为企业大生态中的核心小生态，带动整个组织快速进行决策并落地。

二是持续开展战略对话，推进战略形成和实施。①放弃“完美的战略”和“报告战略”，运用系统理论，在战略制定过程中持续引入内部外部的不同视角，让团队可以迅速进行“足够好的”决策，并通过 MVSP（最小可行战略产品原型）[①] 来迅速测试并获得市场反馈后决定下一步。②在资源分配的现实场景下共创和迭代决策经验法则（Rule of Thumb）：A 优于 B，并基于该法则来处理各种决策张力，这些张力存在于每天的业务决策中，例如：长期还是短期，既有业务还是创新业务，成长还是利润，完美还是完成等。③始终对照“使命锚点”来校准组织战略方向。

三是通过创设和持续使用动态战略法，建立新的决策流程和文化，提升整个组织的动态战略能力。实施步骤：①运用敏捷工作法，促进快速试错、快速学习、快速迭代的思维方式转变。②通过发展员工的感应、反馈和学习能力来提升组织的感应能力和变化速度，提高整体的适应能力，通过组织内的个体，时刻感知组织内外的机会和风险，并快速传递到组织内，使组织赋有快速响应的能力。

---

① MVSP 是一个厂商中立的安全基线，列出了确保实现合理安全状况，必须采取的最低安全要求，涵盖业务控制、应用程序、设计控制、应用实施与操作控制四个方面。任何组织都可以在他们认为适当的时候使用它，并根据自身需求调整清单。

第四是构建开放共赢的生态：无边界生态社群、分布式价值分配体系、开放透明的管理环境。

未来，当人们提到工作的时候，可能其真正的含义是多重工作。多重角色被大多的年轻一代所青睐和实践，这也意味着，一人在多个平台和组织中工作将变成一种普遍现象。**组织也不再会拘泥于我是否完整地拥有你作为一个全日制工作的伙伴，而更加关心人们在这里承担的角色，是否达成承诺，为使命服务。**与此同时，组织之间的共融性也在增加，组织之间不仅共享使命，同时共享生态、共享资源，无论在任何组织形式下，如传统组织、繁荣进化组织，还是更加前瞻的 DAO 模式①。**任何组织的价值分配、价值激励体系都将着眼共同目的：激活个体价值，促进组织和商业的指数级增长。**这就对员工的价值分配和激励措施提出了较高的管理要求，需要我们打破传统的固定等级薪酬结构和绩效考核激励方式，着重于文化认可、行为评估、技能估值方式、价值分享几个方面，将 OKR 绩效管理模式进行了重新演绎。参见图 3－17。

如图 3－17 所示，分布式价值分配体系充分考虑了员工技能勋章、任务结果信誉、价值分享这几个层面的价值。同时，这个价值分配过程充分体现了透明和开放，它包含有三层含义：第一是激励政策向全员开放，第二是每个人最后绩效评定的分数在他所在的团队相互之间都可以被看到，第三甚至工资和绩效奖金甚至也是可以相互开放的。这种价值分配模式在全球上万家自组织的公司中运作，结果显示开放所带来的正向效应远远大于它带来的负面效应。

开放透明指的是在组织内真实明确信息的随时可用度（Ready Availability of Explicit Information，RAEI）。它包含个人工作相关信息在组织内的

---

① 去中心化自治组织（DAO）是围绕一个使命而建立起来的团体，该团体通过在区块链上执行的一套共享规则进行协调和合作，它允许任何成员做出决定，参与治理。更具体地说，DAO 是在区块链上运行的去中心化组织。它的规则被编码为计算机程序，使其透明，受股东和代币持有者的控制，不受中央机构的影响。这就像一家没有 CEO、没有员工、没有实体、没有管辖权、没有持有人的公司，但它仍然可以通过去中心化的代币治理流程运作。DAO 的规则被写入网络代码并根据协议自动执行。当特定条件发生时，会自动执行相应的规则。

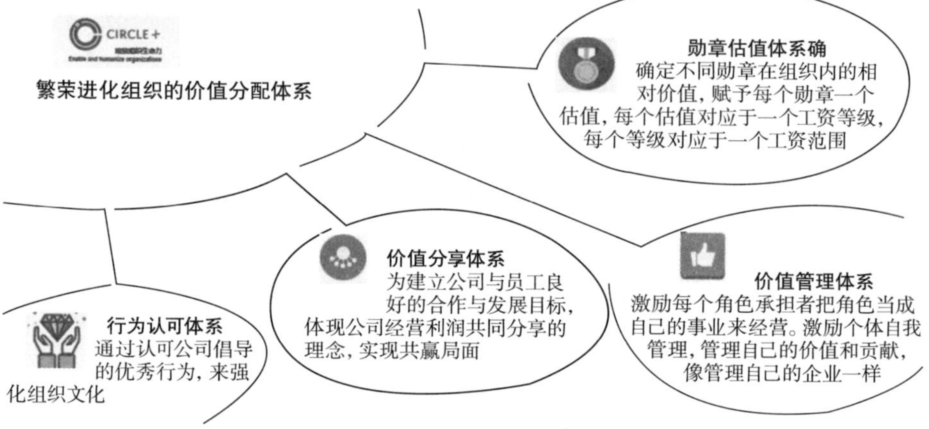

图 3-17　分布式价值分配体系

开放度、人与人之间的信息开放度，以及个人与组织之间的信息开放度。开放透明的程度分为三层：团队内的信息开放，组织内的信息开放，以及生态层面的信息开放。繁荣进化组织特别强调更多生态层面的信息开放和更少的团队内信息开放，而受到具体相关政策明确约束的机密信息（例如代码、客户信息）除外。

一是组织架构的开放透明。组织架构的开放透明，包括角色的使命、职责等组织架构迭代过程的开放透明、角色迭代过程的开放透明、角色承担人的开放透明、角色承担状态的开放透明。

二是组织治理和运营机制的开放透明。包括政策制度内容的开放透明、政策制度迭代过程的开放透明。

三是组织权力和决策的开放透明。包括组织内权力结构的开放透明（谁承担的哪个角色、拥有什么权力），决策流程的开放透明（为什么目的、通过什么决策机制、谁参与、怎样做决定的过程），决策结果的开放透明（决定的结论是什么）。

四是个人与团队工作的开放透明。我们工作的过程（规划工作、面对挑战、解决问题），我们工作的结果（对自己和他人的积极影响），我们与他人协作的过程（分工配合与沟通反馈）。

在繁荣进化组织模式下，在组织层面上这四个维度是100%开放透明的；我们最终希望实现的是这四个维度在整体生态层面上的开放透明。

六、案例

案例3-2

腾讯的组织发展案例

企业背景

腾讯的组织进化历程：1998—2005年，生命体组织，创业初期，业务和产品单一，按照职能分工，责任清晰，能力互补，市场反应快。主要业务发展事件：聚焦IM、QQ诞生，主要经济形态是活下来、不被骂。2005—2012年，平台化组织，成为一站式生活平台，按照产品划分职能，分权管理，注重技术平台，大力培养领导者。主要业务发展事件有全民公敌、3Q大战。2012—2018年，生态化组织，PC向移动互联网升级，连接一切，开放生态。这时期，业务群之间资源共享，开放平台与共赢生态链。业务特征趋向外部社会化、内部平台化。2018年之后，腾讯进入了复杂生态组织形态，从消费互联网到产业互联网，专注于内容、广告、数据打通、云技术与服务、技术中台等领域，业务上大幅起落，今日头条4亿用户、游戏限号、股价忽上忽下等情形出现，生态组织复杂多变。如图3－18所示。

运用自耦原理来解读腾讯组织进化的规律，我们不难看出，企业发展从自生到耦合，再到共场，是一个逐步壮大、更加复杂的组织进化旅程。在自生阶段，关注资源竞争，务求生存，业务形态上会多样尝试，自主选择；在耦合阶段，发展中会不断反馈和进化，业务上会多边适应，注重互惠合作；在共场阶段，主要依赖于平台支持，开放流动的业务形态，并且会参照成功案例的原型进行分析和总结。参见图3－19、图3－20。

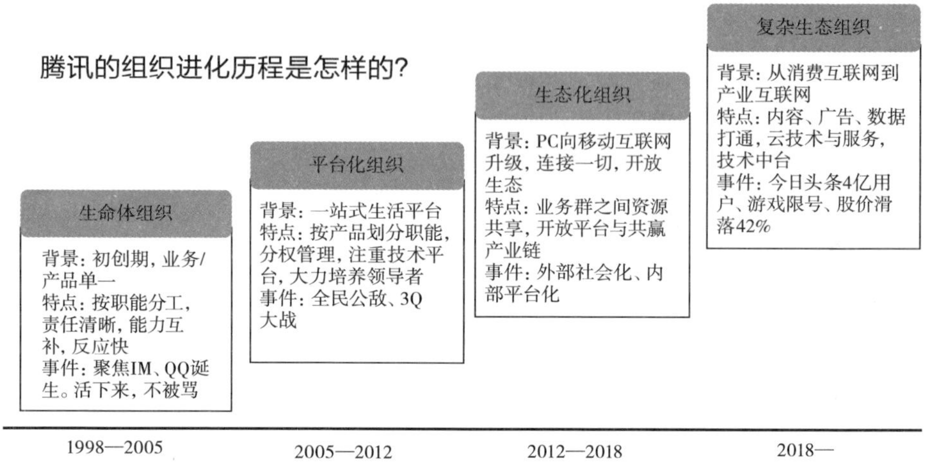

图3－18　腾讯组织进化之旅

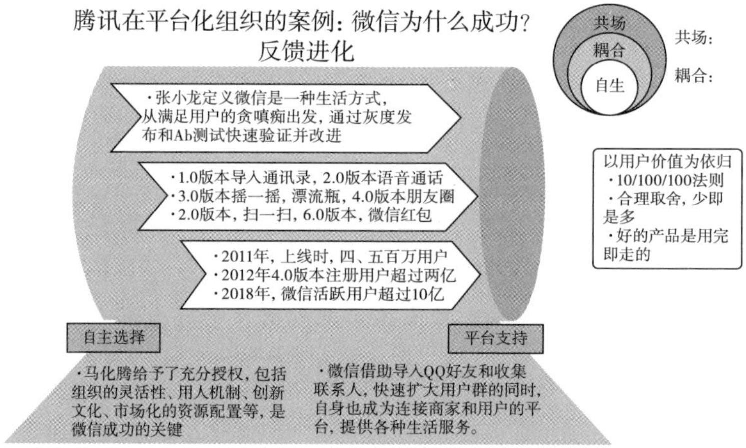

图3－19　腾讯平台化组织案例之微信

众所周知，微信早已成为我们工作、生活、社交不可或缺的一种重要沟通工具。微信以用户价值为基础，结合了自主选择和平台支持两大归因，用7年时间打造了用户超过10亿的App平台，是腾讯平台化组织优势带来成功的典型业务。如图3－20所示。

腾讯打破了事业部与赛马机制的藩篱，构建出平台化小团队组织模式，就是青色组织的中期，属于自组织的半青色组织。参见图3－21。

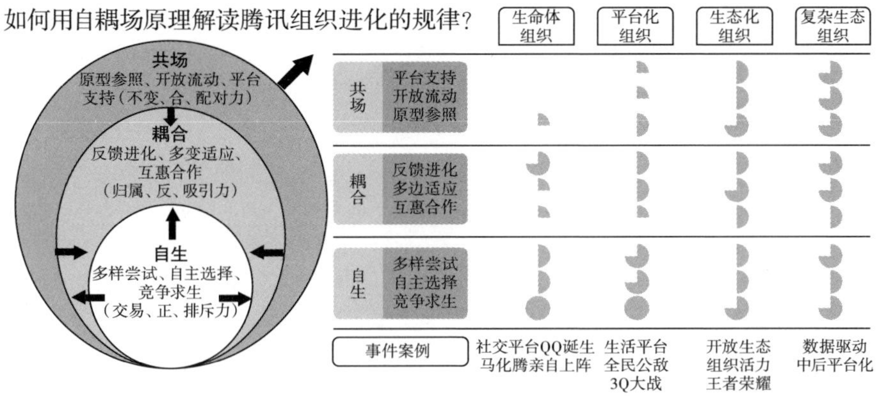

图3－20　自耦原理解读腾讯组织进化之旅

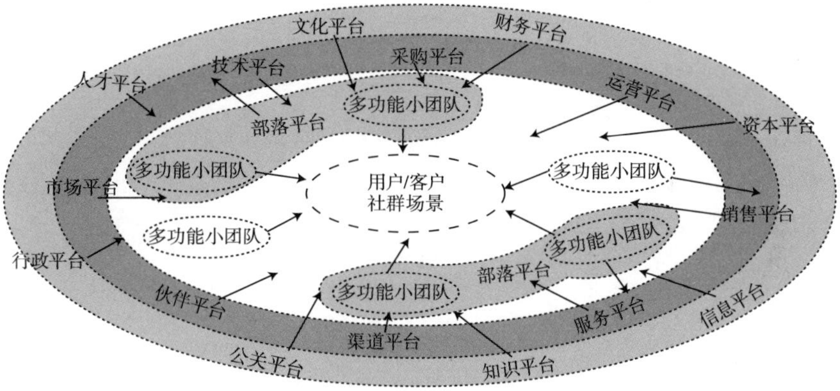

图3－21　腾讯组织模式（半自治）

如图3－21可见，最外围浅蓝色圈层是传统的内部行政职能平台，绿色圈层是业务职能平台，由外及内到各种多功能小团队，他们串联了业务平台的职能和小型角色任务的圈子，其所有目标都是围绕用户需求和社群场景诞生的，这是多功能小团队灵活支持衔接业务和技术市场的基石。灵活分散，因业务或技术而生或散，这是半自治模式的组织形态，值得广大管理者学习和借鉴。

第四章

人才招聘与配置

如前章所述，我们做好了整体规划，有了造船的总体设计图，我们就要开始一点一点地实施造船工程，而船员的引入和招募，是这项工程的第一关。

书中图表文件
可扫描二维码获取

一、 人力资源工作的重要原则

在前一章，基于人力资源战略目标、组织发展规划，明确了人力资源规划的基本内容。一般情况下，我们会逐步依照人力资源六大模块（目前有学者提出人力资源八大模块，增加了企业文化和员工关系管理）的内容进行工作目标分解，以保证人力资源的专业性、科学性、有序性。但是，人力资源各模块的内容是互相依存、互为关联、有机结合的一体化工程。人才选拔与配置是为了更好地保障战略目标和组织规划的实现，而新人选拔入职后，经由培训和开发、与老员工的配合等，进一步适应和胜任岗位发展的需求，此时员工产出的优劣和薪资的合理性、公平性均是由绩效评价和管理得来的，在这一系列工作流程的实施和推进中，我们形成了组织的整体氛围，并建立了或和谐或紧张的员工关系和组织氛围。绩效管理的基础考核范畴和细则，有赖于人才招聘阶段的岗位适配性、工作分析和职位关键胜任力的定义；绩效结果的应用有利于更好地反馈招聘效果，并推动人才发展和培训的方向；薪酬与福利在一定程度上决定了招聘工作中人才是否能够入职，而完善有序的培训体系为人才发展和人力资源规划目标提供了基础保障；和谐的员工关系与良好的福利体系，则会营造出积极、公平、创新的企业文化和组织氛围。如图 4－1 所示。

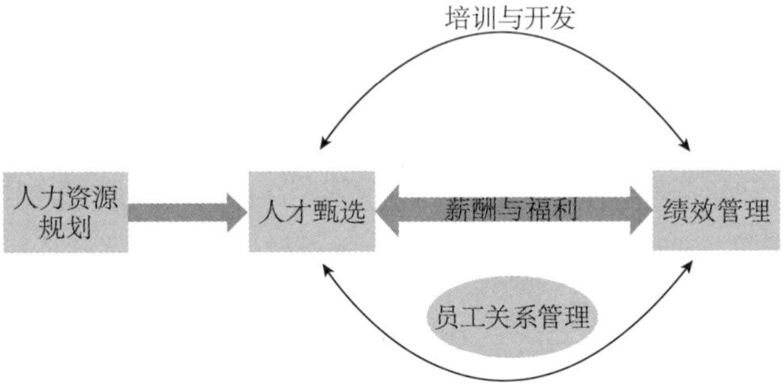

图 4－1　人力资源各模块的关系图

（一）关注整体性和全局性

在人力资源从业者的工作过程中，切不可“头痛医头脚痛医脚”，必须要有全局观。无论你是处于哪一个模块岗位上，无论你是招聘经理，还是处于 COE 专家组的职位上，都要有整体性工作思路。人力资源工作并非单一地去完成了月度招聘指标，或解决了一线岗位的某个难题就是称职了，我们必须通盘考虑人才与组织与文化的关系，确保人力资源的每一个动作、每一个流程、每一项举措均是紧密围绕组织的战略目标来进行的。

（二）围绕业务需求开展工作

人力资源工作的主要目标是保障组织战略目标的实现，依据前文所述，组织的目标包含了战略和业务发展。完成组织的业务目标，是人力资源工作非常重要的导向。凡是不能围绕业务需求开展的人力资源工作，都是失败的工作。

（三）注重工作的延续性和承接性

人力资源工作由于其特殊性质而具有滞后性，因此也就需要注意管理的延续性和承接性。大部分企业是发现问题解决问题，这必然带来管理的滞后性和随意性，迫使 HR 永远在一线救火，没有时间和精力来做好管理应当做的预测、分析、规划工作。人力资源工作的最佳状态是提前预见和防控，但在企业发展的第一阶段初创期和第二阶段发展期，过于注重业务和市场的快速发展，往往做不到规范管理和发展人才。此时的人力资源工作也因此而需要时间来进行沉淀和积累，逐步查漏补缺和优化提升。为了保证人力资源工作的延续性和承接性，HR应当随时做好各类数据的记录、文档的整理和保存工作。一个企业的人力资源和财务部门，是最需要稳定持久的，若一个企业的人力资源工作人员更替频繁，可见企业的发展和管理是相当不规范的。

二、　企业职级体系的规划

在人力资源管理工作中，为了更好地发挥组织的功能和人才的有效性，我们会设计组织职级体系，规范实现企业整体目标过程中各个职能中心的职能，以及各岗位相应的职序、职级、职务等，成为员工职级体系或组织体系。在这个设计过程中，我们需要考虑六个因素：工作专门化、部门划分、职权与职责、管理幅度、集权与分权、正式化程度。这项工作也是确定员工薪酬、培训发展、员工晋升、绩效考评定级的基础依据，每个企业可以根据不同的成本预算和行业定位来确定职级总数，以及相应的职等和职位名称等。如图4－2[①]T公司分为5个职序，分别是管理序列、职能序列、技术序列、交付序列、营销序列，共13个职级，从L1级暑期工到L13级董事长，包含了企业120个职位，共计覆盖3 000多名员工。

三、　人才选拔与测评

在竞争形势日趋严峻的今天，人才的选拔与管理已逐渐成为企业生存与发展的关键，只有拥有更多更好的人才，并通过人才体系的合理配置，企业在竞争中才能获得主动、赢得未来。马云曾说过，一个企业的老板应当把95%的时间用来选拔优秀人才，剩下5%时间用来思考企业发展的未来和生态。乔布斯也曾说过，A级人才的自尊心根本不需要你去维护。当

① 图4－2比较大，放置在文后页。

今，后互联网时代＋AI 生态，我们对于人才的要求越来越高，人才对于企业的选择也越来越倾向于个人热爱和匹配程度。作为人力资源从业者，我们不仅要甄别和测评优质人才，更要推动组织不断适应人才的偏好和需要。这是人力资源工作的重要目标之一。

（一）招聘计划的制订

1. 明确年度招聘计划

根据年度经营计划、人力资源规划和人力资源的需求预测分析，我们会知道当年的人力资源需求计划，可以整理出全年的人力资源需求汇总表，列出各职能中心/部门的缺编需求和数量。再根据具体岗位的需求，分别针对缺编岗位编制《年度人力资源招聘需求计划总表》。如表 4－1[①]。人力资源负责人根据各职能中心提交的人力资源岗位招聘需求表，如表4－2，统计分析汇总，需要多次与当年的年度经营计划核对，与用人部门复核，最终确定年度招聘工作总计划。

招聘需求总表和岗位招聘需求表，可以根据企业的实际情况进行编制，部分规范性较好的企业，会在招聘需求表里面增加“绩效范畴”，列明岗位的绩效考核关键项目和基本标准，这样有利于后期推行绩效管理工作。

一般招聘工作的流程大概一致，经过初试、复试或增加终试，其中涉及了人力资源部、用人部门、总裁办/总经办/董事长的层级审批工作，包含了招聘渠道甄选、需求发布、电话邀约、初试、复试、反复的核对、沟通，以及审批流程和面试流程。如图 4－3 所示。

书中图表文件
可扫描二维码获取

① 表4－1 比较大，放置在文后页。

表 4－2　岗位招聘需求表

招聘申请表

部门	XX产品部	招聘岗位	UI设计	下属人数	0
申请人	袁XX	申请日期	2018 -3-1	需求人数	1
增补类型：	□替补	□新增	□储备		
如替补需补充说明					
部门编制	部门现有人数：1	该岗位现有人数：0			
希望到岗时间	2018 年3月9日				

岗位工作内容分析

1. APP UI设计　约占总工作量 70 %；
2. 平面设计　约占总工作量 30% ；
3. ______约占总工作量 ___%；
4. ______约占总工作量 ___%；
5. ______约占总工作量 ___%；

任职资格要求

基础条件							
	性别：□男 □女 □不限；				年龄：25 岁至 31 岁 □不限；		
	学历：□大专□本科□硕士及以上				户籍：□本地 □外地 □不限		
	工作地点：□公司本部 □驻外______				语言：□普通话 □粤语 □英语 □其他		
	工作年限：3年及以上				行业背景：互联网		
	专业知识和技能：	sketch	phototshop	AE	UI设计	动效设计	平面设计	交互规范
	岗位关键字：	UI设计	APP	移动应用	3年设计经验	设计专业毕业		
	特殊要求：先提供作品						

对外发布职位招聘，任职要求描述（示例：产品经理）

岗位职责：

1. 负责XX APP移动应用平台移动端界面设计；
2. 负责平台各终端产品、品牌和运营设计，推动方案执行和实施；
3. 负责产品的设计定位，主导设定整体视觉风格，沉淀设计规范；
4. 分享设计经验，提高团队设计能力。

任职要求：

1. 本科以上学历，视觉传达、设计艺术等相关专业（优秀人才，专业和学历可适当放宽）；
2. 平面基本功扎实，思维逻辑清晰，熟练掌握主流设计工具Sketch 、PS、AI、AE等，精通视觉效果呈现；
3. 从事设计行业工作3年以上，具有成熟产品界面风格设定（包括界面、图标风格与规范制定等）经验；
4. 有系统性的设计理论知识和统一体验的思考，对流行趋势具备敏锐的洞察力和领悟力；
5. 有良好的设计沟通、表达、方案汇报能力；
6. 能抗压，能和团队一起攻关项目，具备团队协作精神，对工作富于激情，能够不断学习提升；
7. 有动效设计、交互设计等特长者优先；
8. 此职位的申请需要提交作品集。

渠道建议	□例行招聘 □校园招聘 □内部推荐 □内部竞聘 □其他______

特殊招聘渠道申请

是否使用猎头渠道：□是 □否 （猎头渠道启动需经过HRD审批方可开放）	如果您需要使用猎头或批量招聘此职位，请注明详细原因： （如选择否，请不填此项）

审批流程签批

直接上级	部门或分子公司负责人	HRD	CEO

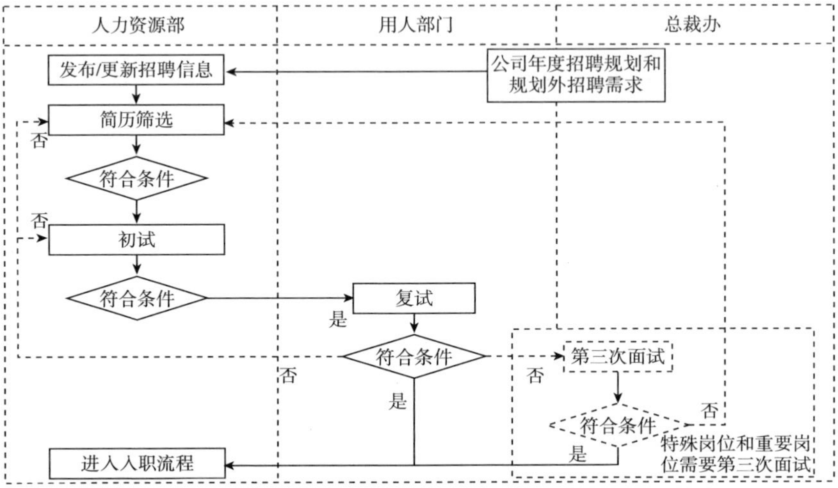

图 4－3　招聘工作流程

2. 选择合适的渠道发布招聘需求

人力资源招聘模块的工作，一个重要的部分是招聘渠道的选择和维护。招聘渠道包括：招聘网站、人才俱乐部、熟人推荐、专业论坛、内部推荐等。长期从事招聘工作的 HR，应该保持对各种渠道的分析和研究，包括储备人才库的类型和特征，以及价格和优惠政策等。目前市面上的猎聘网、前程无忧、智联招聘、BOSS 直聘、拉勾网、100offer 等招聘网站都运营完善，是招聘工作的主要渠道之一。针对招聘工作，我们需要根据企业实际情况和需求人选的特征，来选择合适的招聘渠道，充分考虑南北城市地域之间的文化差异、人才特质、人才库的差别等实际情况，并对其进行综合分析，然后发布职位。如表 4－3 所示。

表 4－3　人才招聘选拔的渠道分类表

人才选拔渠道（内/外部）		人才选拔渠道（主/被动）	
内部渠道	外部渠道	主动渠道	被动渠道
公司网站	招聘会	员工推荐	公司网站
实习	猎头	内部猎头	招聘会
员工推荐	再招	实习	中介

续表

人才选拔渠道（内/外部）		人才选拔渠道（主/被动）	
内部渠道	外部渠道	主动渠道	被动渠道
内部猎头	竞争对手	返聘离职员工	广告媒体
	合作伙伴	论坛	
	中介	交流会	
	…	…	

例如：D企业属于软硬件开发的互联网公司，处于快速发展期，需要大量的软件开发人才、硬件设计研发人才、数据库管理人才，那么我们可以选择拉勾网、BOSS直聘和100offer这几个网站，因为他们的储备人才库有较多中、高级程序员候选人库存。假如我们针对的是传统企业的中、高级管理人才，那么我们可以选择猎聘网和前程无忧，因为这是大量储备管理和销售人才的渠道。我们在进行渠道选择时，一定要根据渠道的特征和企业的招聘需求进行充分地研究，找到最佳候选人的聚集池，绘制符合企业实际需求的人才地图，锁定目标精准招聘。

（二）招聘工作的实施流程

1. 进行全面的岗位分析，绘制人才画像和胜任力模型

当招聘网站或各类渠道推荐的人才简历，像雪花一样扑面而来时，HR应该如何进行甄选呢？此时，我们应该回归招聘需求表本身，认真分析岗位所需要的人才特质，包括经验、技能、知识，以及其他未能言明的素质和潜在需求，形成我们的人才画像和人才地图。完整的人才画像与地图，需要充分研究岗位真实的需求。它包含：

①这个岗位在组织体系和职能部门中承担什么职责？

②需要完成哪些具体的工作任务，这些任务的难易程度如何？

③完成工作任务是否需要同行工作经验，什么程度的工作经验？

④是否承担对外的沟通角色，多大程度的外协能力才合适？

⑤是否需要具备一定的管理能力，下属是谁？什么性格或工作风格？

⑥上司是谁？管理风格是怎样的？推测候选人的性格如何？

⑦其他未能明确的要求。

根据上述分析，我们需要针对岗位需要的候选人，画出他的关键胜任力模型，再根据这个模型，我们就可以快速识别这一类人才。在岗位人才的胜任力模型构建过程中，值得注意的是，大部分企业会运用 Hay Group 合意咨询的素质词典来定义素质项目和词条，以及相应的解释。一般情况下，我们会先找出职能部门相关岗位的素质项目，再选出某岗位关键能力所包含的五条素质，针对岗位的级别，确定每一条素质的级别需求，画出胜任力模型。每一条素质的要求和能力等级，会依据岗位职级和职等来进行定义，例如，表 4－4 中 K 企业的全国市场总监的胜任力素质模型，它包含五大素质，分别是资源整合能力、成本意识、客户意识、团队领导能力、业务开拓能力。由于其职位处于统筹全国市场营销工作的地位，需要具备较高的市场规划能力、品牌整合能力和资源对接经验等，同时也需要具备较强的投入产出分析能力和团队统筹管理能力。至于业务拓展能力，在这个职级上，直接面对业务属于非重点关键工作事项，除非重大客户的辅助谈判和疑难问题处理上，因此，其实并不需要特别多的精力用于扩展一线业务，并且我们默认能够担任全国市场总监岗位的人必然具备较强的社交能力、成就动机，而且早已经过了必备的基础业务能力的考验。按照 1～5 分作为能力值来定级岗位的话，全国市场总监在团队领导能力、客户意识和成本意识这 3 个素质上面，需要达到最高级 5 分的分值，在资源整合能力素质上达到 4 分，而业务拓展能力上完全可以只要 3 分。反而是市场一线的销售经理岗位，在市场信息分析能力和成就动机上需要 5 分，业务拓展能力需要 4 分，其他成本意识和客户意识素质上可以弱化，3 分即可。在这里，我们默认市场一线的营销经理在职业发展道路上会一路不断成长，最后逐级通关。具体如表 4－5 和图 4－4、图 4－5 所示。

表4－4　市场中心岗位胜任力素质项目和级别要求

KL-HR-stronger

岗位	团队领导能力	成就导向	业务拓展能力	成本意识	市场信息分析	活动策划	资源整合能力	演讲与沟通能力	客户意识	文件管理	文案写作	归纳总结	问题发现与解决
全国市场总监	5		3	5			4		5				
大区营销总监	4	5	4	5					4				
区域销售总监		4	5	4	3				4				
销售经理		5	4	3	5				3				
市场推广					5	4	5		5		5		
解决方案					3		4	5	5			3	
销售与订单管理					4			5	3	3			5
订单员					3			4		5		3	3

备注：每个岗位五个素质项目，每项分级为1，2，3，4，5，总分5分

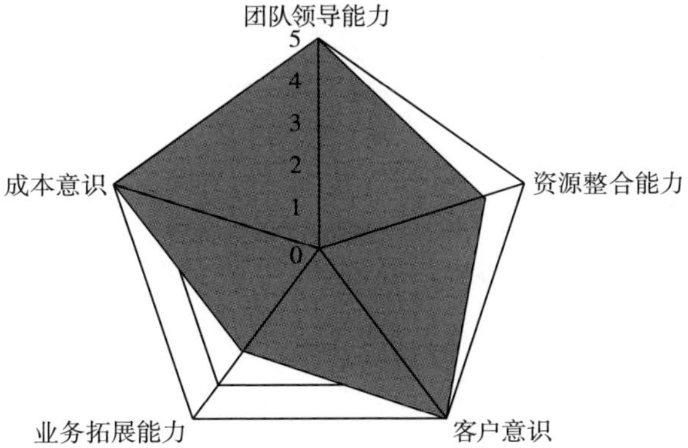

图4－4　全国市场总监胜任力素质模型

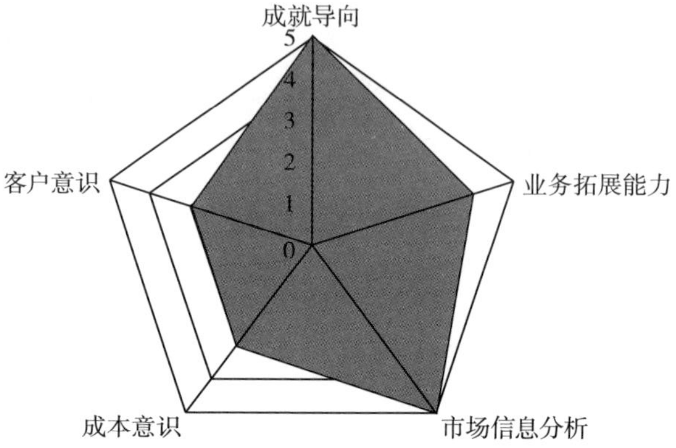

图4－5　市场销售经理胜任力素质模型

由图4－4和图4－5可以看出，不同职级需要不同的素质和经验能力值，我们默认可以胜任全国市场总监的候选人，必然经历了市场销售的业绩指标考核，成功拓展了大客户和大项目，并具备了超强的市场信息敏锐度和客户意识、社交技巧等能力，因此在甄选人才的时候，会根据过往的贡献和职场经验情况来进行分析，做出判断和选择。普通的市场一线销售经理岗位要么是初入职场的新人，要么是转行过来做销售的新人，这类人才我们可以忽略其经验和技能，而更加看重其内在潜力，包括成就动机、信息提取分析能力、拓展能力、抗压能力和社交技能等，我们默认经过工作时间的沉淀和个人的不懈努力，销售新人必然成长为具备较强客户意识和成本意识的员工。

2. 面试与复试（测评候选人）

（1）面试前的电话沟通、面试邮件/短信通知，以及面试官的确定和整体流程安排，在此不做赘述。在传统企业，我们面试时会更多关注候选人的稳定性、学历、家庭背景、过往的优秀经历和个人发展。在互联网时代，我们更多关注候选人的技能和经验，注重绩效贡献和能力匹配。大部分企业都会对候选人进行测评，笔试、机试、情景模拟、无领导小组、各类公文筐测评等都是科学有效的测评方式。在这里，推荐大五人格测评，它可以从5个维度预测人才的表现和发展。

（2）美国知名心理学家 Goldberg（1992）称大五人格理论的提出，为人格心理学中的一场革命。心理学家通过词汇学方法，发现约有五种特质可以涵盖人格描述的所有方面，由此提出了人格的大五模型（OCEAN 模型），也被称为人格的海洋。大五职业性格测评是通过大规模数据测试，基于常模数据分析开发而成的。适用于从个人到团队，从个人职业规划到企业招聘、人才发展等各个领域。大五职业性格测评包括了尽责性、外向性、进取性、宜人性、情绪性五个方面，如图 4-6 所示。

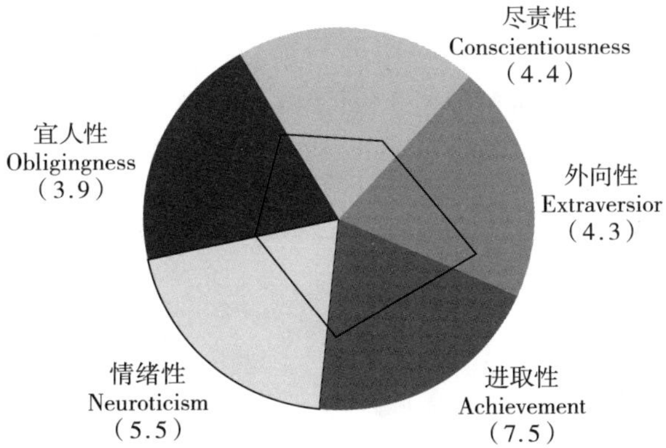

图 4-6　大五职业性格测评

以某公司的总监候选人 Andy 为例，如图 4-7 所示，我们来看看他的能力测评结果和大五性格测评结果，分析一下他的岗位匹配度情况。

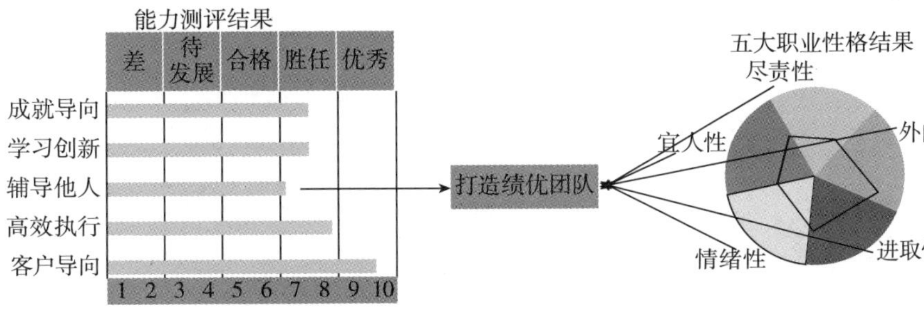

图 4-7　打造绩优团队之 Andy 候选人测评结果图

从图 4-7 中 Andy 的大五职业性格测评结果来看，Andy 的宜人性比较差，外向型略弱，其他几项分值较高。说明他性格保守、严苛、谨慎、不容易接近，但个人能力较好。对应他的个人能力测评来看，结果是比较吻合，他无法容忍别人的要求，抗拒尝试、偏保守。由此可见，在绩优团队的人才需求下，Andy 作为管理者是不太符合职位需求的。因为他无法与同事们融入、不愿意分享成果和辅导他人，也不能接受新观点、新思路，不利于团队整体绩效的提升。

（3）面试的初试和复试过程中，一般会依据结构化/半结构化的面试流程，进行提问和回答，并由 HR 做好记录，用以评估备查。结束后，我们一般会准备一份合格候选人的面试测评意见表，描述 HR 面试和复试流程，以及推荐录用的依据和结论，通常也可以称为候选人推荐报告，由于招聘旺季面试工作量巨大，大部分情况下，我们会采用手写意见并签名。列明候选人的优劣势和特征，注明用人的风险点和人才发展性特征等信息。推荐候选人，一般 1 个岗位会推荐 2～3 人，用于备选。面试评价表参见表 4－5。

表 4－5　面试评价表（正反面）

（正面）

<table>
<tr><td colspan="6">面试评价表</td></tr>
<tr><td colspan="6">候选人姓名：______　　应聘部门：______　　应聘岗位：______</td></tr>
<tr><td rowspan="3">教育背景</td><td>学历</td><td>□海外 □博士 □硕士
□重本（985/211）□普本
□大专 □其他</td><td>教育方式</td><td>□统招全日制
□自考、成教等非全日制</td><td rowspan="2">需确认毕业证书真实性</td></tr>
<tr><td>专业</td><td colspan="3">□非常匹配　□基本符合　□不相关</td></tr>
<tr><td>获得奖励</td><td colspan="3">□获得多项奖励 □获得1项奖励 □未获得奖励</td><td>奖励必须与学习相关</td></tr>
<tr><td rowspan="2">家庭背景</td><td>家庭所在地</td><td>□城市 □城镇 □农村</td><td>兄弟姐妹</td><td>□独生　□非独生</td><td rowspan="2">了解候选人成长环境</td></tr>
<tr><td>父母工作单位</td><td colspan="3">□企业员工　□政府、事业单位　□务农　□个体　□其他</td></tr>
<tr><td rowspan="7">基本素质评价</td><td>责任心：</td><td colspan="3">□1级　□2级　□3级　□4级</td><td rowspan="7">“环境-任务-行动-结果”思路：
“当时是什么环境形势？”
“你担任什么角色，承担什么任务？”
“你是怎么想的，怎么做的，为什么要这样做？”
“事情结果怎么样？”</td></tr>
<tr><td>坚韧性：</td><td colspan="3">□1级　□2级　□3级　□4级</td></tr>
<tr><td>团队合作：</td><td colspan="3">□1级　□2级　□3级　□4级</td></tr>
<tr><td>主动性：</td><td colspan="3">□1级　□2级　□3级　□4级</td></tr>
<tr><td>学习能力：</td><td colspan="3">□1级　□2级　□3级　□4级</td></tr>
<tr><td>沟通技巧：</td><td colspan="3">□1级　□2级　□3级　□4级</td></tr>
<tr><td>人际理解：</td><td colspan="3">□1级　□2级　□3级　□4级</td></tr>
<tr><td rowspan="5">动机</td><td>原公司性质</td><td colspan="3">□民营　□外资（欧美）□外资（非欧美）□政府、事业单位</td><td>外资慎考虑</td></tr>
<tr><td>原工作强度</td><td colspan="3">□加班非常多　□项目忙时加班　□偶尔加班　□无加班</td><td>无加班慎考虑</td></tr>
<tr><td>离职/打算换工作原因</td><td colspan="3"></td><td>离职真正原因</td></tr>
<tr><td>选择多度的原因</td><td colspan="4"></td></tr>
<tr><td>求职意向</td><td colspan="4">□很强　□一般　□看看机会</td></tr>
<tr><td rowspan="4">人力源综合评价</td><td colspan="5">综合评价：□优秀　□良好　□一般　□不合格</td></tr>
<tr><td colspan="5">面试意见：</td></tr>
<tr><td colspan="5">不足：</td></tr>
<tr><td colspan="5">人力资源面试人：　　　　日期：</td></tr>
</table>

（反面）

用人部门面试评价	知识技能	1级	2级	3级	4级
	知识技能	具有一般知识，需要在他人指导下开展工作。	能够独立地开展工作。	能够独立地开展工作，并能指导他人工作。	拥有全面的专业知识，专家级水平。
	笔试题目：□通过　□不通过　□无笔试题				
	业务素质评价	1级	2级	3级	4级
	解决问题能力	不能根据已有的经验知识对问题做出正确判断。	能够根据经验和常识发现问题实质。	能够找出复杂事物之间的联系。	能找出最有效的解决问题的方法。
	学习能力	不愿意更新自身知识结构，不注意向同事学习。	为了工作的需要愿意去学习改进。	能够专研资料获得必备的知识或技能。	能够深入了解当期最新知识和技术。
	主动性	不会自觉地完成工作任务，需要他人的督促。	主动承担不属于自己或职责不清事情。	及时发现某种机遇或问题并快速做出行动。	提前意识到别人没有发现的问题并采取行动。
	综合评价	1级	2级	3级	4级
	内容描述	按照工作流程，在指导下开展较为专业的工作。	承担单一模块业务职责，独立开展工作。	独立开展例行工作并指导他人开展工作。	承担本领域多模块业务组织他人完成工作。
	面试结论：□通过　□不通过				
	面试意见：				
	业务/技术面试人：				年　月　日
综合终面评价	综合评价	□优秀	□良好	□一般	□不合格
	面试意见：				
	拟安排部门/岗位：________/				
	工资建议：试用期____（税前），转正____（税前）　是否需要背景调查：□是　□否				
	综合面试人：				年　月　日
审批	HR审批	确定工资：试用期______（税前），转正______（税前）			
		背调结果：□通过　□不通过			
		人力行政中心负责人：			年　月　日
	总经理/副总经理审批				年　月　日
	备注				

3. 谈薪与录用

（1）通过 HR 负责人与用人部门、面试官、总裁（必要时）进行充分沟通和面试复盘后，我们一般会倾向于录用某一位或两位候选人。这时会由 HR 与意向候选人进行电话沟通或面谈，涉及岗位的薪资、福利和职级，以及未来的发展空间这一系列录用前的细节。谈薪的过程，一般会遇到谈判中的推拉环节，通常情况下，我们会提供市场同行业同岗位的薪酬数据给公司领导做参考，同时，充分了解候选人的意向价位和心理预期，努力促成双方的共同意向。谈薪技巧不容忽视，这是一场心理拉锯战，也是人力成本的重要构成部分。

（2）针对部分关键岗位，大多数企业会在录用候选人之前进行一系列的背景调查，检验候选人的人品和履历的真实性。

（3）发放 offer① 是体现公司人力资源水平的一项重要指标，一份完整优美的 offer 会加强候选人的入职意愿，并且在入职前的这段时间，候选人很可能已经遇到了其他的就业机会而放弃入职，因此，适当的电话沟通和规范的录用通知书（参见表4－6）是促成候选人如约入职的重要细节。这是沟通的关键节点，这个入职前沟通既可以重申公司的文化、确认新人的薪酬和职级，还可以通过现行的假期政策、福利等，建立初步的同事情谊（要知道许多人最后放弃其他公司的 offer 而入职我司，多半是因为面试求职期间的每一轮沟通都非常愉快，尤其是 offer 沟通，使其产生了高度的认同感和融入感），便于试用期期间关注新人的各类需求和工作动态，同时，这个沟通也构建了员工与企业之间的初步心理契约（心理契约，本文后面章节会做出解释）。

4. 入职前的准备工作

新人入职前，除了适当地与新人保持联系、了解意向外，还应该提前走完用人审批流程，提前明确并安排新人的办公室座位、办公必备工具、职级、薪资福利、工作内容、汇报对象、培训导师和绩效考核标准等。如

① offer 是人力资源招聘和工作中的常用语，oftter 有录取通知、工作机会、入职等含义。本书为准确表达 HR 工作中的语意使用了 offer 一词。

果 HR 能够提前发放新员工入职指引书（参见图 4 - 8），帮助新人提前登记员工个人档案（系统录入电子档），使其尽快熟悉公司周围的交通路线、用餐环境、医疗和住宿条件等，那将会使新人倍感温馨。

表 4 - 6　录用通知书

尊敬的先生/小姐：

您好！

根据面试的情况及对您工作能力的初步了解，经慎重考虑，我公司认为您符合我公司的相关岗位要求，特发此录用函诚邀您加入深圳市××科技有限公司。详细描述如下。

Position 职位	
Department 部门	
Official Start Date 正式报到日期	2018年 月 日上午9：30
Probation Period 试用期	3个月
Working Time 工作时间	每周一至周五的9:00—18:00
Compensation 薪资	
试用： 元/月（税前），转正： 元/月（税前）	
Benefit 福利待遇	
（1）工作时间：5天7.5小时工作制；	
（2）薪酬福利：提供高于同行的具有竞争力的薪酬，并按国家法律规定入职即缴纳五险一金	
（3）有薪假期：享有国家劳动法规定的法定节假日及婚假、丧假、产假、病假、带薪年假等有薪假期	
（4）员工活动：定期组织员工聚餐及各类文娱活动	
（5）其他福利：股权激励、年终奖/季度奖、年终晚宴、抽奖、全天零食、水果下午茶、餐饮补贴、节庆礼金、体检等	
入职资料	
（1）所有证件原件及复印件（身份证、居住证、学历学位证、职称证等）	
（2）4张一寸照片（白底彩色）、一份照片电子版	
（3）原公司离职证明	
（4）招商银行银行卡（复印件1份，手写本人姓名及卡号在复印件上）	
（5）社保及公积金卡原件及复印件	
（6）近三个月内本人体检证明一份	
入职登记	
扫描二维码 填写入职信息	

LOGO

新员工入职指引

__________先生/女士：

你好，欢迎您加盟深圳市 XXX 科技有限公司！在此，谨代表公司全体员工对你的加入表示热烈的欢迎！也祝愿你在 XX 这个平台上能更好地发挥自己的才能，实现自己的价值。为了让您更好地了解和熟悉公司，本指引将成为您在 XX 的第一位朋友，它会指引并伴随你尽快地融入团队和适应公司，相信以你的实力，这短短的适应期不在话下。

一、入职手续办理对接人及程序：

人事专员（杨 XX　136……8401）：审核入职资料、签订劳动合同、签订试用期考核及办理社保公积金业务等；

行政专员（王 XX　136……2495）：介绍公司环境、讲解注意事项、配备电脑；

信息主管（刘 XX　136 ……3641）：开通各类办公系统相关权限及各类电脑软硬件问题处理；

前　　台（李 XX ）：录入指纹、工牌制作、相关办公用品领取、收寄快递。

二、作息时间及考勤：

上班时间：每天 9:00---12:00,14:00--18:00 或 9:30---12:00,14:00----18:30（二选一，可以自由选择且随时调整）

考勤方式：指纹打卡，打卡机均放置于前台桌面右侧，刷卡后您必须确认听到“谢谢”二字，方为考勤成功。每天必须保证上下班各 1 次打卡记录（详细规定请参阅《考勤管理制度》）

三、岗位：

您的岗位：　　　　　　____；您的直接上级：________________；您的中心负责人：________________。

四、常用办公系统须知：

A.XX WIFI：用户名:xxx_WIFI(密码 xxx888)；

B.公司官网：XX 科技/XX 科技：http://www.XXXX.com；

C.伟峰 OA 系统（网页版）:http://oa.XXX.com;　用户名：________________；密码：________________；

伟峰 OA 系统（微信版）：搜索“XX 科技”公众号，点击“员工登陆”，填写用户名与密码；

伟峰 OA 系统（APP 版）：扫描下方二维码，按指示逐步安装；（APP 版 OA 的用户名与密码与网页版 OA 的一致）

D.企业邮箱登录地址：XX 科技：mail.XXX.com；　XXXX：mail.XXX.com；

用户名：____；密码：________________________；

E.企业微信：员工在收到手机邀请短信后，按照提示链接下载安装，根据自己手机号码和个人微信绑定登录；

F.门禁系统：在各大应用市场搜索“XXX”APP，自行下载安装之后，按照你入职登记的手机号注册并自行设定密码；进入 APP 后利用钥匙包打开相对应门禁（手机开门功能），同时请注意随手关门，每天下班前关闭管辖范围内所有空调、电脑等办公设备，否则视情况将有 50—500 不等的罚款；

注意：以上所有办公系统预计在您入职当天的 15:00 前完成开通注册，请在 15:00 后进行第一次登陆、您必须在 1 个工作日内完成更新个人资料和密码修改。否则因此带来的问题均由个人承担。

五、基本须知事项：

A. 通讯录：公司的通讯录需要登录 OA 办公系统在日常办公/通讯录中进行查看(手机版 OA/企业微信也可直接拨打)；

图 4－8　新员工入职指引书

LOGO

B. 部门联络：部门之间联系，您可以优先采用公司邮件系统，企业微信群只作为基本沟通，不做重要文件及事项沟通渠道；

C. 福利：五险一金、常规假期、餐饮补贴、节庆礼金、生日礼金、旅游基金、成长基金、带薪旅行等，具体详见员工福利标准；

D. 名片：印制名片，您只要在 OA 系统（工作流/行政管理/名片申请）提出申请，审核通过后，一般 5 个工作日后您就可以领到新名片了；

E. 薪酬：每月 10 号为工资发放日，计发上月工资，如遇节假日则顺延。请您及时查收，如有任何问题，请与人力资源中心薪酬组（杨 XXX136……8401）联系。其他薪酬相关详见公司《薪资与晋升管理制度》；

F. 报销：因公产生的各类费用可以进行凭票报销，详情咨询财务部（温 xx 137……0100）；

G.餐饮：公司前台右侧已为员工配备茶水间，茶水间有冰箱与微波炉，方便自带午餐员工使用；不带饭的员工可以去前台查看周边相关外卖单或者与部门同事去公司周边就餐（园区入口处与……均有多家快餐店）；

H.工牌：工牌发放，需要您先按要求提供一张个人照片，一般在一个工作日内就可以拿到临时工牌，转正后可以拿到正式工牌；

J.通知公告：公司所有通知公告均发布在 OA 系统首页左下角的《通知公告》板块，每天必须登录查看一次，此渠道为公司唯一官方发布通知通告渠道；

J.培训：公司所有新员工入职培训将统一安排进行，如果有相关未知事宜，可以在培训中一并提出；

K.其他：所有员工的劳动合同将按照劳动法规定在您入职之后的一个月内完成签订，一并签订的还有您的各类考核；

如在工作中有任何疑问，欢迎随时咨询人力资源中心相关人员！

再次欢迎您的加入！

XXX 科技　人力行政中心

图 4－8　新员工入职指引书（续）

约定入职日的当天，HR 最好在公司前台正式接待新人，并带领他熟悉办公室场地、上司、同事和办公室各类设备，协助其办理入职手续，领取办公电脑和其他文具等，以便新人能够尽快熟悉环境、投入工作。

（三）招聘注意事项

1. 在面试过程中，要注意避免第一印象和晕轮效应

每个人都无法避免对某些人或事有特殊的偏好或情感，在面试过程中，我们常常会因为候选人刚好是面试官所喜欢的/讨厌的外形或性格或某一个特质，而增加好感/降低对人选的评价，甚至破格录用/直接拒绝，这是晕轮效应的作用。岗位的需求是我们甄选人才的第一标准，因此应当更加客观科学地评价候选人。第一印象也是如此，遇到这种情况，建议增加面试频次，或更换面试官，或扩宽沟通的范围及深度。

2. 不断迭代我们的岗位胜任力分析能力，形成敏捷招聘

有时候，遇到某个重要岗位空缺了，补缺的过程相当艰难。这时候，我们 HR 应当及时向用人部门进行业务了解，弄清楚岗位标杆人才的素质、能力特征，不断迭代我们对人力需求申请表上面的文字描述的理解程度，不能仅凭人力资源的学科去理解业务需求。此时，与用人部门进行高频度的沟通和业务学习，甚至用海量的简历和面试，去帮助用人部门厘清自己的诉求，是我们进行敏捷招聘的重要迭代能力的体现。

3. 注意面试后的复盘工作

在阶段性面试工作结束后，我们应当重新整理大量堆积的简历，与各职能中心一起设计更加合理的招聘管理系统，使技术层面的支持更为便捷。修正招聘网站上的职位或职责描述，对于那些要求高、难以招到的岗位，重新做出合适的招聘计划，设计更加便捷有效的检索关键词，以保证符合条件的求职者能够更加简便快捷地投递岗位。

4. 坦然面对候选人提出的疑虑

许多优秀高管人才不愿意在经济低迷时期跳槽，但因为雇主口碑越来越差而不得以为之。遇到这类人才，我们可以坦然面对候选人的提问，主要应该关注候选人在意企业和雇主的哪些方面，并了解组织是否出现了候选人所在意的问题。如果雇主口碑较好，可以好好做宣传，如果雇主的名誉已经破坏，那么我们得解释清楚我们是如何解决他所遇到的类似问题的。很多时候，求职者和面试官都心知肚明，但是由于面试官没有清楚地说明情况，导致求职者道听途说，通过侧面了解到的片面情况，导致其放弃这个职位。因此一定要坦然解释情况，作为人力资源，我们除了澄清事实以外，更重要的是了解组织士气低迷、口碑不佳的真实原因，并从内部寻求解决方案，以保证组织能够招到优秀人才，为未来的发展做好准备。

5. 不断提高面试官自身水平

面试过程中，HR 和面试官是企业的第一道形象，因此，我们的谈吐、衣着、举止，都直接决定候选人如何评价这个组织。我们要不断提高自己的专业素养，加强判断能力和对组织文化的认同感，从而正面影响候选人。

（四）招聘技术分享

1. 识别高潜人才

按照冰山素质模型，我们所看见的只是冰山以上部分，多是知识、经验、技能部分，而人的社会角色、内在需求、自驱力、学习能力、心理素质、抗压弹力、性格特质等都是隐藏的，需要很长时间才能逐步了解的，甚至一生都无法被了解。如何识别高潜人才，参见图4－9。

作为人力资源工作者，我们需要不断学习，突破思维边界，看见人性和世界的深度与广度。例如，《吕氏春秋·论人》：“凡论人，**通**则观其所礼，**贵**则观其所进，**富**则观其所养，**听**则观其所行，**止**则观其所好，**习**则观其所言，**穷**则观其所不受，**贱**则观其所不为。**喜**之以验其守，**乐**之以验其僻，**怒**之以验其节，**惧**之以验其特，**哀**之以验其人，**苦**之以验其志。**八观六验**，此贤主之所以论人也。”又如图4－10曾国藩的《冰鉴》识人术，神骨鉴、刚柔鉴、容貌鉴、情态鉴、须眉鉴、声音鉴、气色鉴，这里的7鉴，糅合了中国的古中医、道家学术、易经等内容，自成一派人才识别法，值得我们学习、借鉴。

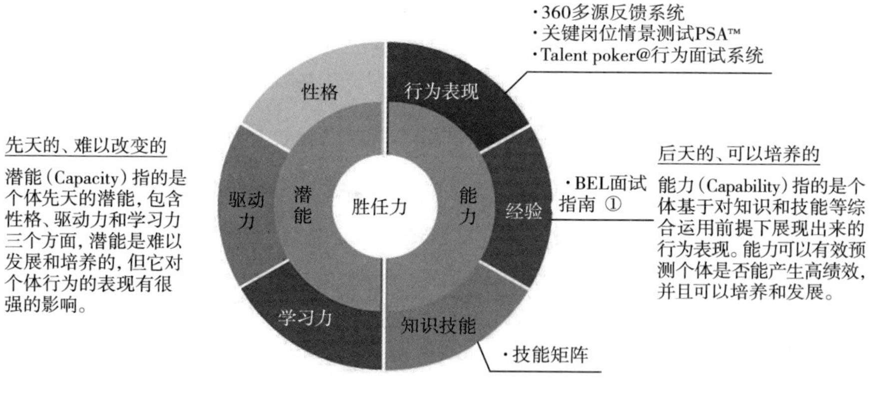

图4－9　识别高潜人才图

---

① 行为事件访谈法（Behavioral Event Interview，BEI）是由麦克里兰结合关键事件法和主题统觉测验而提出来的。行为事件访谈法采用开放式的行为回顾式探察技术，通过让被访谈者找出和描述他们在工作中最成功和最不成功的三件事，然后详细地报告当时发生了什么。具体包括：这个情境是怎样引起的？牵涉到哪些人？被访谈者当时是怎么想的，感觉如何？在当时的情境中想完成什么，实际上又做了些什么？结果如何？然后，对访谈内容进行内容分析，来确定访谈者所表现出来的胜任特征。

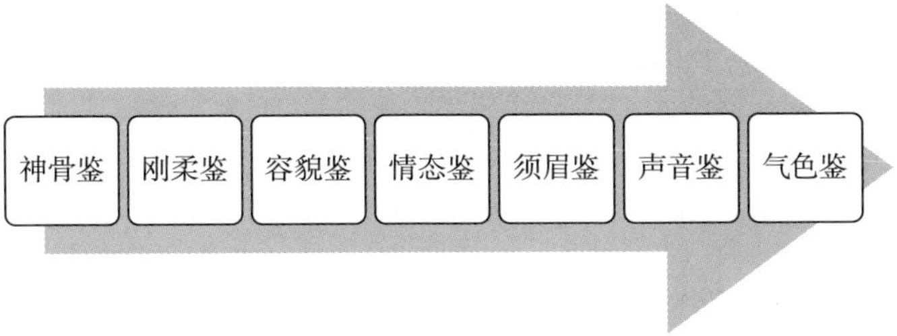

图4-10　曾国藩的《冰鉴》识人术

2. 充分理解“90后”“95后”人才的特征

随着“90后”“95后”人才涌入职场，我们发现他们的需求与职场上“75后”“80后”有很大差异，因此，我们要针对一波接一波的年轻人进行深入研究，了解他们的需求和内心。马斯洛的需求模型已经被“95后”进行了颠覆性的改变，他们可以忽略生存和生理需求，更加关注自尊、自我感受和自我实现，他们的社交需求很高，存在感非常强，他们听不进去说教，也讨厌一切教条化。他们渴望工作中得到及时且客观的反馈，期待赞美，对批评异常抵触。他们喜欢新鲜奇特的科技事物，追求个性化和满足感，自我约束力很弱。“90后”“95后”人才的需求特征参见图4-11。

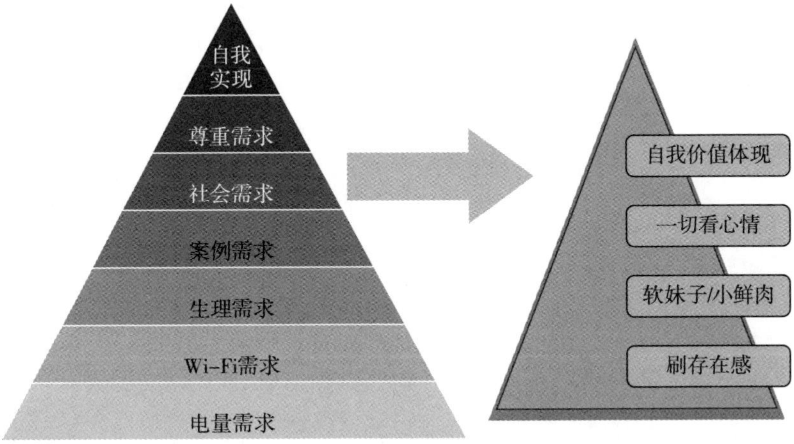

图4-11　“90后”“95后”人才的需求特征

作为人力资源管理者，我们应当充分尊重“90后”“95后”人才的特征，采取开放的态度去拥抱他们的不一样。通过激发清醒自主的个体，促使“90后”“95后”们养成自我管理、自我精进、动态自治的工作形态。

3. 让数据分析说话，注重及时汇报和反馈

招聘工作中的选拔测评技术精准度，需要长年累月的分析和积累，从每天查看1 000份简历，分析出80份合适简历，到电话沟通100次，初步刷掉40个不太合适的候选人，再到每天面试6～8人，每次详谈60分钟，然后选出1～3人复试，沟通80分钟，谈薪电话30分钟……这一系列的工作，需要我们注重练习、善于总结分析、勤于整理，形成用数据说话、越挫越勇的习惯。

在招聘工作中，应当注重向上司和用人部门进行及时汇报、反复沟通，部分企业的招聘工作是由HRD按月提交分析总结报告给总裁，或提交人力资源分析报表。而招聘工作负责人是分别按候选人的级别汇报给用人部门的，因此我们建议招聘工作在汇报中，一方面提交月度分析报告，以便于总裁和HRD及时调整招聘计划和控制成本，另一方面按周以书面或会议形式，与用人部门进行密切沟通，使缺编岗位的招聘进度和难度同时展现给用人部门和上司，以便于大家共同寻找解决方法或调整招聘策略。如图4－12～图4－15的分析和展示。

图4-12 月度招聘工作分析表（1）

招聘工作统计分析报表（2018年6月）

一、招聘工作流程分析

行	子公司	部门	招聘岗位	接收简历	搜索简历	总简历	HR合格简历	查看简历数量	邀约人数	面试人数	复试人数	录用人数	入职人数	HR初试	复试官	终面官	状态	未到岗人数及原因
32	XX智能	研发中心	BS测试工程师	352	52	404	18	852	18	10	10	0	0	张X鑫	陈X罕		未完成	所邀约人员笔试很难通
33	XX智能	研发中心	Android工程师(中级)	152	12	164	0	123	0	0	0	0	0	童X	马X飞		未完成	重新启动时间晚
34	XX智能	研发中心	项目经理	54	85	139	3	350	6	2	2	1	0	童X	魏XX		未完成	启动时间晚，进行中
35	XX智能	研发中心	硬件工程师	89	360	449	5	526	5	2	2	1	1	童X	魏XX		未完成	启动时间晚，进行中
36	XX智能	研发中心	Android系统工程师	56	52	108	5	586	4	0	0	0	0	童X	魏XX		未完成	启动时间晚，进行中
37	XX智能	研发中心	嵌入式软件工程师	85	75	160	4	352	3	0	0	0	0	童X	魏XX		未完成	启动时间晚，进行中
38	XX智能	研发中心	结构工程师	37	89	126	4	285	5	2	2	1	0	童X	魏XX		未完成	启动时间晚，进行中
39	XX智能	研发中心	技术经理	58	0	58	0	58	2	0	0	0	0	童X	刘X钦		未完成	启动时间晚，进行中
40	XX智能	研发中心	音视频开发工程师	85	45	130	0	130	0	0	0	0	0	童X	刘X钦		未完成	启动时间晚，进行中
41	XX生活	XX生活	集团副总	1	0	1	1	1	1	1	1	1	1	童X	魏XX		已完成	
42	XX生活	产品部	APP产品经理	54	21	75	4	75	0	0	0	0	0	童X	袁X铭		未完成	进行中
43	XX生活	技术部	技术部经理	85	0	85	0	85	0	0	0	0	0	童X	唐X伟		未完成	进行中，启动时间晚
44	XX传媒	XX事业部	广告客户经理	25	362	387	15	862	29	11	11	3	2	萧X燕	张X生		未完成	招聘量较大，进行中
45	XX传媒	XX事业部	媒介经理	25	87	112	2	258	1	1	1	1	0	萧X燕	周X		已完成	
46	XX传媒	XX事业部	城市推广经理	12	186	198	4	352	4	1	1	2	1	萧X燕	李X册		未完成	招聘较多，进行中
47	XX传媒	XX事业部	运营专员	14	1	15	1	15	1	1	1	0	0	萧X燕	周X辉		未完成	业务调整，进行中
48	XX传媒	XX事业部	商务部总监	12	86	98	2	358	5	2	2	0	0	萧X燕	周X辉		未完成	招聘进行中
49	XX传媒	X事业部	销售副总监	25	153	178	2	258	7	2	2	1	0	萧X燕	李X东		未完成	招聘进行中
50	XX传媒	X事业部	销售经理	45	78	123	5	485	10	5	3	3	0	萧X燕	李X东		未完成	招聘较多，进行中
51	XX传媒	广州分公司	分公司销售总监	18	183	201	2	201	0	0	0	0	0	萧X燕	魏X俐		未完成	启动时间晚，进行中
52	XX传媒	广州分公司	销售经理	34	253	287	2	123	10	0	0	0	0	萧X燕	魏X俐		未完成	启动时间晚，进行中
53	XX传媒	东莞分公司	销售总监	0	0	0	0	0	1	1	1	1	1	萧X燕	魏X俐		已完成	
54	XX传媒	X事业部	品牌运营	24	2	26	1	30	1	1	1	0	0	萧X燕	李X东		未完成	业务调整后，进行中
55			合计	3088	3068	6156	146	11673	159	84	76	29	18					

HR		入职总数
张X鑫		11
萧X燕		12
童X		1
合计		24

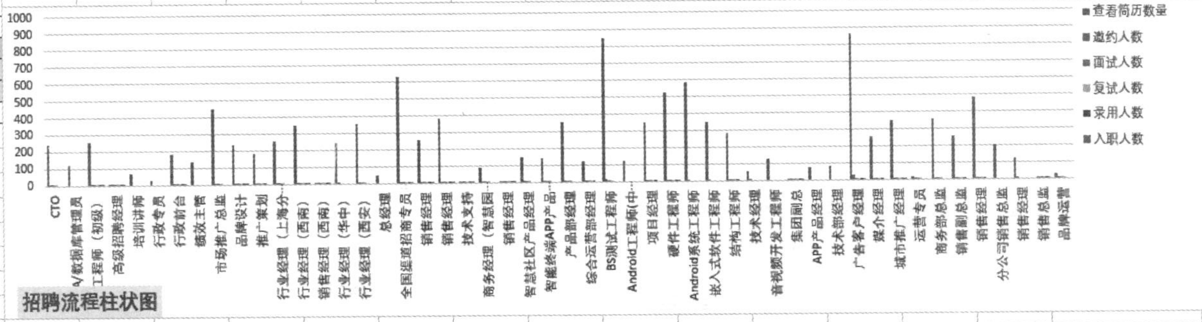

6月招聘进度表　6月份分析表

图4－12　月度招聘工作分析报表（1）

邀约人数	参加面试人数	复试人数	录用人数	面试到场率	录用率
159	84	76	29	53%	18%

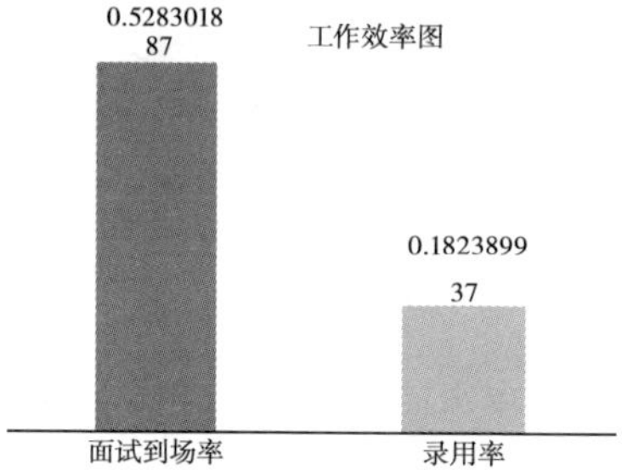

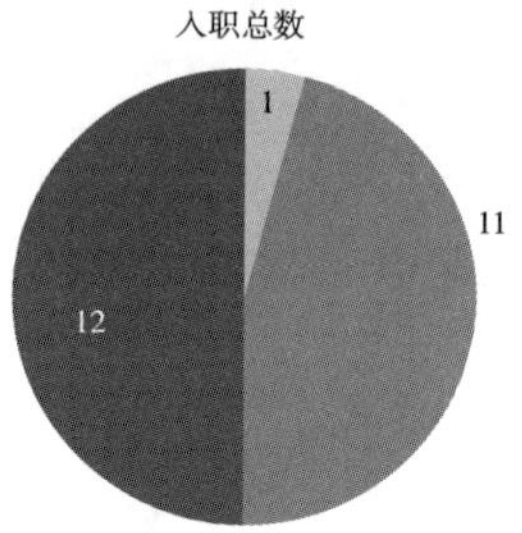

二、人才招聘渠道分析

前程无忧邀约数量	智联邀约数量	拉勾邀约数量	人才热线邀约数量	猎聘邀约数量	其他渠道挖掘
120	212	15	10	16	6
379					
32%	56%	4%	3%	4%	2%

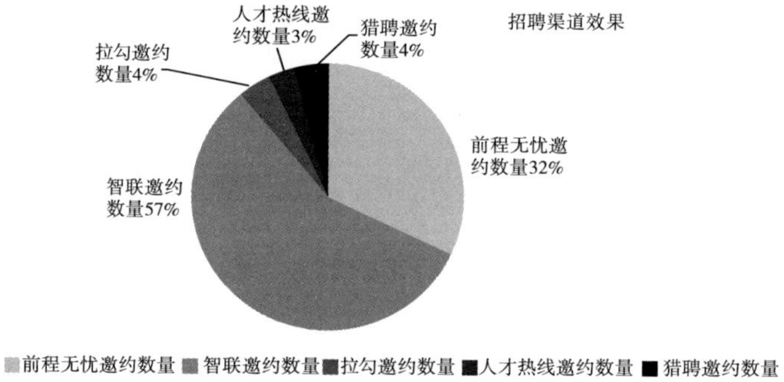

三、6月份录用人才部门分布

公司	XX生活	XX科技	XX智能	XX传媒
人数	1	3	16	4
人数合计		24		
工资(K/月)	40	30	185.5	26.5
薪资合计		282	另加15K/季度奖	
公司	XX生活	XX科技	XX智能	XX传媒
工资比例	14.18%	10.64%	65.78%	9.40%
人数比例	4%	13%	67%	17%
职位	运营中心总监	高级招聘经理、运维工程师（初级）、行政前台	行业经理、品质工程师、产品经理、行业经理（西南）、项目经理、渠道招商专员、销售经理(西南)、销售经理（西南）、项目经理（售前）、品牌设计、销售经理、行业经理、技术支持、硬件工程师、销售经理、销售经理	广告客户经理、广告客户经理、销售总监、城市推广经理、
姓名	郑××	童×、刘××、尹×梦	凡××、卢××、张××、蒋××、郭×、尤×、黄×、陈×、陈××、宋×、劳××、林×、刘××、朱××、郭×、郑××	甘×、蔡××、王×、张××

图4－13　招聘工作统计分析表（2）

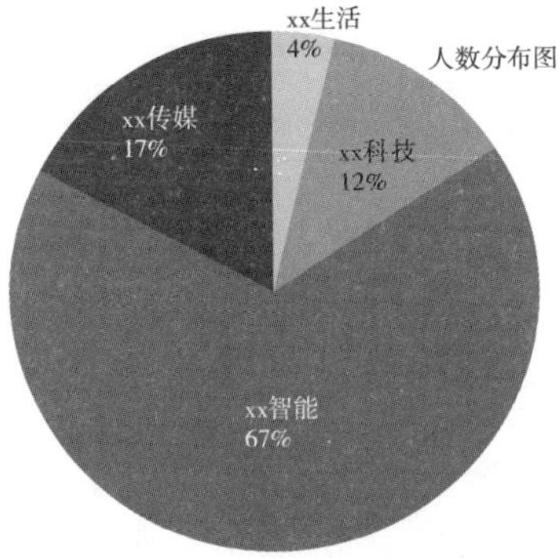

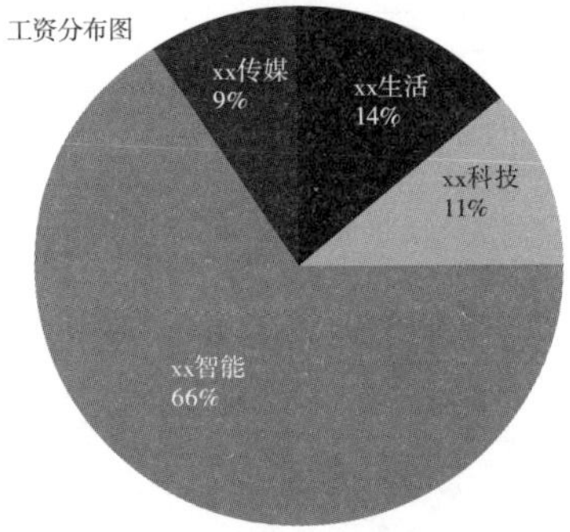

四、录用人才成本分布		
初级工程师/专员岗	中级工程师/经理岗	高级工程师/总监岗
月薪万元以内	月薪1万5以内	月薪1万5以上
14	1	9
合计		24
58%	4%	38%

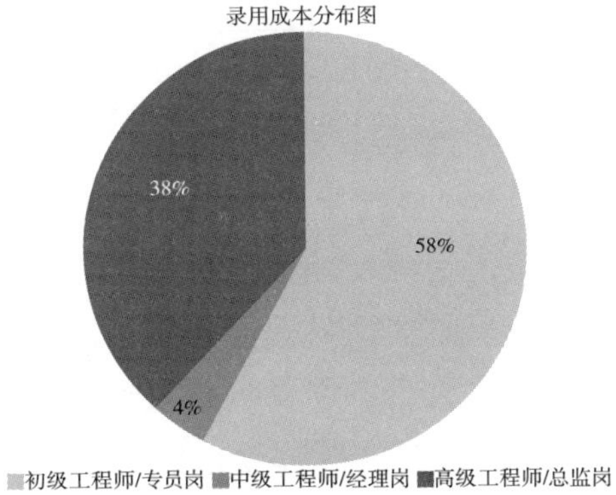

图 4－14　招聘工作统计分析表（3）

书中图表文件
可扫描二维码获取

五、录用人才学历、性别分布				录用性别		
专科	本科	硕士	博士	男	19	79%
10	13	1	0	女	5	21%
合计			24	合计	24	
42%	54%	4%	0%			

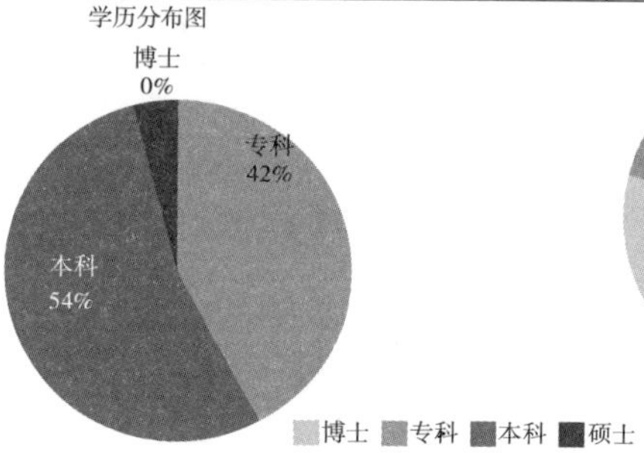

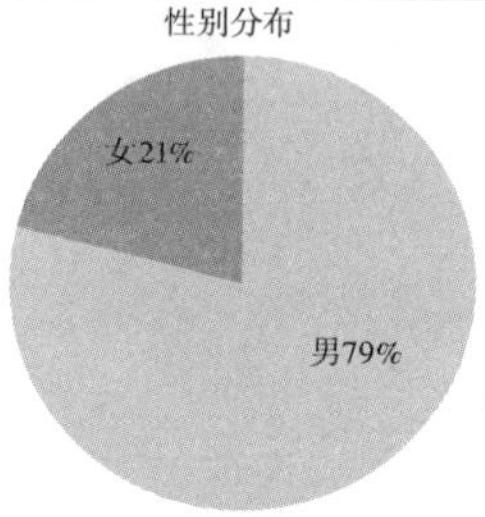

本月计划招聘数	实际招聘数量	实际完成招聘数	本月招聘入职数	本月入职人数	计划招聘达成率	实际招聘达成率	Offer达成率	放弃Offer率	本月入职率
97	102	29	18	24	18.56%	28.43%	32.35%	12.12%	23.53%

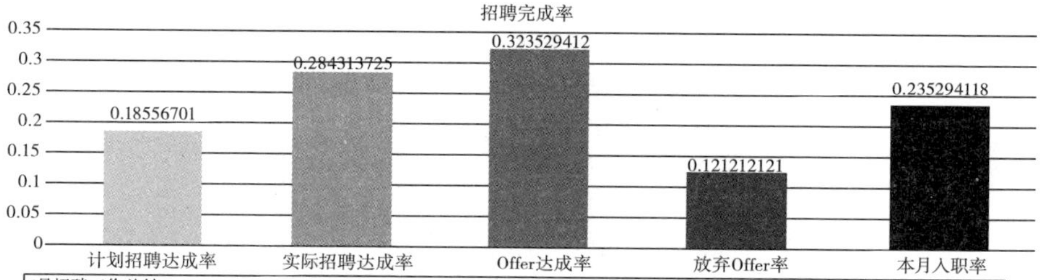

6月招聘工作总结:
6月份招聘工作压力加大，原因分析如下： 1. 各渠道简历收取量大量减少，匹配简历数稀缺，所有岗位均需搜索简历； 2. ××传媒销售类岗位大量增加； 3. 硬件相关岗位增加较多需求； 4. 招聘组新增高级招聘经理6月中旬才到岗，在需要时间熟悉的情况下，已招聘到3个高端岗位。
6月重点工作： 第一：重点满足硬件类相关岗位的招聘需求； 第二：全力配合公司新增业务，全力招聘邻道销售类岗位； 第三：第一时间在猎聘网搜索高级人才简历。
建议： 1. 最紧急岗位，最快也需要两周时间才能到岗，希望各部门配合招聘组工作，加急岗位提前2周告诉并给资料； 2. 在大量增加招聘需求的情况下，比如××传媒新增大量销售类岗位需求，需要用人部门发动全民招聘，推荐更多人才。

图4－15　招聘工作统计分析表（4）

从图4－12～图4－15可以看出招聘工作的流程和进度、招聘渠道分析，以及用人成本和管理问题，提醒我们下一步工作的方向和重点。当我们用招聘过程中的各类数据进行汇报和分析时，用人部门和上司们会清晰地看见人力资源工作者的辛苦和专业，加之及时的面谈沟通和反馈招聘过程中的难题，我们将会得到上司、用人部门的理解和支持，工作就容易开展了。

四、　人才盘点

当企业发展到一定阶段，尤其是进入快速增长期，我们常常会发现组织的人才张力不足，缺乏创新，中层管理者疲软，缺乏管理情商和技能，高管忙于战略目标而忽略了培养下属，企业虽然运转正常，却没有了活力和创新。此时，我们常常会组织人才盘点，检查组织与人才是否能够匹配整体业务的发展进度。

（一）人才盘点的概念、目标、内容及范围

1. 人才盘点的概念

人才盘点是对组织结构和人才进行系统管理的一种过程，在此过程中，对组织架构、人员配比、人才绩效、关键岗位的继任计划和招聘，以及对关键人才的发展、晋升和激励进行深入探讨，并制定详细的组织行动计划，确保组织有正确的结构和出色的人才，以落实业务战略，实现可持续成长。人才盘点是组织与人才盘点的简称。

2. 人才盘点的主要目标

①提高员工个人的核心竞争力，为员工提供有效的职业发展道路，同时使企业具备行业内一流的人才。②培育公司未来的管理团队，让领导梯队的各个领导人职务都有出众的候选人。③让人才成长速度高于业务发展速度，保证业务发展过程中有充足的人才供给。

3. 人才盘点的内容

①人才基本情况盘点。人才基本情况盘点主要包括人才的年龄、性别、学历、岗位、工作年限等基本信息。②人员流动情况盘点。人员流动情况盘点包括人员入职情况、人员离职情况、招聘渠道分析。③人才能力盘点。人才能力盘点主要包括人才能力素质、人才工作状态、人才管理能力。

4. 人才盘点的范围

人才盘点的过程实际上是识别关键人才的过程，因此，人才盘点的范围应该是对全公司所有具备管理潜力的人才进行盘点，从中甄选出关键人

才。关键人才一般包括：高绩效、高潜力人才；高绩效、中潜力人才；中绩效、高潜力人才。

（二）人才盘点的原则

1. 战略导向原则

战略导向原则是指企业未来打算做什么和怎么做。进行人才盘点、培训和人力资源规划都要适度超前，不能只看当下。如果企业在需要时才让人力资源部找人，很多岗位尤其是一些稀缺岗位往往很难在短时间内找到合适的人才。因此，进行人才盘点时要用未来作为比对的标准，即一定要基于公司未来的发展，要有规划，不能凭空想象。另外，作为人力资源管理人员，要明确自己的配角地位和支撑角色，不能过分强势和完全主导他人。

2. 定性定量原则

人才盘点要把定性和定量结合来使用。人才盘点的结果一定会出现数量，要有预算，因此要定量来分析。但仅有定量也会出现问题，人才的招聘尤其是稀缺人才的招聘，从有需求到招聘就位是不同时长的，即便新人到岗了，也需要时间磨合并熟悉公司，这部分工作需要人力资源适度的超前完成，这就需要定性来评估。定性问题主要是岗位分析和能力分析，可以通过九宫格、素质雷达图来呈现。定量主要回答岗位数量、人力成本、人均产值这类问题，通过定量来解决问题，让人力资源更有说服力。

3. 上下互动原则

优秀的人才盘点和人力资源规划一定要具备自上而下和自下而上两个动作的互动过程，如果只有自上而下的互动，容易导致下属与公司的发展战略发生偏差；如果只有自下而上的互动，会出现人员膨胀和部门领导成本意识不强的问题。

（三）人才盘点的实施步骤

1. 测试阶段

这个阶段考核对象需要完成工作行为测试（WBI）①，从外向性、亲和力、思维开放性、责任感、情绪稳定性五个维度，运用大五人格测试，对与工作相关的人的行为风格和个性特征进行测试。

2. 考核阶段

用360度评估方式，通过在公司内选择与某员工工作有直接联系的上级、同事、下级外部客户、跨部门工作衔接人等6～8人，让他们对该员工的行为表现进行评估打分，可以全方位地了解该员工的工作表现。

3. 专家访谈

这个阶段人才盘点工作组成员与员工就个人3～5年的职业规划做深入访谈，以便对其综合素质以及培养潜力做出更为直观的判断。访谈结束之后，每一位参与访谈的成员都要对被访员工给出自己独立的评价意见。

4. 人才评价与任用建议

根据评估结果（包括WBI测试结果、360度评估结果和专家评估意见结果）提出人才评价与任用建议。人才盘点工作小组经过反复讨论，慎重地对公司人员进行人才分类盘点，确定出公司的核心员工、潜力员工、普通员工和待改善员工，并给出其任用建议和理由说明。

（1）对于核心员工：核心员工是公司的中流砥柱，是公司生存和发展的根本，建议对这部分员工大胆地破格提拔任用，让他们可以站在更高的位置上去影响更多的人。

（2）对于潜力员工：这部分员工需要公司重点关注，可以通过辅导、

---

① 工作行为问卷（Work Behavior Inventory，WBI）是美国组织心理学家、希典资深顾问罗纳德·裴奇博士经过10多年的企业人事研究所开发的专门用于了解与工作相关的行为风格的个性心理测验。该测验已经过严格的信度、效度检验，被广泛应用于员工的招聘、选拔、能力开发，以及职业生涯规划等人力资源管理领域。

培训、沟通和交流等多种形式，帮助他们快速成长。

（3）对于普通员工：普通员工能做好自身的本职工作，但是在公司发展的潜力较小。

（4）对于问题员工：在沟通、批评教育后仍没有效果的，应该立即予以解除劳动关系。这类员工在企业中的存在给企业造成的负面影响是很大的。

（四）人才盘点的效果评估

1. 基本素质能力

员工在管理自己、管理他人和管理任务方面的能力，主要考虑员工现有的素质能力。

2. 预期成功要素

对员工在情绪管理能力、学习力和可塑性方面的评价，可主要考察对员工进行培养是否具备可行性条件 。

3. 对企业的价值

该员工对企业的忠诚度和岗位稀缺性，主要考虑的是该员工对本企业的价值大小。

五、案例

案例4-1

K科技公司的人才盘点与优化

企业背景

K公司成立于2012年，为乘用车和商用车提供汽车后市场服务。主要通过外置OBD智能硬件、软件平台、手机APP及大数据服务，为客户提供车辆行驶检测、里程、油耗、保险、智慧停车等一系列的车主服务。公司发展到2016年，进入快速增长期，企业发现组织与人才匹配出现问题，中层管理者不懂管理，又不愿意继续承担基础工作，创始老员工逐渐懈怠工作，为难新人，组织壁垒很强，跨部门沟通艰难，组织氛围冷漠，员工之间互不关心、不沟通。因此，我们组织了人才盘点工作。本案例主要针对关键岗位的绩效和胜任力匹配情况进行盘点，既可用于人才优化工作，也可检验招聘工作方向和方法的正确性。

（一）员工基本情况盘点

首先，我们针对全员的基本情况进行了盘点，如图4－16～图4－25所示，主要包括全体员工的年龄、性别、学历、岗位、工作年限、在职工龄等基本信息，查阅员工花名册和人力资源报表即可获得。

人力资源分析报表（统计至2016年11月30日）

一、人员分布

单位：人

序号	部门	人数	百分比
1	总经办	2	2%
2	财务部	3	3%
3	产品中心	7	6%
4	供应链部	5	4%
5	人力资源部	4	3%
6	市场中心	17	15%
7	研发中心	66	56%
8	运营部	10	9%
9	总务部	3	3%
	合计	117	

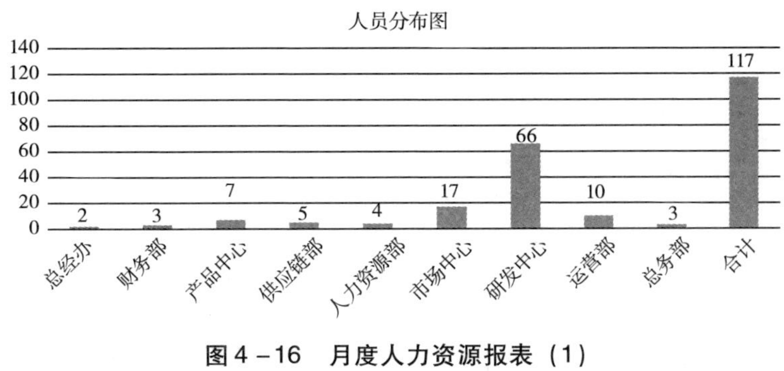

图4－16　月度人力资源报表（1）

二、各部门人力状况　　单位：人

序号	部门	试用	正式	总计
1	总经办	0	2	2
2	财务部	1	2	3
3	产品中心	2	5	7
4	供应链部	0	5	5
5	人力资源部	1	3	4
6	市场中心	9	8	17
7	研发中心	12	54	66
8	运营部	1	9	10
9	总务部	2	1	3
	小计	28	89	117

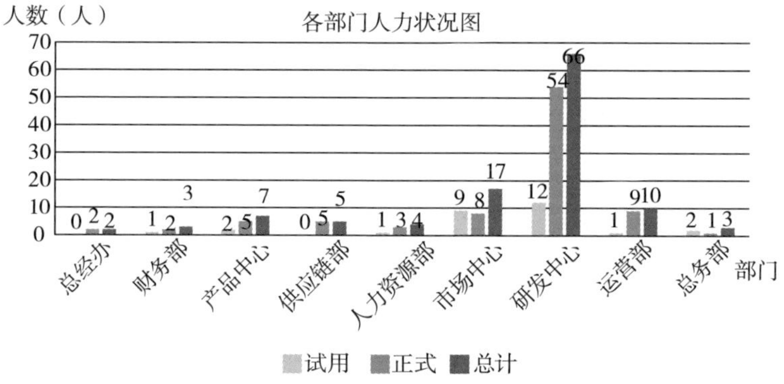

图4－17　月度人力资源报表（2）

三、公司性别比例

序号	性别	人数/人	百分比/%
1	男	89	76%
2	女	28	24%
	合计	117	

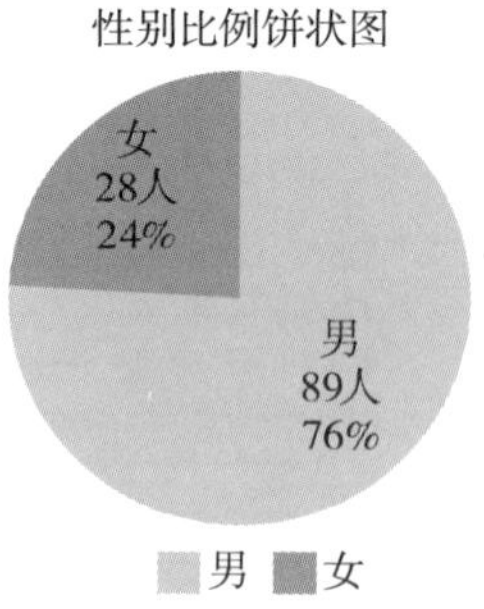

图4－18　月度人力资源报表（3）

四、各部门性别比例分布

序号	部门	男/人	百分比/%	女/人	百分比/%	合计/人
1	总经办	2	100%	0	0%	2
2	财务部	0	0%	3	100%	3
3	产品中心	4	57%	3	43%	7
4	供应链部	4	80%	1	20%	5
5	人力资源部	0	0%	4	100%	4
6	市场中心	14	82%	3	18%	17
7	研发中心	55	83%	11	17%	66
8	运营部	10	100%	0	0%	10
9	总务部	0	0%	3	100%	3
	合计	89	76%	28	24%	117

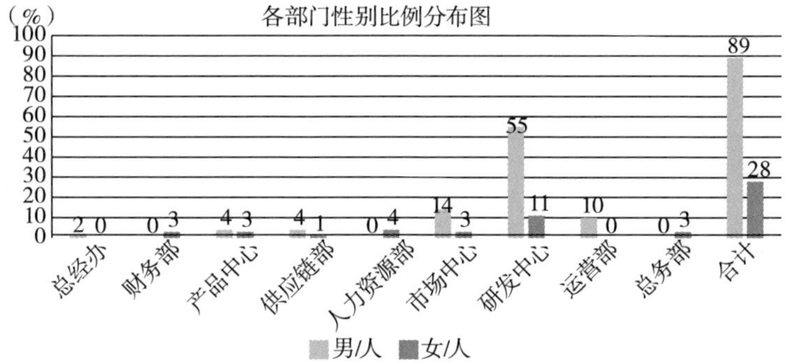

图4－19　月度人力资源报表（4）

五、公司员工学历分析

序号	学历	人数/人	百分比/%
1	硕士/博士	3	3%
2	本科	86	74%
3	大专	24	21%
4	中专	4	3%
5	高中及以下		0%
6	其它		0%
	合计	117	

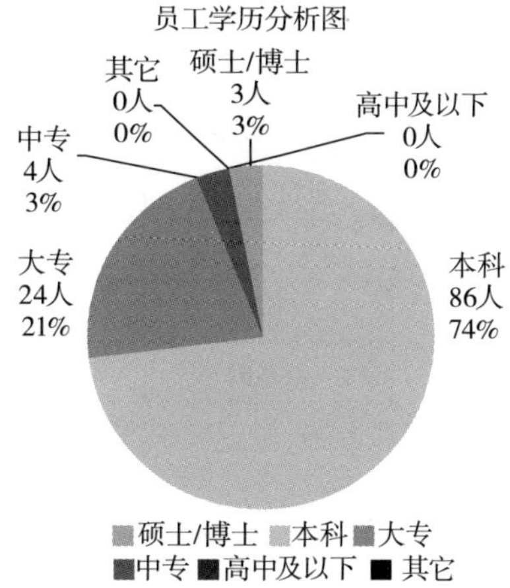

图4－20　月度人力资源报表（5）

六、各部门学历分析　　　　单位：人

序号	部门	硕士/博士	本科	大专	中专	高中及以下
1	总经办		2			0
2	财务部		2	1		0
3	产品中心		7			0
4	供应链部		2	2	1	0
5	人力资源部		4			0
6	市场中心		11	6		0
7	研发中心	3	49	12	2	0
8	运营部		6	3	1	
9	总务部		3			0
10	合计	3	86	24	4	0

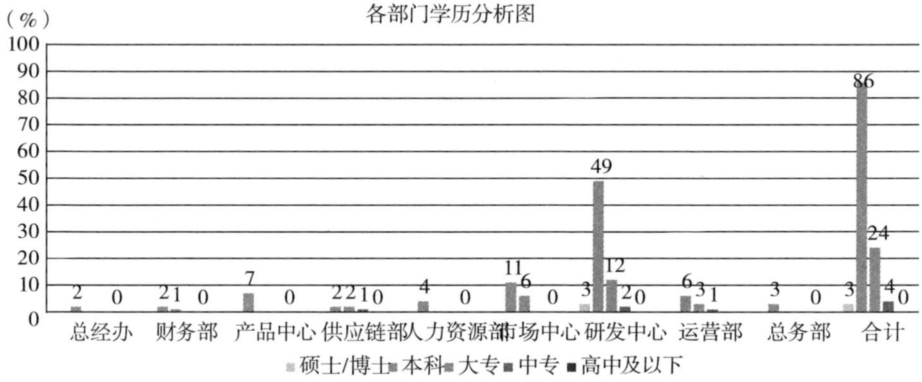

图4－21　月度人力资源报表（6）

七、公司年龄结构分析

序号	年龄分段	人数/人	百分比/%
1	28岁以下	52	44%
2	28–35（含）岁	54	46%
3	36–50（含）岁	9	8%
4	50岁以上	2	2%
	合计	117	

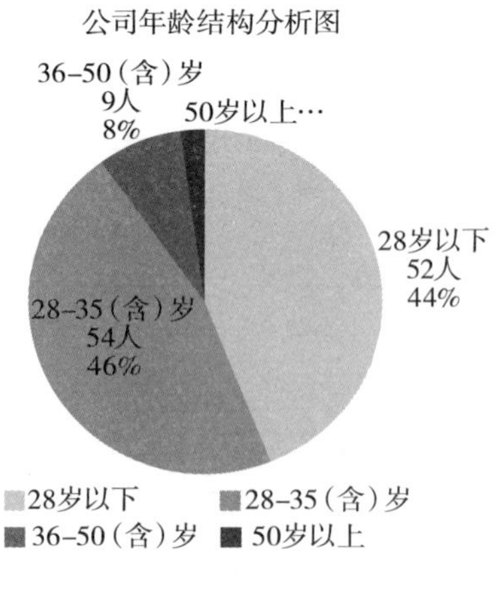

图4－22　月度人力资源报表（7）

八、各部门年龄结构分析图

单位：人

序号	部门	28岁以下	28-35(含)岁	36-50(含)岁	50岁以上	合计
1	总经办			2		2
2	财务部	1	1		1	3
3	产品中心	2	5		0	7
4	供应链部	2	2	1	0	5
5	人力资源部		3	1	0	4
6	市场中心	5	9	3	0	17
7	研发中心	35	29	1	1	66
	运营部	5	4	1	0	10
8	总务部	2	1		0	3
22	合计	52	54	9	2	117

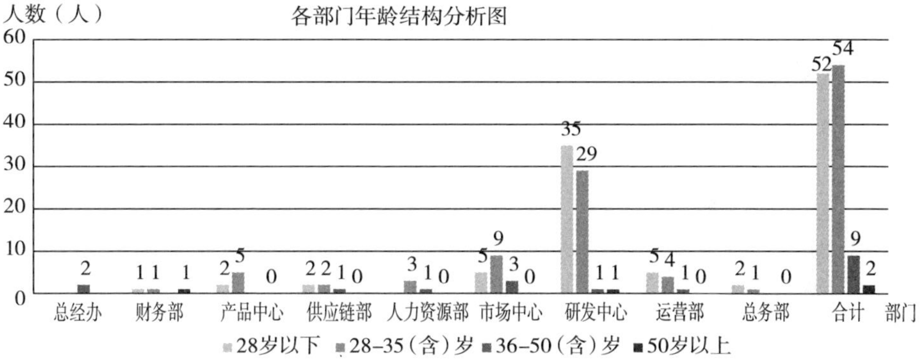

图4-23　月度人力资源报表（8）

九、司龄结构分析

序号	司龄分段	人数/人	百分比/%
1	1年以下	75	64%
2	1-2年以下	31	26%
3	2-3年以下	5	4%
4	3年（含）以上	6	5%
	合计	117	

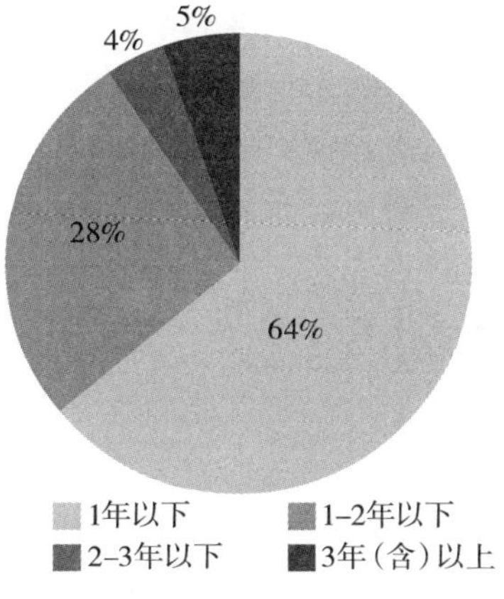

图4-24　月度人力资源报表（9）

十、各部门司龄结构分析　　　　单位：人

序号	部门	1年以下	1-2年以下	2-3年以下	3年(含)以上	合计
1	总经办	1	0		1	2
2	财务部	1	2			3
3	产品中心	5	1		1	7
4	供应链部	3	2			5
5	人力资源部	4	0			4
6	市场中心	13	3	1		17
	研发中心	40	19	3	4	66
7	运营部	5	4	1		10
8	总务部	3	0			3
22	合计	75	31	5	16	117

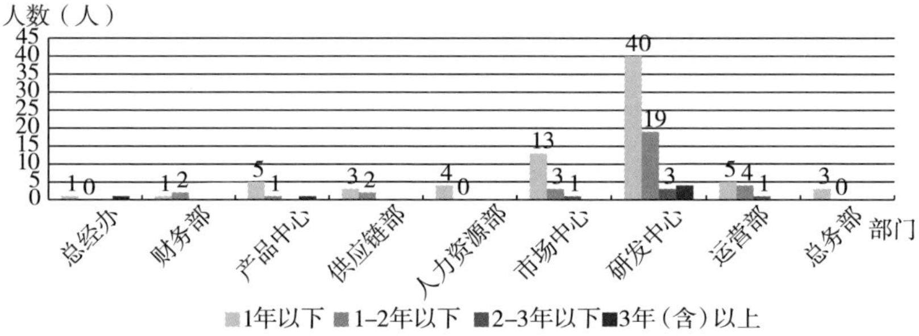

图4－25　月度人力资源报表（10）

由图4－25可见，截止至2016年11月31号，公司员工一共117人，其中男性占比76%，女性占比24%，男性比例远高于女性，是比较典型的科技型公司性别结构。企业员工平均年龄29岁左右，趋于年轻化。10月份离职6人，入职5人，公司整体处于快速发展阶段，试用期员工占全体的23%，司龄1年以下员工占全员的64%，人员稳定性有待提高，从各部门来看，市场营销中心、供应链中心、人力行政部人员稳定性低，需要投入大量的时间和人力巩固团队凝聚力，进行组织氛围的管理和营造。同时可以多组织户外活动，活跃团队气氛，培养团队协作的工作习惯。

其次，我们针对1－6月上半年全体员工的入、离职情况进行了详细分析和盘点。如图4－26所示，上半年1－6月共计入职46人、离职21人，期末总人数为84人，截止统计当日，公司全员中55%是新员工。根据分析数据我们得知K公司员工上半年离职数据、离职理由、离职率情况，得出结论是K企业上半年离职率为20%。查阅五大机构2016年出具的薪酬数据调研报告，通过同行业、同岗位的比对，我们惊讶地发现K公司的薪酬水平竟然处于市场薪酬75分位的水平，中等偏上，这的确有利于吸引人才加入。通过访谈和行为观察，我们认为企业的组织氛围较差、员工满意度较低。

一、在职人数(人)

部门	12月	1月	2月	3月	4月	5月	6月
财务部	4	4	4	4	3	3	3
产品中心	0	0	0	3	4	4	5
供应链部	4	4	4	6	5	5	7
人力行政部	4	5	5	5	5	5	6
市场营销中心	2	3	5	9	10	10	9
研发中心	43	46	48	40	44	46	48
运维部	0	0	0	5	5	4	4
总经办	2	2	2	1	1	1	2
总计	59	64	68	73	77	78	84

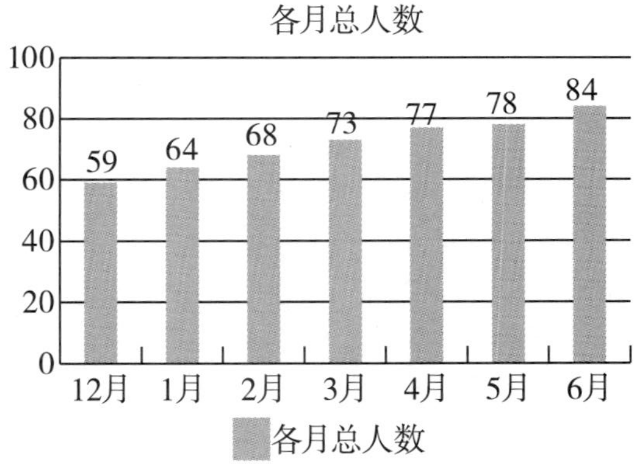

2016提醒决策层年1月至6月，公司总人数呈稳定上升状态，由59人增至84人，增幅约30%。其中，研发中心人数最多，含智能硬件研发中心和互联网平台中心两大部门，整体人数占比最高，约58%。产品中心和运维部自3月筹建，市场中心自3月开始人数翻倍，而职能保障部门人力行政部、财务部较稳定，供应链部人数小幅增长。以上人力成本持续增长的数据和速度，提醒决策层，对照年度经营计划查看，市场容量增幅是否提高、企业产品种类是否增加、研发的产品功能拓展和迭代速度是否合理?

二、入职人数(人)

部门	1月	2月	3月	4月	5月	6月	总计
财务部	0	0	0	0	0	0	0
产品中心	0	0	0	1	0	0	1
供应链部	0	0	1	1	1	2	5
人力行政部	1	0	3	0	1	1	6
市场营销中心	1	2	2	1	0	2	8
研发中心	4	3	7	4	2	5	25
运维部	0	0	0	0	0	0	0
总经办	0	0	0	0	0	1	1
总计	6	5	13	7	4	11	46

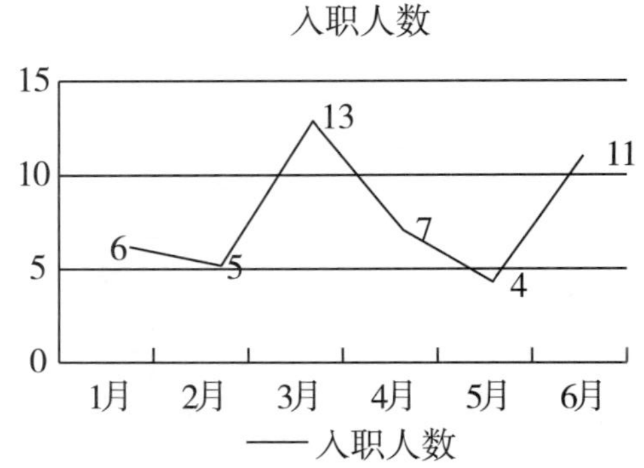

上表显示：3月是入职高峰，6月为入职次高峰。招聘旺季为3月前后，次旺季为9月前后，该表却有差异，反而在4、5月效率低下，反应了招聘模块的工作状态不够稳定，提醒人力资源部关注招聘组同事的个人绩效和工作心态。

图4-26　XX科技半年度（1-6月）人力资源动态分析报表

三、人员调动（人）

部门	1月	2月	3月	4月	5月	6月	总计
财务部							0
产品中心						1	1
供应链部			2		–1	0	1
人力行政部			–2				–2
市场营销中心			2				2
研发中心			–1	0	1	–1	–1
运维部							0
总经办			–1				–1
总计			0	0	0	0	0

各部门异动基本正常。

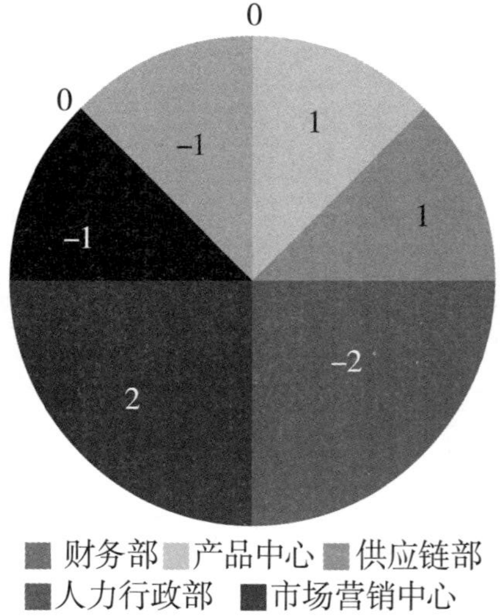

四、离职人数（人）

部门	1月	2月	3月	4月	5月	6月	总计
财务部	0	0	0	1	0	0	1
产品中心	0	0	0	0	0	0	0
供应链部	0	0	1	2	0	0	3
人力行政部	0	0	1	0	1	0	2
市场营销中心	0	0	0	0	0	3	3
研发中心	1	1	6	0	1	2	11
运维部	0	0	0	0	1	0	1
总经办	0	0	0	0	0	0	0
总计	1	1	8	3	3	5	21

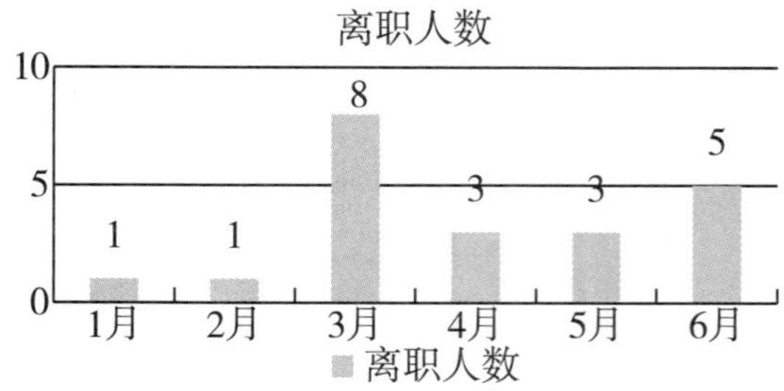

离职曲线基本正常，年初为求职者异动高峰。

图 4 –26　XX 科技半年度（1 –6 月）人力资源动态分析报表（续）

离职曲线基本正常，年初为求职者异动高峰。

五、离职类型

部门/离职类型	公司解除劳动合同	试用期解除劳动合同	主动离职	总计
财务部			1	1
供应链部	3			3
人力行政部	1	1	1	3
市场营销中心			3	3
研发中心	3	1	6	10
运维部			1	1
总计	7	2	12	21
占比	33.33%	9.52%	57.14%	100.00%

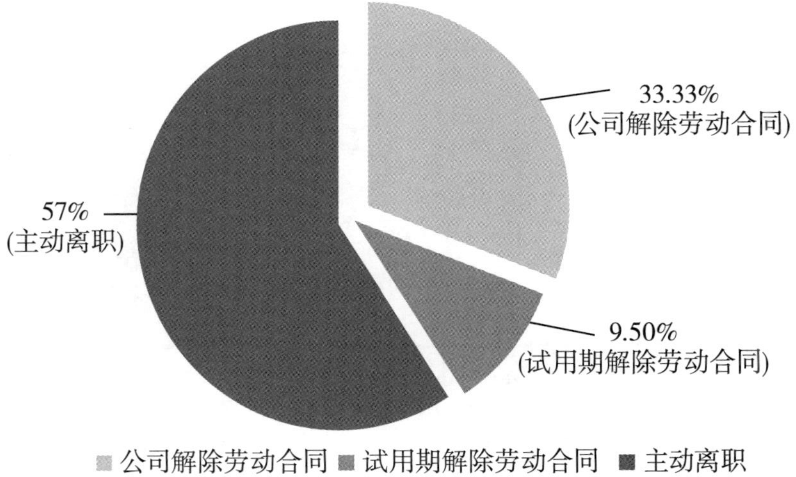

公司主动解除劳动合同比例偏高，表明过往同期的人才选拔和人员配置工作有异常，值得引起管理者注意。

六、月离职率

部门	1月	2月	3月	4月	5月	6月
财务部	0.00%	0.00%	0.00%	28.57%	0.00%	0.00%
产品中心	0.00%	0.00%	0.00%	0.00%	0.00%	0.00%
供应链部	0.00%	0.00%	20.00%	36.36%	0.00%	0.00%
人力行政部	0.00%	0.00%	20.00%	0.00%	20.00%	0.00%
市场营销中心	0.00%	0.00%	0.00%	0.00%	0.00%	31.58%
研发中心	2.25%	2.13%	13.64%	0.00%	2.22%	4.26%
运维部	0.00%	0.00%	0.00%	0.00%	22.22%	0.00%
总经办	0.00%	0.00%	0.00%	0.00%	0.00%	0.00%
总计	1.63%	1.52%	11.35%	4.00%	3.87%	6.17%

1-6月离职率：20%

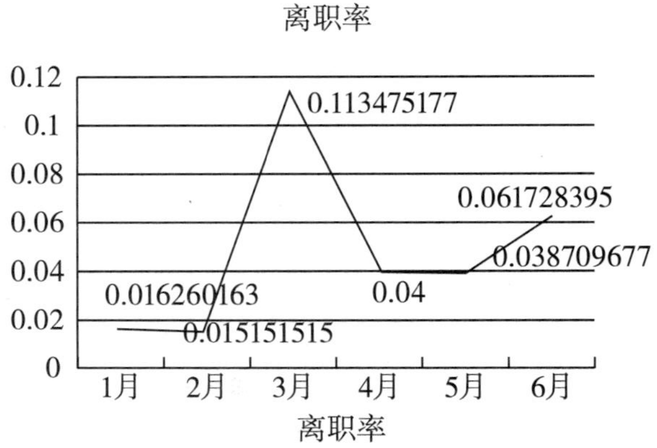

图 4－26　XX 科技半年度（1－6 月）人力资源动态分析报表（续）

七、工资成本（元）

月份	发工资人数	应发工资	实发工资	人均工资
1月	67	829300	712421.9	12378
2月	71	802564	690192.1	11304
3月	82	945465	828025.6	11530
4月	83	942585	812001.9	11356
5月	84	946735	814202.8	11271
6月	90	978072	836007.8	10867
合计		5444720	4692852	

人力成本发展趋势图，反应1-6月员工人数持续增长的同时，整体薪酬水平下降，降幅约20%，表明半年内新进人才的薪资水平较上年度偏低，分析结论：

1.人力资源工作细致而精准，人才适价性高，环比用工成本降低；

2.新进人员薪酬水平与老同事薪水同比偏低。当引起管理者关注，并分析真实原因。

综上可见，上半年人力资源工作基本正常，适当降低了用工成本、提高了的人才性价比；同时招聘模块工作业绩不太稳定，需要加强招聘管理；因新员工持续过半，对试用期管理和员工关系管理提出很高的要求，此模块需要增设专人进行工作跟进；新人增长速度过快，提醒决策层关注年度经营计划，人力增加的同时是否符合企业的业务发展/研发需求的发展？同时，下半年的人力资源规划目标当及时提出来。

图4－26　XX 科技半年度（1－6 月）人力资源动态分析报表（续）

（二）盘点岗位现有人员与岗位胜任力素质模型的匹配程度

接下来，我们针对员工的能力素质现状，结合岗位胜任力素质模型的要求，进行了详细的比对和打分，进而发现差距和不足，形成盘点结果。如图4－27[①]所示，将本项目所覆盖全部岗位的人才能力与素质要求做成总表，按照中心部门、部门绩效目标、岗位、岗位绩效目标、工作职责、任职要求、岗位关键胜任力要求这些项目，结合现任在岗员工的实际项目得分，参考过往的绩效分数，比对前面的各项素质要求的差距，最后得出该岗位人才发展结论。

以产品中心为例，先找出研发中心岗位胜任力素质模型要求等级表如图4－28所示，结合产品中心现任岗位员工的现状如图4－29所示，进行盘点和比对，进而得知该岗位现任员工的实际素质能力与岗位要求的差距情况。

（三）针对盘点结果，提出人才优化方案

根据上述步骤，依据我们的盘点结果，我们向公司提出了调整组织架构、劝退不胜任的员工、补充招聘胜任新员工的3条举措。①调整组织架构。新增了技术预演研究院，把创始老员工放进这个研究院里，让他们潜心做新技术的开发和预演工作，而不再对新员工产生敌视心态，同时也利于他们把主要精力放在新技术的开发上面。②劝退不胜任的员工。由于企业发展迅速，初期入职的员工，没有及时学习和更新技能，导致无法匹配企业的发展速度，自然被淘汰。③补充招聘新人。目的是补充成熟型优质人才和经验丰富、技能过硬的人才，以提高业务模块的工作效率、培养团队人才和提升整体效能，从而为组织进化发展奠定基础。

书中图表文件
可扫描二维码获取

① 图4－27放置在文后页。

岗位	市场敏感度	商务谈判能力	系统思维能力	产品设计能力	资源整合能力	文案策划能力	演讲沟通能力	问题发现与解决能力	专业学习能力	团队领导力
产品总监	3		5		5		4			5
产品副总监		4	3		4		3	5		
高级产品经理	5			4	5		5		4	
产品经理	5			4	4		4		3	
产品助理	4			4		3		3	5	
UI设计	4		3	3		5			5	

图4－28　研发中心岗位胜任素质模型要求等级表

备注：每个岗位五个素质项目，每项分级为1,2,3,4,5，总分5分。

岗位	姓名	市场敏感度	商务谈判能力	系统思维能力	产品设计能力	资源整合能力	文案策划能力	演讲沟通能力	问题发现与解决能力	专业学习能力	团队领导力
产品中心总监											
产品中心副总监	钟××		4	4		4		5	5		
高级产品经理											
产品经理	肖××	4			3	3		3		4	
产品经理	刘××	4			4	4		4		4	
产品经理	潘××	4			4	4		3		4	
产品助理	廖××	刚入职									
UI设计师	吴××	4		3	4		4			4	

图4－29　研发中心员工实际能力素质现状表

备注：每个岗位五个素质项目，每项分级为1,2,3,4,5，总分5分。

第五章

培训与发展

大海航行靠舵手，舵手指明航道和方向，并适时校准，以保证船只能够顺利地驶达彼岸。企业文化就是我们企业驰骋商海的舵手，它统一思想、贯宣目标，让团队成员始终保持步伐一致，以确保所有的人、财、物资都为战略目标的实现而运行。

书中图表文件
可扫描二维码获取

一、 企业文化的概念

（一）企业文化的含义和特征

企业文化是企业人的族群在企业的生存发展中所积累起来的理念、规则、习惯和传统的综合。企业文化可以被看成是企业中人的族群文明的进化。简言之，企业文化是企业在长期生存和发展中形成的全体成员遵循的共同意识、价值观、职业道德、行为规范和准则的总和。

企业文化作为企业特征性群体习惯，具有以下六个特征：

特征一：企业文化源于企业生存的需要，生于企业创办者、企业家的信仰和理念中，体现为企业的制度、规则和程序，作用于企业的流程及成果，形成为企业人的群体行为。

特征二：对国有企业而言，其文化是源于国有企业生存的需要，生于政府官员的信仰和理念中，体现为具有政府意向的制度、规则和程序，作用于国有企业的流程及成果，形成国企人的群体行为。

特征三：企业文化从企业建立开始，就在企业中寻求生长的土壤和环境，并在企业成长中长期积淀而成。这个长期并无固定的时间长度，主要取决于企业的理念和规则用多长时间能够形成企业的习惯。企业习惯就是企业文化成型的形态。

特征四：企业文化由内部人沿袭，只与本企业成员的生存和更好生存有关，为本企业成员所理解和把握。

特征五：企业文化在流程中发挥作用。在流程运行过程中，企业文化稳定地影响现在成员的理解和行为，使现在成员的行为符合企业整体利益的发展方向，引导企业人创造企业财富。

特征六：企业文化使企业具有区别于其他企业的习惯与传统，表现出企业人特有的秉性和性格，这种体现在企业人身上的习惯力量、传统力量，集合成了企业持续运行的驱动力。

（二）企业文化的基本要素

如图 5－1 所示，企业文化在结构层次上，包含了精神层、制度层和物质层。在表现形态上，精神层表现为观念文化、企业愿景、宗旨、价值标准、团队意识等，对应的构成要素是企业价值观和企业理念；制度层表现为制度文化、管理文化和生活文化，构成要素是企业目标、管理风格、组织结构；在物质层表现为企业标志、工作场所布局、外貌形象、传播网络和员工活动建设等，构成要素是企业行为和企业形象。

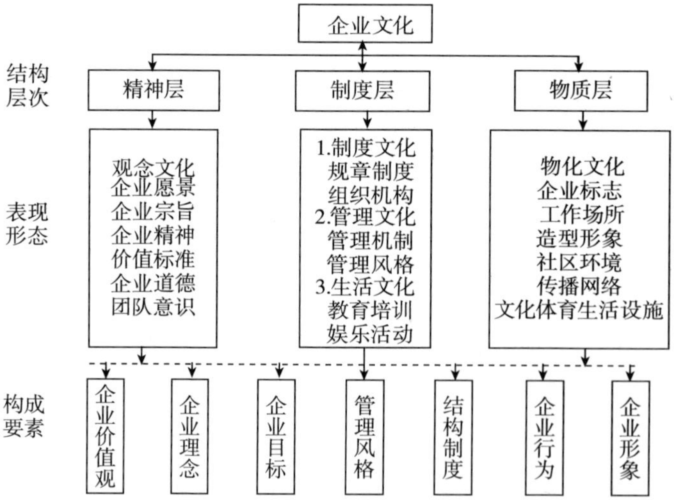

图 5－1　企业文化的基本要素框架

二、企业文化的功能作用

（1）导向作用：把员工引导到公司确定的最高企业目标上。

（2）约束作用：成文的或约定俗成的各项规章制度、企业风气对员工思想、行为起到约束作用。

（3）凝聚作用：公司形成的共同价值观和共同信念使公司上下团结一致，形成团队合作精神。

（4）融合作用：通过公司企业文化对员工潜移默化的灌输，使公司员工自然地融合到群体中去。

（5）辐射作用：通过公司员工体现出的企业文化，对社会产生一定的影响，从而扩大企业知名度和美誉度。

三、企业文化建设的内容

公司企业文化建设包含环境、制度、行为、精神四个方面的内容。

（1）环境文化建设。环境文化是公司企业文化建设的物质载体和外在标志。环境文化包括企业文化建设的规划布局、办公、经营、活动场所的景观、宣传展示、期刊书籍资料、影音制品、网站传媒设施等方面形成的环境文化。

（2）制度文化建设。制度文化是公司各项规章制度的总和。制度文化包括公司企业文化建设的管理体制、组织机构、建设方案、行为规范、规章制度等。

（3）行为文化建设。行为文化是公司企业文化精神和价值观的折射，在全体员工身上的集中体现。行为文化包括全体员工在办公、管理、经营活动、交流、宣传、文娱活动以及生活中的行为习惯、生活模式中所表现出来的企业文化氛围与风格。

（4）精神文化建设。精神文化是公司企业文化建设的核心和灵魂，是公司环境文化、制度文化、行为文化建设过程中沉淀、整合、提炼出来的，它反映公司企业文化建设成果的总和，是公司企业文化建设的整体面貌、水平、特色及凝聚力、感召力、生命力的体现。精神文化包括企业的愿景、企业的使命、企业的精神、企业的经营理念、企业的发展战略、员工的职业理想目标、员工的价值观念、员工的职业态度等。

四、构建“四位一体”的企业文化模式

在企业文化建设中，环境、制度、行为、精神四个企业文化建设部分各有其特点：环境文化是实现企业文化建设目的的途径；制度文化作为一种内在的企业文化建设运行机制，是公司企业文化建设的保障系统；行为文化是推进公司企业文化建设的良好载体和外在特征；精神文化作为一种理性文化，是公司企业文化建设的核心，也是公司企业文化建设的最高目标。企业文化建设是一个系统工程，公司各部门、经营单位要根据各自的工作职责，结合实际工作和经营活动，将四种文化建设充分协调起来，形成统一的整体，才能沉淀出和谐健康的公司企业文化。

五、企业文化建设的工作思路

（一）工作指导思想

围绕公司的发展战略和中心工作，结合公司日常的管理工作和经营活动开展公司的企业文化建设工作，让企业文化促进公司管理水平和经营业绩的提高，在管理水平和经营业绩的提高过程中提炼出公司的企业文化，最终完成公司的经营指标并实现公司的发展目标。

（二）成立组织机构

（1）成立公司企业文化建设领导小组。领导小组负责领导、组织公司企业文化建设工作的开展，领导小组组长由总裁担任，副组长由执行总经理担任，领导小组成员由各子公司的总经理组成。

（2）成立公司企业文化建设工作小组。工作小组负责完成领导小组交办的具体工作，工作小组组长由人力资源总监担任，工作小组成员由各职能中心、各部门负责人组成。

（三）工作内容与分工

1. 优化公司企业文化环境建设，拓展公司企业文化建设的环境文化空间。

（1）建立公司 CIS 视觉识别系统（包括企业 LOGO、标志、标准色、司旗等）；

（2）统一制作并佩戴公司工牌，规范员工着装；

（3）建立公司对内对外官网、微信公众号、微博等媒介传播平台；

（4）建立公司工作 QQ 群和企业微信群、公司邮箱等；

（5）建立员工活动室、图书室，增加文化体育活动设施及图书资料；

（6）制作公司简报、企业文化宣传牌、文化廊、参观通道等，建立并完善《员工手册》。

2. 建立和完善企业的规章制度，创新公司企业文化的制度建设。

企业与市场紧密联系，要在激烈的市场竞争中形成科学、系统、完善、实用的企业制度文化，要建立和完善企业的经营管理、员工激励、财务核算、流程控制、绩效考核等规章制度，促进公司企业文化制度建设在完整性、公正性、科学性和可操作性等方面有较好的创新。

3. 加强公司企业文化主题活动的建设，营造公司积极活跃的行为文化整体氛围。

4. 整合公司的媒体资源，推进公司企业文化精神建设。充分发挥公司内刊、公众号、QQ 群、微信群、公司网络、公司和经营单位宣传橱窗等公司媒体的宣传教育作用，通过对企业文化建设的理念和内容的介绍，通过对公司企业文化建设活动和动态的报道，使公司企业文化深入人心，潜移默化地形成公司企业文化氛围，促进企业精神文化沉淀、升华和发扬。

5. 集思广益，在企业文化建设过程中提炼出公司的企业文化精粹，使公司的精神文化得到沉淀、升华和发扬。在企业文化建设的具体工作、活动过程中收集、整理企业的愿景、企业的使命、企业的精神、企业的经营理念、企业的发展战略、人才观念、员工的职业理想目标、员工的价值观念、活动口号等精神文化的基础性资料，然后总结提炼出能表达企业文化的简明文字短句，在公司全体干部员工中进行讨论和修改，最后经公司企业文化建设领导小组审定的，形成公司的企业文化精粹。

六、案例

案例5-1

阿里巴巴的文化长成

企业背景

20 年来，阿里巴巴集团发展的内在驱动力是企业文化。集团创始人马云说：“对阿里巴巴来讲，有共同价值观和企业文化的员工是最大的财富。”自 1999 年创立以来，基于共享价值观的企业文化，已经成为阿里巴巴集团及其子公司发展的基石。

1. 阿里人的梦想

阿里人的梦想是“通过发展新的生意方式创造一个截然不同的世界”。阿里人的使命是“让天下没有难做的生意”。阿里存在的使命就是为了履行这个使命，不断创造出使商家生意更加容易做的手段。20 年来，阿里巴巴集团做成了包括“淘宝网”“天猫”“聚划算”“阿里云”“蚂蚁金服”“菜鸟驿站”等十多种促进交易更加容易的手段。这些手段无不渗透着阿里人的梦想和使命感。

企业使命不是一句口号，而是一系列承诺和手段。**通过提供手段解决问题，通过解决问题履行使命**。阿里巴巴集团基于互联网开发的十多种交易平台，大大方便了消费者和商家的交易活动，提高了交易效率，不断实现着“让天下没有难做的生意”这个使命。

2. 阿里人的愿景

以前是“将阿里巴巴公司建设成分享数据的第一平台，成为幸福指数最高的企业，至少能活 102 年的企业”。阿里集团拥有大量的市场资料及统计数据，公司为履行对中小企业的承诺，努力成为第一家为全部用户提供市场数据的企业，希望这些企业，通过数据分析，掌握市场先机，继而调整策略，拓展业务。公司同时希望自己的企业成为员工幸福指数最高的企业，成为一家至少“活102年”的企业，所谓活102年的企业，是从1999年算起，到2101年，成为至少横跨三个世纪的企业。阿里人现在的愿景是“构建未来的商务生态系统，让客户相会、工作和生活在阿里巴巴，并持续发展102年”。和以前相比，愿景有了一些变化。期望不仅仅是数据和分享数据的第一平台，而是构建基于互联网的商务生态系统，将“幸福指数最高”这样的期望，改成了在阿里巴巴愉快地相会、工作和生活。“至少102年”的期望没有改变。

期望“构建未来的商务生态系统”旨在维护小企业的利益，从这一点出发，去构建和经营基于互联网的商业生态系统，让消费者、商家、第三方服务供应商和其他人士在内的所有参与者，都可以在这样的商业生态系统中享有成长和获益的机会。期望“相会在阿里巴巴”就是阿里人要促进每天每时每刻的用户和用户之间、消费者和商家之间、企业和企业之间的商业互动和社交互动。“期望工作在阿里巴巴”就是阿里人始终关注和满足用户的需求，不断拓展产品和服务的范围，创造便利、周到、安全的商务环境，让阿里巴巴成为客户日常生活的组成部分。期望“持续发展至少102年”的阿里人依然期望企业可以横跨三个世纪，使阿里的使命、理念、机制、商业模式和整体系统都能持续发展，经得起时间的考验。

3. 阿里人的价值观

阿里人认为，无论公司成长到哪个阶段，强大的共同金字塔、价值观都能一直维持公司的凝聚力。阿里巴巴的共同价值观是阿里人的基本信条。所以用基本信条来表达，可能更加顺畅。鉴于原貌还是从价值观说起。公司价值观从“独孤九剑”发展到“六脉神剑”。阿里巴巴首个价值观版本是“独孤九剑”，内容是：群策群力、教学相长、质量、简易、激情、开放、创新、专注、服务与尊重。这个版本在集团内部实行了3年多的时间。为了使价值观更加凝练并符合发展需求，阿里决定对“独孤九剑”进行提炼和简化。2004年8月，“六脉神剑”诞生，“客户第一、团队合作、拥抱变化、诚信、激情、敬业”等六条。六个基本信条形成一个金字塔，如图5－2所示。

如图5－2所示，下面第一层基石是“诚信、激情、敬业”三个基本

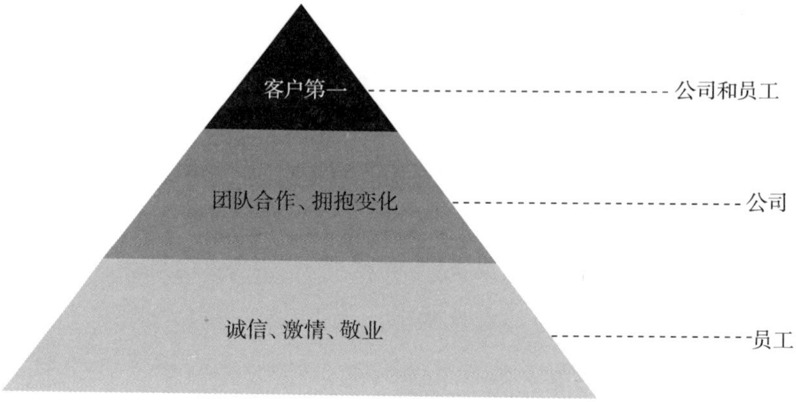

图5-2 阿里“六脉神剑”价值观

信条，是所有员工要梳理的基本理念和行为导向；中间第二层是“团队合作、拥抱变化”两个基本信条，这是以员工为基础，公司要确定的基本理念和行为导向；顶层第三层是“客户第一”，这是公司的服务对象，是整个公司和每个员工必须确立的基本理念和行为导向。**塔尖是对客户的理念，塔基是对工作的理念，塔身是对生存的理念。**

这六个基本信条，是阿里人的基石，是阿里巴巴集团快速发展和创新的基础，是公司团队DNA的重要组成部分。阿里人将其看成是绝对不可违背的帮规。这六个基本信条对于阿里巴巴如何经营业务、如何招聘人才、如何考核员工及决定薪酬方面，都发挥着重要的指导作用。当新员工加入阿里巴巴团队时，都要到杭州总部参加为期2周的入职培训，学习团队建设课程，课程的重点集中于公司的使命、愿景、价值观、目标、公司历史与规则等。在以后的定期培训课程、团队建设活动中，这些内容还会强化。

基本理念是个信条式的架构，但其内容具有浓厚的生活气息和中国文化特点。随着公司的成长，不同业务在经营模式及文化表现上的差异很大。如何保持文化的协调是个需要面对的重要问题，阿里巴巴集团的解决办法是以“六脉神剑”为核心，子公司或其他业务领域在此基础上进行丰富。阿里集团一直坚持将基本信条作为核心价值观，从各方面积极谨慎地进行着自己的文化建设，并将中国文化和西方的做法结合起来，完善自己的机制。马云强调，东方的智慧、西方的运作、面向全世界的大市场，是阿里巴巴的精髓。马云认为东方人有深厚的智慧沉淀，但在商业运作能力上有所欠缺，家族作风、小本本主义、小心眼，这些东西都不行。西方很多东西是用制度作保障，而中国是用人来作保证。因此，在公司的管理、资本运作、全球化操作上，要更多借鉴西方科学。

4. 集团发展的目标

马云讲了许多当初进行企业文化建设的情景。从2000年到2001年，阿里举行西湖论剑来讨论公司的发展问题。当时先后做了3件事，阿里人将其看作是“延安整风运动”“抗日军政大学”和“南泥湾开荒”。其中整风运动就是要统一思想，明确目标、明确使命、明确价值观。阿里始终跟着使命感走。马云说，中国的很多互联网公司可以模仿雅虎、亚马逊、EBAY，阿里巴巴模仿谁呢？我们只能跟着使命感走。是什么让阿里巴巴保持稳健的发展呢？外界看是阿里巴巴B2B、淘宝，但核心竞争力是阿里巴巴的价值观。

阿里人认为，那些相信并忠于使命感和价值观的员工，将会使阿里巴巴优秀的企业文化得以传承。随着员工人数的倍增，阿里的企业文化和价值观面临着被稀释的危险。为了贯彻企业文化，对新入职的员工，阿里提供一系列企业文化方面的系统培训，包括对普通员工进行百年阿里、百年淘宝、百年支付宝等入职培训，以及针对销售人员的百年创新、百年大计培训。同时还特意为新员工设置了3个月的师傅带徒弟和人力资源关怀期，而入职6～12个月的时候员工还可以选择回炉再造。**阿里人相信，追求同一个目标，将使这些员工之间超越简单的工作关系。**有一年阿里巴巴集团的高管集体赴美考察，在考察完星巴克之后，当时的集团首席人才官深有感触地说：“星巴克的每家店都像是个家庭，他们员工之间的眼神就像我们1999年在湖畔花园创业时一样，不像是工作的拍档，更像是兄弟姐妹。”“一个好公司里，应该有爱在流动。”

“让天下没有难做的生意”的使命驱动着阿里巴巴的成长，集团业务飞速发展，集团的生存理念和更好生存的机制在改革中愈加完善，一个基于互联网的商务生态系统日益成熟起来。

七、培训体系建设

培训作为人力资源管理与开发的一个组成部分，日益受到企业的重视。企业要在高度竞争的市场经济中获胜，一定要拥有高素质的人才，而员工培训与开发是提高素质必不可少的一环。从某种意义上说，一个企业是否重视员工培训与开发，可以预见其未来的竞争潜力。如图5－3是培训体系建设的全部内容和结构。

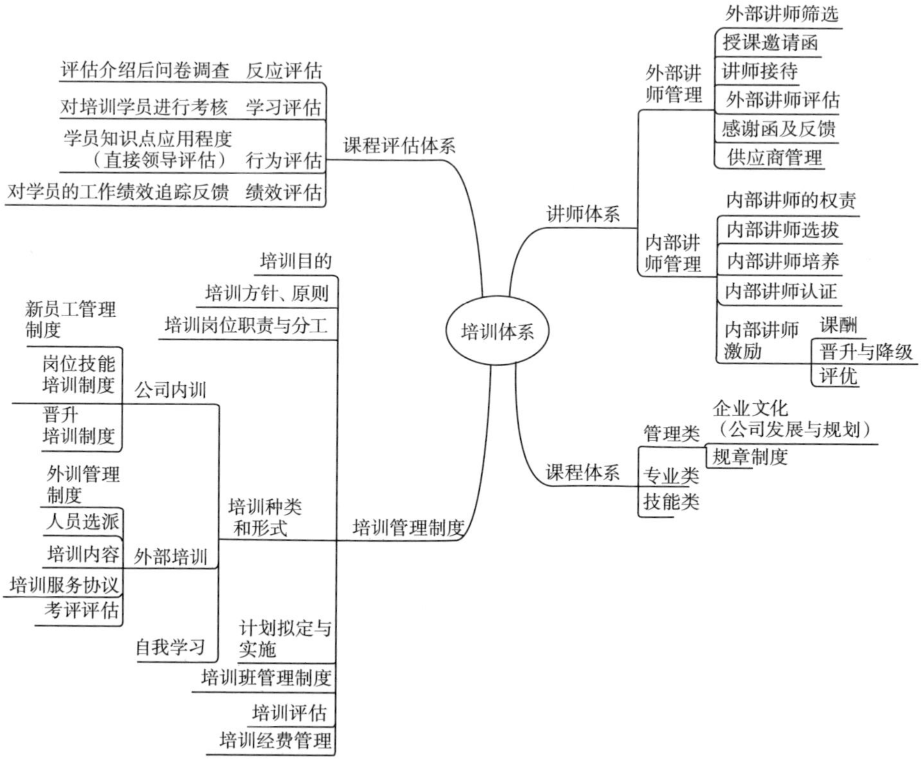

图5－3　培训体系图

（一）培训的目的、类型和对象

1. 培训的目的

培训是为了有效提升人力资源素质，通过适宜的教育训练，增进员工的专业知识、工作技能并使员工充分了解公司整体工作系统各项要求的过程。对承担各岗位职责的人员提出相应岗位的能力要求，并进行培训以满足规定的要求、满足市场竞争力的需要、满足员工自身发展的需要，从而提高企业的效益。

2. 培训的类型和对象

培训课程因工作目的不同而分为四个类型，包括通用素质培训、专业素质培训、管理素养培训和兴趣类培训，培训对象也因此而有所不同。

（1）通用素质培训

培训内容：包括本企业的价值观、战略目标、行为规范、企业精神及有关工作岗位所需的技能。主要以增长知识、建立正确的工作态度为主，以建立正确的态度为突破口，激发员工正确且强烈的动机，产生积极的持久的行为。

培训对象：以新进企业员工为主。

（2）专业素质培训

培训内容：包括与工作直接有关的技能，如办公技能、销售技巧、心态调整和产品等方面的内容。主要以提高个人技能为主。

培训对象：以在职员工或某类岗位为主。

（3）管理素养培训

培训内容：包括有关管理的知识、人际关系及各部门工作协调能力、知识技术的更新和管理、技能方面的提高等。主要以团队建设为培训目标，帮助管理岗位员工提高团队员工的执行力，提升团队的战斗力，最终获得组织所希望的绩效。

培训对象：以关键员工、管理岗员工为主。

（4）兴趣类培训

培训内容：茶艺、插花、绘画、手工制作等兴趣爱好类课程。主要是为了陶冶员工情操、提高热爱生活的兴致而开设的。目的是丰富员工的精神生活。

培训对象：有所爱好的员工，自主选择参加。

（二）培训计划的制定原则

1. 符合企业的培训目的

培训的根本目的是为了提高企业的基础能力，提高员工在工作中解决具体问题的能力，从而提高企业组织的效益。

2. 技能与素质培训并重

在注重专业知识技能培训的同时，关注人格素质培训。知识技能的提高，可以改善工作绩效，提高工作效率；人格素质的提高，将对企业带来长远的、积极的影响，对组织绩效的改进起到重要的作用。

3. 系统化建设培训体系

培训应该从员工进入公司伊始，贯穿员工整个职业生涯，为员工提供职业生涯规划中所列出的各种企业目标而需要的知识、能力、技术和发展性（培训、教育）活动。

（三）培训计划的实施原则

1. 全员培训

培训不仅仅针对新员工，老员工、基层管理层都需要接受培训，只不过培训的内容、方式和形式各有差异而已。全员培训不仅体现在企业的每一位员工都要接受培训，而且体现在每一位员工也要充当培训者。

2. 培训效果最大化

在培训时注重实践，少讲理论，多讲操作和技巧。培训要符合成年人的学习习惯，尽量使培训效果达到最大化。

3. 调动学员学习主动性

培训时要积极发挥学员的主动性，强调学员的参与和合作，培训方式要多以体验性的操练为主，如案例分析、角色扮演、情景模拟等，让学员在实践中补充理论知识，反过来指导对理论的理解与吸收，做到通过理论来指导实践，再从实践中总结理论。

4. 培训需要有所侧重

全员培训就是有计划、有步骤地对在职的各级各类人员都进行培训，这是提高全员素质的必由之路。但全面并不等于平均使用力量，仍然要有重点，即重点培训技术、销售、管理类的在职员工，或明显有弱项的员工。

5. 培训要尊重个体差异性

个体差异对于成人学习的安排和设计有着极大的影响。他们在学习时往往容易与已有的知识、经验作对比，在一定程度上会妨碍接受新知识和新技能。培训要在尊重和承认个体差异的基础上，根据每个人的特点和要求制定相应的学习计划，以达到促进每个人全面发展的目的。

（四）培训计划的制定流程

1. 培训需求分析

培训计划制定始于对培训需求的分析，根据培训需求分析的结果，拟订培训计划和执行培训计划。培训需求分析的目的是确定培训需求，最终目标是帮助员工实现自我发展，满足企业的要求，最终实现企业的发展与进步。培训需求分析需要考虑以下几方面。

一是对培训需求对象的分析。

培训需求来源于企业各层次员工的个体需要，同时企业中特定群体和企业整体也会有培训需求。产生培训需求的原因大致包括：岗位变化、人员变化、素质提升需求和绩效结果改善的需求。

二是明确参与培训需求分析的对象及作用。

培训中的四种角色：最高管理层、职能部门员工、培训部员工、一般员工，在培训活动中的作用是有明显差异的，他们的参与程度也有所不同。参见表5－1。

表5－1　四种角色在培训活动中的作用

培训活动	最高管理层	职能部门	培训部	员工
确定培训需要和目的	部分参与	参与	负责	参与

续表

培训活动	最高管理层	职能部门	培训部	员工
决定培训标准	参与	负责	—	
选择培训师	—	参与	负责	—
确定培训教材	—	参与	负责	—
计划培训项目	部分参与	参与	负责	—
实施培训项目	—	偶尔负责	主要负责	参与
评价培训项目	部分参与	参与	负责	参与
确定培训预算	负责	参与	参与	—

三是获取培训需求信息的途径。

①任务和技能分析。这种分析方法适用于新员工的上岗引导，或引进新技术，或增设新职位，或重新定义工作职位，或重新定义工作职责等情况。②业绩分析。培训的最终目标是改进工作业绩，因此对个体或集体的绩效业绩进行考核，可以作为分析潜在需求的一种方法。③重大事件分析。确定重大事件的原则是，工作过程中发生的对企业的效能产生重大影响的特定事件。④其他信息来源。现有记录分析也是获取培训需求信息的重要方面。这些现有记录包括培训满意度、绩效评估、财务报表、客户反馈信息、个人档案等。通过对现有记录的分析，找到员工的现状与期望之间的差距，并由此制定出培训计划。

四是确定培训需求的方法。

确定培训需求的方法主要有以下几种：访谈法、问卷法、观察法、自我评估法、攻关小组协同分析法、互评法等。

2. 培训内容的确定

培训内容的确定包含以下内容。

（1）新员工培训

各部门或HR培训岗，每周针对新进人员安排2小时以上课程的培训。培训课程包括公司简介（使命愿景价值观、公司组织架构、服务范围介绍）、公司规章制度/福利制度、企业精神与企业文化、岗位技能、工作规则及卫生守则、员工手册、服务技巧等。

（2）在职人员培训

多数情况下，每季度末，各部门应根据年度情况提出下季度的培训计划，由部门领导审核后，交培训部汇总成季度培训计划。包含了营销培训、管理培训、通用素质培训等。

（3）资格认证培训

一般情况下，公司鼓励员工持证上岗，公司创造条件使员工的知识不断更新，鼓励其参加外部培训取得职业资格。

（4）户外拓展训练

大部分公司每年组织两次员工户外活动/拓展训练，需要各部门提出需求，经公司领导审核后执行。

3. 培训预算的确定

一般情况下，由 HR 培训岗或培训部根据员工需求、企业原来固定培训支出、业务发展及预算规划制订培训计划；总部领导根据业务发展的重要性、紧迫性及员工需求的共性来修正培训预算；由于培训是相对动态的，若超过预算但某些培训确实很重要，可由培训部提出申请，修正原来的预算计划。

（五）培训的实施

1. 培训前期准备

培训申请。一般每年 11—12 月，各单位部门上报本部门下年度的《培训课程表》，根据公司需求及下一年度各部门《培训课程表》，培训部于 12 月制定下一年度的《年度培训计划》（包括培训内容、对象、时间、考核方式等内容），经部门经理批准后下发各部门，并监督实施。

2. 培训讲师的选择

选择合适的讲师，内部讲师或外部聘请讲师，一律由具有讲课能力的人员担当。

3. 培训内容的开发

培训部应在培训前准备好培训教材，培训教材包括培训人员资料，培训部门及讲师自行拟定的文件或资料、PPT 教程，外训单位提供的教材等。如表 5－2 所示 2018 年下半年 D 集团培训计划表。

4. 培训通知

培训部在培训前，应以口头或书面通知方式知会受训部门或人员。最好做个预热宣传，要确保每一个应该来的人都收到通知，而且要使每个人都确知时间、地点和培训基本内容。

5. 组织培训

在计划好的时间、地点，培训师对学员进行培训，并监控整个培训过程，做好培训记录，待培训过程结束后进行评价。

6. 培训记录

每次培训，各相关部门应填写培训记录，记录培训人员、时间、地点、教师、内容及考核成绩等，培训后将有关记录、试卷或操作考核记录等交人力资源部存档。

7. 授课效率

提高授课效率最主要的是调动学员的积极性，作为一个优秀培训师，要充满激情，精心设计每一堂课。授课时注意与学员的沟通交流，要充分调动学员的主观能动性，集中学员的注意力，避免照本宣科和漠视学员的态度等。

8. 学员参与

在培训过程中调动学员参与的积极性，是使培训工作取得成功的关键之举。学员的参与程度越高，学习效果就越好。调动学员参与的方法有很多，例如提问，进行体验性操练，开展角色扮演，让学员参与讲授，让学员示范操作，结合做一些书面练习，签订学习合同，利用专项测评表更深入地了解学员，进行个别访谈，等等。

9. 边实施边反馈

在计划实施过程中，可根据受训者的要求，对内容适当进行调整，以保证培训效果。

修正培训计划。一项培训计划制定和实施后，是否可以重复使用，就得看其实施的效果。一般都会做出小的调整。

表 5－2　下半年 D 集团培训计划表

课程类别	课程属性	课程名称	优先级	讲师	6月				7月				8月				9月				10月				11月				12月				分值	备注
					一周	二周	三周	四周	一周	二周	三周	四周	一周	二周	三周	四周	一周	二周	三周	四周	一周	二周	三周	四周	一周	二周	三周	四周	一周	二周	三周	四周		
公开课	入职培训	新员工入职培训	1	侯xx		√				√				√				√					√			√				√			必选	
	办公工具	优质PPT的制作及美化	1	魏xx										√															√				2	
		EXCEL常用（快捷键、公式、图表）	1	骆xx							√								√														2	
		Word 常用文档排版	1						√											√												√	2	暂缺
		ERP的基础运用	4	刘xx												√																	2	
		Photoshop 的入门操作	2	王xx											√																		2	
		基础公文写作指导	2	彭xx				√																									2	
		思维导图	3																														2	暂缺
		项目开发业务流程图的绘制	1					√																	√								2	暂缺
	公司产品	xx生活产品介绍	2	袁xx	√				√				√				√				√				√				√				2	
		综治及物管平台的使用	1	范xx		√				√				√				√				√				√				√			2	
		硬件产品介绍	1	刘xx			√				√				√				√				√				√				√		2	
		运营平台的使用	1	张xx				√				√				√				√				√				√				√	2	
		简单门禁原理	2																														2	廖xx
		售前培训	3	王xx								√															√						2	
		售后培训	3	龚xx				√																√									2	
	个人素质提升	跨部门合作	3	魏xx																								√					2	
		人才选拔与录用	2	魏xx							√							√									√						2	
		双向沟通	4	魏xx															√														2	
		如何打造高效团队团队建设的六大法则三大机制	3	邓xx								√																√					2	
	营销课程	企业核心竞争力	5				√																										2	陈xx
		如何做用户画像	1	邓xx	√								√									√							√				2	
		如何挖掘消费者需求促进成交	1	邓xx	√								√									√							√				2	
		社区运营及管理	1	唐x										√												√							2	
		广告多媒体运营	2	李xx					√													√											2	
		新媒体运营	2																														2	周x
		广告主需求分析	2	李xx						√													√										2	
	行业产品	安防行业产品知识及思维	4					√																									2	陈xx
		用户体验及用户成长体系搭建	4	唐x																				√								√	2	
	研发课程	微信小程序进阶	3																														2	
		大数据开发与应用	3	蔡xx														√								√							2	
		网络音视频开发与应用	3																														2	
		人工智能入门	3	蔡xx												√												√					2	
		爬虫技术	3	蔡xx																							√						2	
		互联网应用系统架构设计--高并发、高吞吐量、数据库、web 服务器的处理	3																														2	
	项目管理	项目管理实战经验	3	鄢x			√				√				√				√				√				√				√		2	流程管理、开发标准

10. 培训后期考核

每次培训结束后及时填写培训反馈表，对课程质量以及讲师授课水平给予评价，由培训部进行统计分析。

11. 培训结束时要进行考核

对于学习的课程进行考试或考查，结合学员平时的表现做出总的评价；也可以要求每位学员写出培训小结，总结在思想、知识、技能、态度上的进步，与培训成绩一起放入人事档案。

12. 培训结束后对工作的评价

学习的目的在于应用，通过考察回任后的业务能力有无提高、工作效率有无增进等指标，判断培训是否达到目标。

（六）培训效果的评估

通过评估，可以对培训效果进行正确合理的判断，以便了解某一项目是否达到原定的目标和要求，看看受训人知识技术能力的提高或行为表现的改变是否直接来自培训的本身，可以找出培训的不足，归纳、总结出经验，以便改进今后的培训，通过评估往往能发现新的培训需求，从而为下一轮的培训提供重要依据。通过评估可以较客观地评价培训者的工作，培训的效果反映了培训者的水平和对待培训的态度，也可以正确地对培训者进行绩效评估，同时引起企业其他人员对培训结果的重视，从而促进其对培训积极投入的热情。

1. 明确评估目的

检验培训的合理性、有效性，检验培训中的缺陷并改进，为下一轮培训提供数据。

2. 确定评估内容

受训者对培训计划的反应，如受训者是否喜欢这次培训？他们是否认为培训师很出色？是否认为这次培训对自己很有帮助？认为这次培训有哪些地方需要改进，等等。

3. 受训人员的知识

看看他们与受训前相比，受训后是否掌握了较多的知识，学到了预期应学到的知识、技能。

4. 工作绩效

受训后工作行为是否有改善，是否运用了培训中的知识、技能，是否在工作沟通和人际交往中态度更加友善了。

5. 组织绩效

通过公司的销售额、培训满意度、二次采购率等指标来确定培训方案是否已经对公司的经营运作产生了有利的影响。为确保评估的有效性和公正性，评估人员务必要遵循以下原则：方向性原则、相符性原则、可靠性原则、实用性原则、连续性原则、客观性原则。

6. 问卷评估法

每次内部培训结束后，培训部都应组织参训人员进行评估，主要方式是问卷调查。所有参训人员都应认真填写“培训意见反馈表”（参见表5－3），反馈到培训部。

表5－3　对课程、教材的评价问卷

衷心希望您能就下面的问题做出真实的回答，这会大大有助于我们工作的改进。

1. 您认为从本课程中您最大的收益是什么？
2. 您认为课程的内容安排合理吗？您有什么意见？
3. 您认为本课程有哪些内容需要增加或删除？
4. 您对目前的授课方式有什么想法？
5. 您觉得教材编写怎么样？有哪些地方需要改进？

7. 培训师考核

依据参训人员的评估反馈，对培训师进行培训质量的考核评分。内部培训师培训质量的考核评分，应当纳入培训师当期月度绩效考核和年度绩效考核评分项目中；外部培训师培训质量的考核评分，应由人力资源部及时反馈给相关培训机构，同时记入外部培训机构管理档案中，以备今后甄选培训师时作为参考资料。

（八）培训积分制

1. 员工培训积分

（1）每个员工都有两个培训积分账户：岗位培训积分标准账户和其他激励积分账户。

（2）员工培训考核合格，才将本课程学分累计进入培训积分账户。

（3）员工学习岗位素质模型要求的课程，经考核合格的，课程学分累计进入岗位培训积分标准账户。

（4）员工达到本岗位培训积分标准之后，培训部给予相应标识。

（5）员工根据个人职业发展规划获取的其他激励积分，经考核合格的，课程学分累计进入其他激励积分账户，作为评估员工发展的重要依据之一。

2. 培训激励

培训激励，是公司激励体系的重要组成部分；培训评估结果，作为员工绩效评价的重要依据之一。

3. 培训组织者激励

依据培训组织者工作质量的考核结果，公司每年评选出先进组织者，并给予专题表彰。

4. 受训员工激励

（1）依据受训员工的学习质量进行考核，公司每年评选出若干名“学习标兵”，并给予专题表彰，同时，优先评为年度优秀个人，优先晋升岗位技能级别。

（2）建立培训积分制，员工培训积分作为岗位技能晋级、评优的重要依据。

（3）对于在培训中违反培训纪律的，根据相关规定给予处罚。

（4）受训员工的学习质量考核结果，可以作为当期绩效考核的重要评分指标。

5. 培训师激励

（1）针对内部培训师的培训质量进行考核，公司每年评选出若干名“优秀培训师”，并给予专题表彰，同时，可以优先评为年度优秀个人。

（2）根据授课内容和授课质量等情况，公司可以建立内部培训师等级制度。

（3）培训师培训质量考核不合格或不及格的，给予降低培训师级别、取消培训师资格等处理，相关规定详见“讲师管理”。

（九）讲师管理

为充分利用公司内部的智力资源，积极培养和建设公司兼职讲师队伍，发挥内部讲师在公司整体培训教育体系中的核心作用，特制定讲师管理体系，培训部①作为内部讲师的归口管理部门，负责讲师的评聘及相关管理工作。

1. 讲师角色要求

（1）能力要求：具有激励受训者、增强受训者学习兴趣的能力；具有同受训者、管理人员、相关部门进行积极的信息、思想沟通的能力；具有掌握受训者学习进度、学习动向、学习疑点和难点的能力；具有进行理论与实际相结合，把培训内容同企业发展现实状况联系起来，生动地进行讲授的能力；具有运用多种分析方法，提高受训者专业技能的能力；具有搞活团队建设、促成掌握学习与管理的能力；具有应对处理培训中遇到的突发事件、保证培训有序运行的能力；具有把握培训需求、预测企业发展趋势、提供培训的建设性意见的能力。

（2）心理素质要求：对企业发展和培训需求具有敏锐性；善于听取各方意见的包容性；对实施培训目标、取得培训绩效的自信心；处事不惊，对外界环境变化的冷静分析能力；与人为善、善于沟通，获得上级、同事、学员信任的宽容心；对遭受挫折、打击的承受力。

---

① 说明：有的企业不设培训部，培训管理工作归属人力资源部管理。

（3）态度要求：对培训工作要热情；有工作责任心；有自我牺牲精神；有主动参与意识；有珍惜时间、提高效率的强烈愿望；有不怕困难、勇挑重担的毅力和决心；有甘为人梯、为学员服务的宽大胸襟；有适应各种角色的心理准备；有关怀、爱护学生的爱心。

2. 讲师资格评审

讲师分储备讲师和正式讲师两类，讲师除了可以获得授课薪酬之外，还可以获得公司组织的“讲师培训”（委外或外派），正式讲师的等级资格证由培训部审核，总经理审批。

3. 讲师考核

（1）培训项目考核

培训学员和培训部对培训项目的效果、教材设计、授课风格、学员收益等进行评估。

（2）年终考核

培训部对讲师的考核一般是年终进行综合评定。考核结果由总经理审核（见附表《内部讲师年度考核表》）。对考核结果不合格或者受到学员两次以上重大投诉的讲师，公司将取消其讲师资格；讲师因正常工作或个人原因，不能按原计划授课时，应及时通知培训部，以便另行安排。

（3）考核奖惩

培训部对储备讲师的授课效果进行抽查（见附表《培训反馈表》），对连续两次抽查得分低于60分的讲师，暂停安排授课，若因个人或组织需求，可按本规定重新申请。培训部对正式讲师的授课效果进行抽查，连续两次抽查得分低于本级标准得分下限的讲师，予以降一级处理，经再次考核得分高于本级标准得分上限，方可恢复原级别。公司根据考核结果，每年从讲师队伍中评选出部分优秀讲师，并给予一定物质奖励和精神奖励。

4. 培训讲师的激励

培训师评选。每年年末，公司根据培训师年度考核的结果评选“优秀培训师”，并给予一次性物质激励，原则上，优秀培训师数量控制比例为培训师人数的10%；每年年末，公司对培训师等级调整一次，调整依据为培训师当年年度考核结果和培训师自身专业技能的提升情况；由培训部提出调整建议，总经理审批同意后实施；“优秀培训师”作为年度技能系数和晋级系数评定标准的因素之一；中、高级培训师年度考核为差的，降低培训师等级，初级培训师年度考核为差的，取消培训师资格。

5. 外聘培训师途径及评估

（1）“试了再买”，即首先要让培训师在公司内部试讲或派人到外面听其授课。

（2）通过培训师的简历，判定该培训师的实力及与培训需求的结合点。

（3）系统性地提一些问题，以了解其授课内容、方式、效果是否满足培训要求。

（4）要求培训师制定一份培训大纲。使其对培训的内容与培训需求有机结合。

（十）培训工作的注意事项

第一，要注意培训工作误区。

（1）重技能轻态度

每个部门每个岗位都设立了相对固定的培训课目与培训要求（如大纲、课时、考试等），但对培训学员的考勤、理解能力判断、重视程度判断等缺少有机监管手段。

（2）缺乏意见征求

各部门负责人对培训的课程设置等是有主动权的，但其设置是否科学？学员是否满意？因缺乏征求意见导致企业组织的培训课程有些学员不喜欢，而员工需要的培训课程讲师又难以满足的矛盾。

（3）重初训轻复训

初训要求相对而言比较严格，但学员在具体工作中是否将培训成果进行了转移？在工作中出现与培训目的有偏差的地方，没有及时进行改进及再次培训。

（4）重培训轻测量及结果

由于培训的成果往往是通过培训后的使用结果体现出来的，因此没有培训效果的量化数据分析，很难体现培训成果。

（5）重数量轻质量

培训只是一种手段，目的应以企业及员工的满意度为前提，假如培训作为一种固定福利投资，不对培训质量进行监督，将失去培训的意义。

第二，要注意工作汇报和分析。

培训工作阶段性成果最好按月进行分析和汇总，反馈课程的适用性和培训效果的检测情况。一般人力资源部会根据培训部提交的分析报告，向公司提出调整建议或意见。如图5－4 D集团2018年4月新员工培训分析总结报告所示。

D集团　第2期新员工入职培训总结分析表（201804）

课题名称	第二期新员工入职培训---2018	培训时间	2018年4月10日　10:00 -18:00
培训人数	38人	实际参训人数	35人（2人请假，1人缺勤）
反馈表回收	29份	试卷回收	35份

一、培训组织反馈汇总

序号	题目	答案类别				合计票数	缺失原因
		非常满意	满意	一般	不满意		
1	对本次培训的协调、服务、形式评价	17	8	1	0	26	3份未勾选
2	对本次培训时间安排的评价	11	13	2	0	26	3份未勾选
4	对课件的制作效果评价	14	11	1	0	26	3份未勾选
3	课程内容充实与否和实用性	充实、实用	一半实用	少部分实用	内容少，不实用		
		19	5	2	0	26	3份未勾选

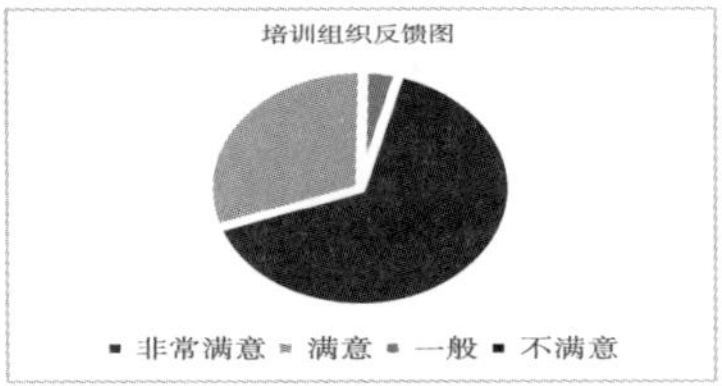

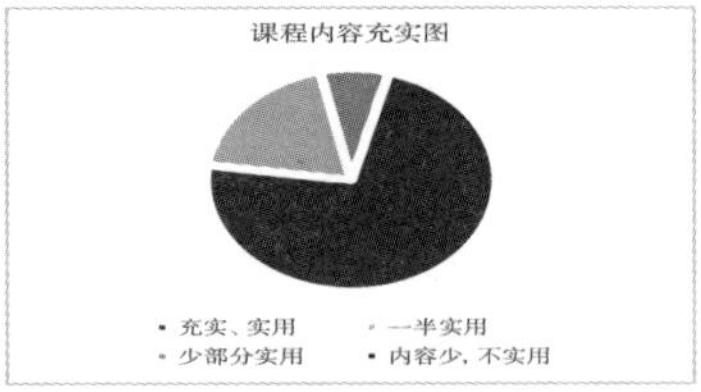

二、讲师培训效果评分表（参与学员29人，每位讲师总分100分，合计2900分）

评价项目	徐xx	刘xx	周x	李x	袁x	康xx	侯xx
得分总计	2830	2809	2712	2805	2780	2855	2885
条理逻辑清晰，快速反应问答，回答准确详实	572	560	552	558	554	566	577
演讲风格：能及时调节课堂气氛，吸引学员的注意力	558	555	547	559	551	570	577
语言表达：能清除表达思想观念，学员易于接受和理解	563	557	527	562	553	574	578
内容详尽：能将理论与实际有效结合，提供实际帮助	568	570	532	556	562	574	577
形象仪态：讲师仪表仪态得体，有很好的职业性	569	567	554	570	560	571	576

图5－4　D集团2018年4月新员工培训分析总结

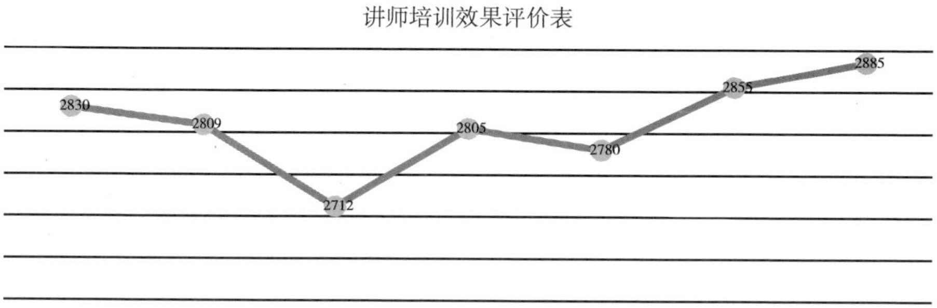

三、学员考试错题统计

公司	重点错题 题目	错题数	出错占比	错题排名
xx 生活	现有的 APP有xx 生活 APP和商家 APP	15	42.86%	5
	xxAPP 中以下哪几种开门方式需要手机连接网络？	17	48.57%	3
	xx 成立的时间是 2016 年4月，xx 的理念是为用户打造便捷生活	18	51.43%	2
xx 传媒	xx 传媒品牌定位是打造全生态平台解决方案	20	57.14%	1
	目前 xx 传媒已经上线的产品有哪些？	18	51.43%	2
	以下哪些广告资源是 xx 已有的？	16	45.71%	4
xx 智能	xx 智能有限公司的主要有几大解决方案？分别是什么？	14	40.00%	6

四、培训调查建议收集

1	闻道有先后，术业有专攻，期待更注重专业性及业务深度。
2	培训时间太快，太过于紧凑。
3	觉得很完美，组织及讲师准备很充分，为辛苦的付出点赞。

五、培训总结

综上可见：总体上大家对此次新员工入职培训满意度较高。

新员工培训工作以后的改进计划：

1. 加强对××传媒及××生活全部内容的进一步重点宣导，讲解过程要细化深入，浅显易懂，并着重要求学员去听、去记；
2. 进一步补充各部门内部的业务课程，目前已在收集需求及确认补充跟进中；
3. 针对部分培训讲师的演讲风格做协调；
4. 部分的课件，做课件色彩的调整；
5. 同岗位同部门的培训要注意时间的交错。

人力行政中心 2018.4.13

图 5-4 D 集团 2018 年 4 月新员工培训分析总结（续）

根据图 5-4 可见 D 集团员工 2018 年 4 月培训效果的评估、学员错题分析、讲师风格评判以及下次培训的调整方向和改进重点。因此，我们应当注意每月做培训分析报告，反馈培训过程中的各种问题和解决问题的方法。

第六章

绩效管理

企业在商海航行过程中，企业的人、财、物资均紧密团结，分工又合作，向着战略目标不断的前行。然而，每位成员的贡献程度究竟如何，需要用科学合理的方法去评估，这种评估本身也是一项激励。

绩效管理就是通过对企业战略的建立、目标分解、业绩评价，将业绩成效用于企业日常管理活动中，以激励员工持续改进并最终实现组织战略和目标的一种正式管理活动。

- □ 绩效评估是绩效管理的核心。
- □ 企业处在不同的发展阶段，绩效评估的内容和作用是不同的。
- □ 绩效评估从内容上包括三部分：工作业绩、工作能力和工作态度。
- □ 绩效管理包括四大步骤：计划、实施、考核、奖励。

书中图表文件
可扫描二维码获取

一、 绩效管理的意义

绩效管理对于组织、团队和个人都有非常重要的意义。参见表6－1。对于公司，绩效管理是重申企业的远景规划和价值观的沟通，是建立目标和行动计划的过程，也是测量监控组织整体绩效的手段；绩效管理可以帮助团队设置基本规则，明确团队的宗旨和目标，测量团队结果，提供团队奖励；对于员工个体来讲，绩效管理活动有利于甄别合适的人才，让员工明确岗位具体要求，激励员工自主管理，同时为员工提供持续的培训和发展机会，帮助员工分析绩效中的问题和工作改进方向。

表6－1　绩效管理的意义

公司整体绩效	团队绩效	个体绩效
•对远景规划和价值观进行沟通 •建立目标和行动计划 •通过测量监控绩效	•设置基本规则 •设置团队的宗旨和目标 •测量团体结果 •提供团队奖励	•雇用合适的员工 •让员工明确岗位的具体要求 •提供持续的培训和发展机会 •激励员工 •鼓励员工自主管理 •分析处理个体绩效中的问题 •提供绩效反馈 •运用承认、报酬和奖励

二、绩效管理的步骤

如图6－1所示，绩效管理有四个步骤。

第一步是从公司的使命和战略出发，使命与战略要分别转化成企业的战略目标、业务单位目标和运营目标，形成相关的KPI指标，这个过程一般企业采用平衡积分卡来拆分。分别从财务、客户、内部业务流程和学习与成长四个层面来进行划分和评价。

第二步，战略目标、业务单位目标和运营目标被转化成业务单位各种各样的岗位目标，结合具体的项目目标及个人能力指标，形成岗位的KPI指标。

第三步，员工上岗工作后，要进行定期考核绩效，反馈绩效完成情况。绩效不理想的，员工要与上级一起确定更正行动。

第四步，根据年度绩效评估对员工的绩效进行正式讨论，依据评估结果，对员工实施奖励并确定员工下一年度的KPI指标。

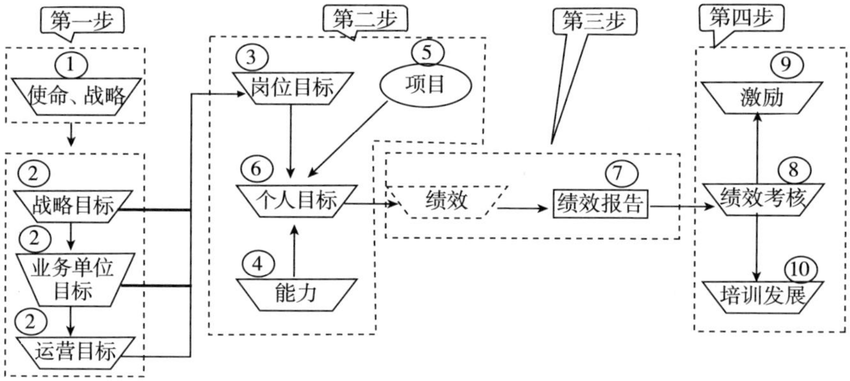

图6－1 绩效管理的基本过程

绩效管理从战略开发为起点，结合关键价值驱动因素，考虑易波动范围的预防和更正行为，制定长短期的计划，并明确目标，确定激励条件和绩效实施细则，然后实施绩效考核，最后进行奖励性奖赏。如此循环发展。绩效管理的基本模式参见图6－2。

注意：①绩效管理首先是管理（不是人力资源部门的专利），涵盖管理的所有职能：计划、组织、领导、协调、控制。

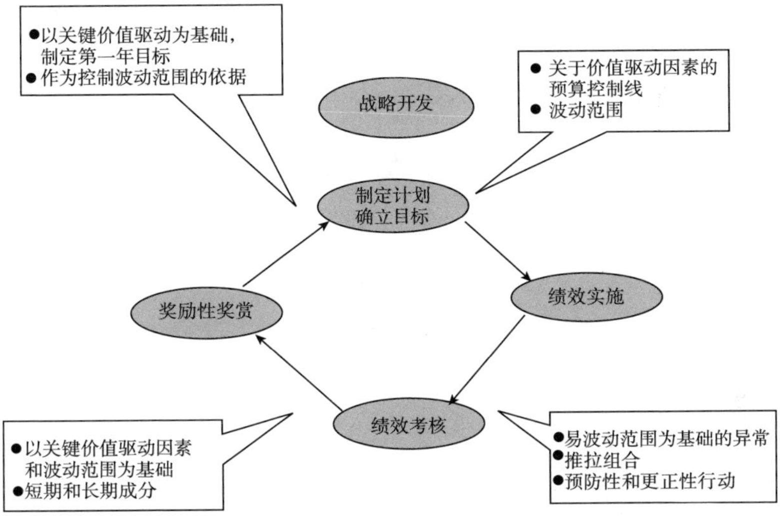

图 6－2　绩效管理的基本模式

②绩效管理是一个持续不断的交流过程，该过程由员工和他的直接主管之间达成的协议来保证完成。

③绩效管理不仅强调工作结果，更加重视达成目标的过程。绩效管理是一个循环过程。在这个过程中，它不仅强调达成绩效结果，更是通过目标、辅导、评价、反馈，重视达成结果的过程。

三、绩效管理的流程

绩效管理是一个贯穿全年甚至数年的动态过程，是需要持续改进和完善，并不断反馈和修正的人力资源大工程。从绩效计划到绩效实施，再到绩效考核，最后到员工个人的发展和改进。再进行新一轮的绩效计划……如此循环发展。如图 6－3 和图 6－4 所示，绩效管理是一个不断改进循环的过程。绩效管理工作起步于绩效工作计划，到辅导考核人与被考核人、实施绩效管理工作，再到绩效周期的考评和信息反馈工作，进而到总结和检查反馈阶段，最后把绩效结果分别应用于组织和员工的发展。这项工作从岗位职责说明和工作分析开始，到日常监督和周期考核工作，再到绩效结果的指导与反馈，数据积累形成年度绩效考核结果，最后根据数据和结论，明确组织及员工个体的改进方向，确定员工个人的发展目标，循环往复，逐步提升。值得注意的是，绩效考核的数据结果，在初期的适应阶段（一般试行期3～6个月，用于微调和沟通适应）之后，一定要挂钩员工薪资，否则绩效管理就是要流氓了。

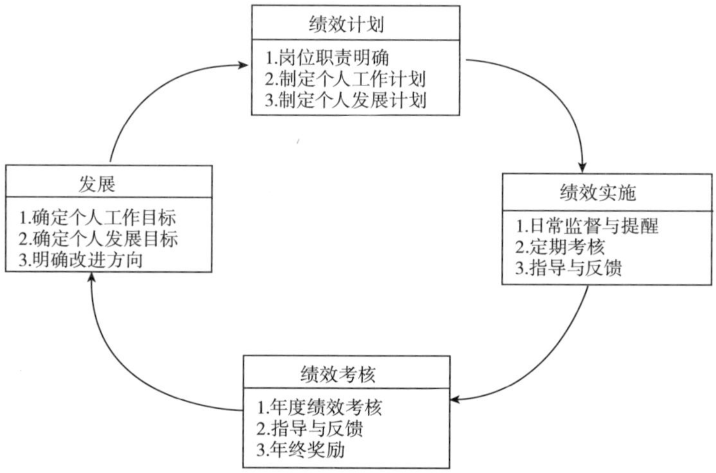

图6－3　绩效管理过程

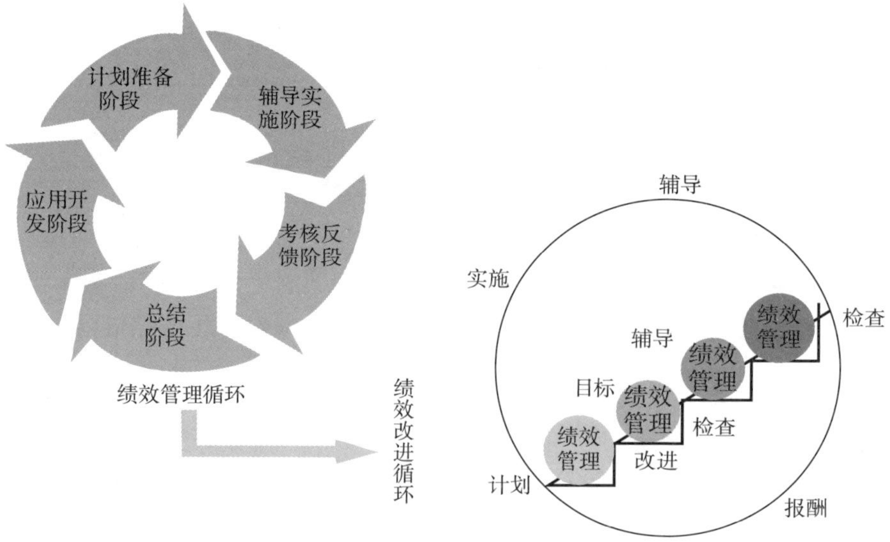

图6－4　绩效管理流程

四、 实施绩效管理的过程

实施绩效管理大体有五个步骤三大体系工作。如图6－5所示，五个步骤包括：诊断定位、建立业绩指标库、设定业绩目标、进行业绩评估，最后是按评估结果与激励政策挂钩，倒挂薪酬。整理下来就是三个体系，指标体系、评价运作体系和绩效激励体系。

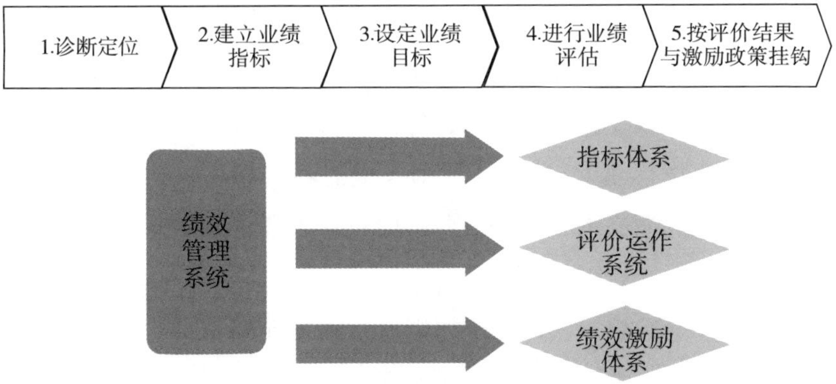

图6－5　绩效管理步骤及体系

五、 建设绩效管理体系的原则

绩效管理体系建设的原则有五项，即公开和开放、反馈与修订、周期化和制度化、可靠性和准确性、可行性与实用性。参见图6－6。

公开与开放	□考试程序公开、公正、透明 □考核标准明确，为上下级共同认可 □引入自我评估，上下级之间对话
反馈与修订	□考核结果形成之后，及时与本人见面 □肯定成绩，改正不足
定期化与制度化	□绩效考核是一个管理过程，必须定期化、制度化 □有利于组织绩效的提高、员工激励和发展等
可靠性与准确性	□考核标准、方法明确、一致、稳定 □考核指标科学有效
可行性与实用性	□方案设计经济合理 □充分考虑不同岗位、业务特点

图6－6　绩效管理体系建设的原则

六、绩效考核体系的内容和步骤

步骤一：明确考核目的和考核范围，一般适用于公司全体员工。

步骤二：设置考核委员会和考核小组，一般情况下，总裁担任考核委员会的组长，其他一级管理人员分别担任副组长和组员，人力资源部负责组织协调、核算、实施、汇总等工作。

步骤三：明确考核小组的工作分工。大部分企业里，总裁/总经理、各分管领导负责公司年度、季度工作目标、任务的制订，各部门负责人将工作目标、任务具体分解到每季、每月、每周，最后由分管领导负责对各部门管理人员进行季度/月度（依据确定的考核周期来定，大部分企业采取月度为评分周期）考核评分，各部门负责人负责对本部门员工进行月度考核评分。

步骤四：明确公司整体考核指标库，根据业绩目标，给每个岗位提取3~5条关键考核指标。这种方法适用于KPI考核的方法，当下流行的OKR绩效考核法，主张“轻绩效重氛围”的组织文化，关注员工的主要贡献和关键业绩，其实是简化了KPI考核的方法。根据不同岗位，我们可以选取不同的考核方法，例如：BSC平衡积分卡，一般用于企业整体层面的组织绩效考核，MBO项目管理法用于无法客观评价的工作任务考核，360度可以使用于销售、客服等岗位考核，而关键事件法可以用于高管的评估考核。绩效指标体系的分解过程参见图6－7。

步骤五：针对每一个被考核岗位的3~5条关键指标，进行绩效指标校标的设定，明确出计算公式和详细阐述其程度、量级、比例等。设定校标时，通常采取量表评定法、混合标准尺度法、行为观察量表法、行为定点量表法、强制分布法等方法。

（1）关键绩效指标体系的建立包含有四大步骤，即确定工作产出、建立评估指标、设定评估标准、审核关键业绩指标。参见图6－8。

首先，根据岗位职责和工作要求来确定岗位的工作产出内容，然后，针对工作产出和业绩来建立评估指标是什么，解决什么问题，权重占比是

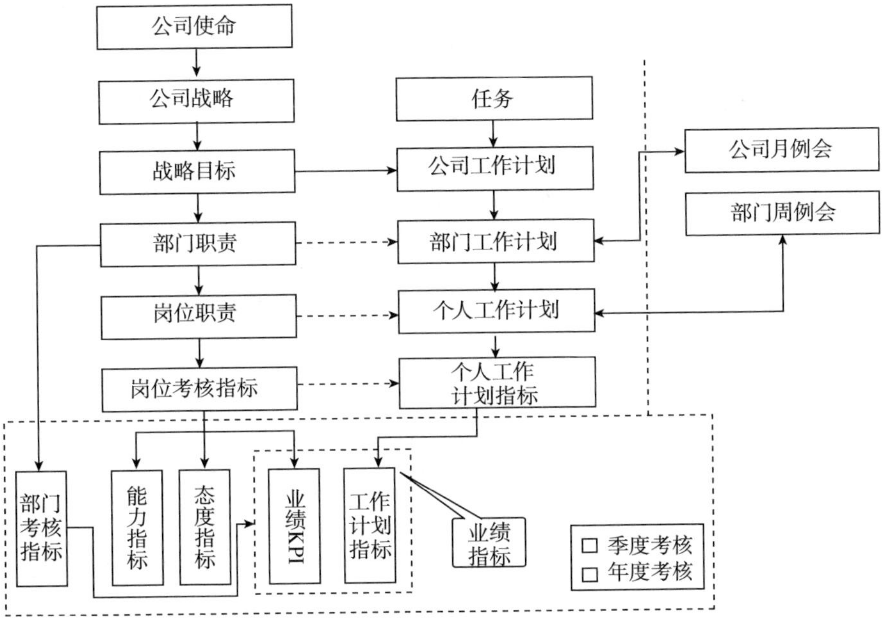

图 6－7 绩效指标体系的分解过程

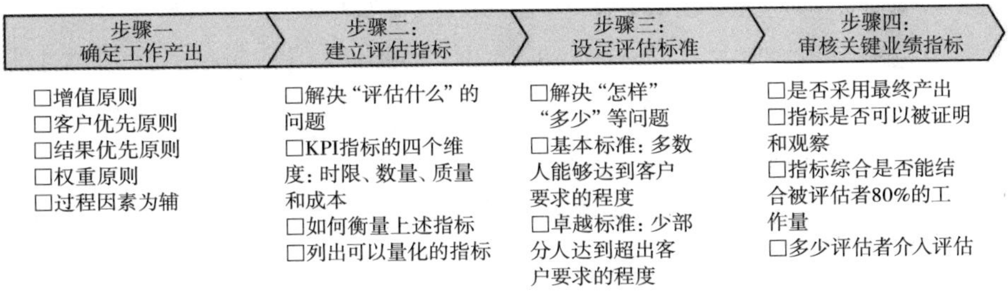

图 6－8 关键指标提取过程

怎样分配的。其次，通过明确周期/交期、数量、质量和成本这 4 个方面来建立指标，注意指标必须是可量化的。然后，探寻怎样解决问题，解决问题的标准是什么，标准好坏程度的区分是怎样的，建立完整的评估标准。最后，反复检查指标是否合适，指标能否被证明和观察，能否反映被考核人的大部分工作量，完成关键业绩指标库的建设工作。

（2）行为观察量表法（参见图 6－9）是从关键事件中发展而来的一

1.方法一

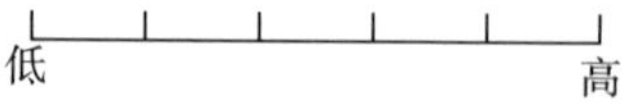

2.方法二

1 2 3 4 5	6 7 8 9 10	11 12 13 14 15	16 17 18 19 20	21 22 23 24 25
低劣	较差	中等	较优	优秀

3.方法三

工作绩效维度	绩效等级			
	一贯优良	有时优良	总是中等	从来不好
工作质量 成品率 外观				

图6－9　量表评定法举例

种绩效评价方法，它要求评定者根据某一工作行为发展频率或次数的多少，来对被评定者打分。如图6－9中工作质量界定“低劣”这个描述，是从1～5个分值来定量，以1个分值为单位来描述程度。**行为观察量表法并不剔除那些不能代表有效绩效和无效绩效的大量非关键行为，相反，它采用了这些事件中的许多行为，来更为具体地界定构成有效绩效（或者会被认为是无效绩效）的所有必要行为。**比如说，行为观察量表法可能不是仅仅利用4种行为来界定在某一特定绩效维度上所划分出来的4种不同绩效水平，而是会用上15种行为来评价绩效水平。

（3）行为定点量表法是建立在关键事件法基础之上的。选择确实可以区分员工的关键工作行为，并为每种行为赋值，就可以将有用的行为项目按照维度和赋值量的顺序整理排列，形成实用的评定量表，称为行为定点量表。例如，营销岗位要求员工“成就动机强烈”，成就动机的这个衡量程度，我们可以用1～10分来赋值，分别表达和定义“成就动机”的量表，2～4分对应的成就动机较弱，4～6分成就动机一般，6～8分成就动机较强，8～10分成就动机强烈……从而定义出对应的具体行为，来评定和区分分值的大小。

（4）设计行为定点量表法的目的，主要是通过建立与不同绩效水平相联系的行为锚定，来对绩效维度加以具体的界定。即分析**成功完成一个工**

作所需要的行为、特性和技巧，在提供一组绩效等级的同时，描述这些等级对应的行为，注意这里的重点是对应的具体行为。

步骤六：明确绩效考核周期、加权计分规则、考核系数、考核程序、实施标准、绩效面谈和申诉机制，形成管理实施文件。

步骤七：依次制定每个岗位的具体绩效考核表，与相应岗位的同事、上司、部门负责人、交叉部门关联成果人，均展开充分的沟通，明确岗位考核表的内容、权重、比例、交叉评分部分，使其均贴合岗位的真实工作状态。

步骤八：沟通和宣导。绩效管理强调员工与主管的共同参与，强调员工与主管之间形成绩效伙伴关系，共同完成绩效目标的过程。这种员工的参与和绩效伙伴关系，在绩效辅导阶段主要表现为持续不断的沟通。如图6－10所示，第一步确定年度KPI的指标时，员工参与和双向沟通就是启动沟通和达成共识的基础；第二步制定绩效计划时，管理者与员工需要反复对月、周、日工作计划和每个指标的具体标准等进行细致全面的沟通；第三步考评沟通，针对考评结果，管理者与员工需要进行确认和记录工作；第四步月度绩效沟通会议，针对月度的绩效考评结果，指定各部门负责人与考评委员会一起参会沟通，形成正式的月度绩效会议纪要；第五步中期述职沟通，一般实施绩效管理半年左右，中层管理者、基层管理者均需进行中期述职，绩效考评委员会作出正式的绩效沟通，修改、完善并形成正式的中期绩效报告；第六步年度经营业绩与绩效评议，年末或年初，公司会针对上一年的KPI完成情况进行分析，分层次、按部门进行集体沟通，形成年度《绩效改进意见书》，同时针对中高层管理者，进行年度评议，就绩效结果与相关员工沟通，发现短板并指明改进方向；第七步绩效管理的申诉沟通，员工在绩效管理实施过程中，对结果或管理方式上有不满意的可以进行绩效申诉，在正式沟通外，企业一般也鼓励非正式沟通。管理者应该追踪绩效计划进展情况，及时纠正员工行为与工作目标之间出现的偏差，帮助寻找问题和原因，对员工进行必要的辅导，促进绩效计划的推进。

图6－10　绩效考核中不断的双向沟通

（1）对于主管

·通过沟通帮助下属提升工作能力，明确工作重点和标准。

·及时有效的沟通，有助于主管全面了解被考核员工的工作情况、掌握工作进展信息，并有针对性地提供相应的辅导、资源。

·及时有效的沟通，有助于主管客观公正地评价下属的工作绩效。

·有效的沟通有助于提高考核工作的有效性，提高员工对绩效考核、对与绩效考核密切相关的激励机制的满意度。

（2）对于员工

·及时有效的沟通有助于发现自己上一阶段工作中的不足，确立下一阶段绩效改进点。

·以有效沟通为基础进行绩效考评，是双方共同解决问题的一个机会，是员工参与管理工作的一种形式。

步骤九：绩效管理方案的试行。一般情况下，绩效管理方案先试行3个月，进行反复的绩效面谈及结果反馈工作，并准备充分的数据和资料，做好各环节微调的内容记录。

（1）绩效面谈的准备

·明确绩效面谈要达到的目标，对员工的绩效表现获得一致的看法。

·主管的其他准备。决定最佳的时间、场所、资料、计划、开场、谈话以及结束的方式。

·收集考核相关资料，员工做好自我评估工作，针对面谈的内容事先做好准备。

（2）绩效面谈

·面谈形式。主管诱导下属讲出对自身的看法，不宜采取批评的方法，应该以双方平等的方式进行讨论。

·面谈目标。面谈时要避免没有目的的漫谈，整个面谈以最终达成绩效评估的一致看法和提出新的绩效计划为目标。

·面谈要点。面谈谈的是工作业绩，与人格问题无关；注意关注未来要做的事，而不是眼前做的事。

（3）确定绩效结果，提出改进计划

·确定考核结果。双方就考核结果达成一致，并签字确认。

·提出改进计划。就被考核者的工作弱项或升迁等人事调整进行讨论，提出相应的改进计划。

·改进计划。改进计划是通过具体的行动来改进下属的工作，包括做什么、谁来做和何时做等。改进计划要求具有实际性、时间性、具体性的特征。

在绩效反馈阶段，考核者应与被考核者共同对照考核目标与工作结果，找出差距，明确下阶段的绩效目标和改进目标。主管需要：综合收集到的考核信息，公正、客观地评价员工。经过充分准备后，就考核结果向员工面对面地反馈，内容包括肯定成绩、指出不足、提出改进措施、共同制订下一步目标/计划等。反馈是双向的，主管应注意留出充分的时间让员工发表意见。注意：该阶段是考核者和被考核者双方都比较紧张的时期。

步骤十：绩效改进。绩效改进就是确认组织或员工工作绩效的不足和差距，查明产生绩效偏差的原因，制订并实施有针对性的改进计划和策略，不断提高企业员工竞争优势的过程。

（1）分析工作绩效差距的方法

· 目标比较法：与计划目标进行比较。

· 水平比较法：与同期进行比较。

· 横向比较法：成员之间进行横向比较。

通过绩效差距的分析和比较，尤其是同岗位之间产生的绩效差距，促使我们去查找绩效偏差的影响，找出绩效改进方向。

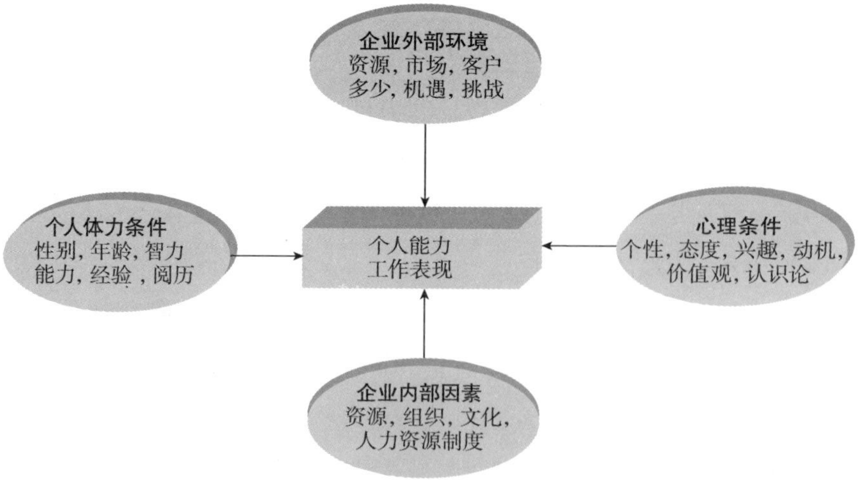

图6－11　影响员工绩效的因素图

（2）查明员工绩效差距的原因，我们才能找到提升绩效的方法。影响绩效的因素里，主观上有技能和激励方面的问题，客观上有环境和机会的影响。诊断绩效差距，我们需要考虑知识、技能、心态、外部障碍这四个方面的原因。参见图6－11影响员工绩效的因素。

步骤十一：绩效问题的解决策略。

·如果存在外部障碍，考核者应该首先在本人权限范围内，最大限度地排除它们，或尽可能地减少其影响。

·如果存在态度问题，考核者必须在解决发展问题之前就解决态度问题。态度问题不解决，一切预期变化都不可能发生。

·如果缺乏知识、经验和技能，最好首先解决知识和经验问题。

注意：

·不能用解决发展问题的方法来处理管理问题。

·寻找解决方法应以在职训练和自我启发为主，以员工培训为辅。

·考核者应该在与被考核者的讨论中，对解决方法达成共识，这样他们才会全身心地投入。

步骤十二：绩效调整。对试行期发现的问题进行微调，调整后再试行3个月，继而正式推行，挂钩薪资结算，让绩效结果正式反映薪资变化。

七、　绩效考核结果的应用

绩效考核的结果，最直接的用途是可以为薪资管理尤其是加薪升职提供可靠的业绩依据，员工的调迁也需要绩效考核成绩作为标准。绩效考核结果还可以为管理者的管理提供改进的方向，为需要提升个人业绩或岗位变动的员工指明培训学习的方向。当期的绩效考核结果还可以为未来公司业务组合调整、新一轮绩效管理提供思路和方向。绩效考核结果的应用，具体如图6－12所示。

（1）绩效工资的计发，未来新一轮的绩效应用。

（2）年终考核总结和年终奖发放依据。

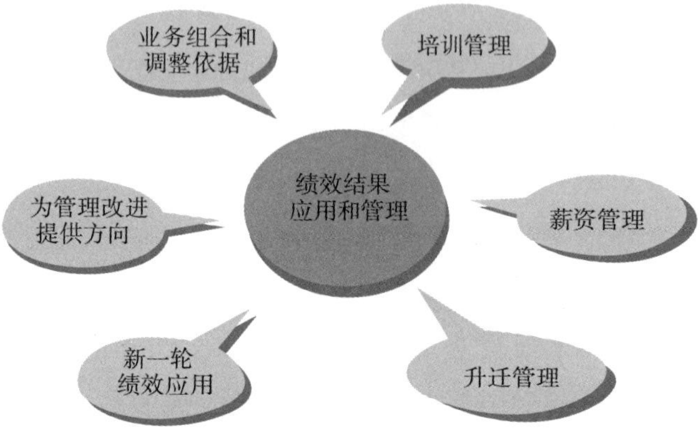

图 6－12　绩效结果的应用

（3）明确员工改进工作的方向。

（4）为培训管理提供参考意见。

（5）调薪和晋升的依据。

（6）为管理提供改进方向。

八、绩效考核的注意事项

（1）绩效管理是从企业和员工达成基本共识，一起执行、推进和调整开始，到把绩效管理融入工作习惯，并最终形成企业文化，这中间有很长的一段路要走。依靠以下三个方面的保障才能完成。

第一，企业领导人和各级管理者需要责任到位。企业领导人是企业绩效管理的第一责任人，也是企业绩效管理的推动者。**企业领导人对于绩效管理的清晰、正确的认识，对于绩效管理体系坚定不移地推行，对于绩效管理的成败和收效，都将产生非常巨大的影响。**尤其是绩效管理会深刻地触及企业管理的方方面面，而且会涉及利益分配问题，所以企业领导人对于绩效管理的态度，以及对绩效管理中面临阻力的解决力度就显得至关重要。**各级管理者是绩效管理乃至整个人力资源管理真正的责任主体。**绩效管理是一个自上而下、目标分解、不断指导沟通和交流的过程，各级管理者的责任是否明确，对于责任的承担是否到位，直接决定着绩效管理的最终效果。而且，员工对于绩效管理的评价和支持，很大程度上取决于对各级管理者的评价。

第二，绩效管理体系的思想要想最终发挥作用，必须予以制度化、规范化。一般包括以下内容：绩效管理的宗旨和目的、绩效管理的原则、绩效管理的组织与领导、绩效管理的执行关系、考核周期、考核内容、考核评估方法、考核程序和步骤、考核结果及其应用等。

第三，绩效管理需要具备环境条件。绩效管理要想最大限度地发挥应有的作用，这些环境条件将会对绩效管理产生一定的影响：明确公司发展目标和战略规划、建立预算管理评估机制、完善公司治理结构，理顺权责关系、与绩效相关的企业奖惩和分配机制、与绩效管理相配套的其他管理体系。**尤其要提出的是，做管理我们不能因噎废食，不要在不具备组织和职级完善、各类管理制度健全、基础工作流程完整、业务数据齐全的情况下，硬着头皮上绩效考核，那是在建空中楼阁，一推即倒。**

（2）绩效管理是企业各级管理者的共同责任。在绩效管理推行工作中，我们从行为、结果、职业、生涯发展四个方面来看各级管理者，尤其是主管的管理责任和能力要求。如表 6－2 所示。

表 6－2　绩效管理中主管的管理责任和能力要求

	主管的责任	主管的能力
行为	1. 保证员工有任务去做。 2. 按要求的标准去做。 3. 在规定的时间内完成。 4. 使工作趋于熟练化。	1. 分析内容的员工的能力。 2. 分析个人能力是否达到工作要求。 3. 向员工阐明任务的要求，必要时传授具体的知识和技能。 4. 检查工作过程，给予支持，评价最后结果。
结果	1. 保证目前的绩效令人满意。 2. 分析绩效下降的原因。 3. 激发员工提高自身技能和水平的动机。 4. 为员工的学习和发展创造更多的机会。	1. 明确规定你所期望的员工应达到的绩效水平。 2. 诊断员工在绩效上出现的问题的原因。 3. 通过提供正确的支持与适应的挑战，使员工得到学习。 4. 和员工一起总结经验，使他们从中获取最大益处。

续表

	主管的管理责任	主管的能力要求
职业	1. 挖掘员工个人职业发展的潜力。 2. 对员工在职业生涯的抉择提出建议。 3. 帮助员工在职业生涯上做出适当的选择。 4. 支持员工达到预期目的。	1. 了解员工内在的需求和动机。 2. 真实地评价其职业发展愿望与自身能力是否相称。 3. 在本组织内和广阔的就业市场中，为他们的职业生涯发展设计最佳途径和制定实现谋略。
生涯	1. 弄清楚问题的实质及对员工个人和组织绩效的影响。 2. 协调员工个人与组织的利益。 3. 策划如何帮助员工达到预期生活目标的方案。 4. 在适当的时候，用感情表达方式，表明自己对员工的支持。	1. 倾听和了解员工的需求。 2. 弄清所能提供帮助的边界。 3. 让员工思考他们所面临的问题。 4. 帮助员工找出他们自己认为解决这些问题的最佳方法。

（3）绩效管理工作中，人力资源部的六项责任。

①设计、试验、改进和完善绩效管理制度，并向有关部门建议推广。

②在本部门认真贯彻执行企业的绩效管理制度，以起到示范作用。

③宣传企业员工的绩效管理制度，说明贯彻该项制度的重要意义、目的、方法与要求。

④督促、检查、帮助本企业各部门贯彻现有绩效管理制度，培训实施绩效管理的人员。

⑤收集反馈信息，包括存在的问题、难点、批评与建议，记录和收集有关资料，提出改进方案和措施。

⑥根据绩效管理的结果，制定相应的人力资源开发计划，并提出相应的人力资源管理决策。

九、绩效管理中的误区

（1）“像我”。管理中根据自我兴趣和特征来考评被考核者，带来绩效偏差。

（2）晕轮效应。被某一点优势/劣势迷惑，做出不公平、不客观的打分。

（3）政治压力。被管理者布置任务或强制分布结果。

（4）宽厚性误差与严厉性误差。过于严苛或宽松的考核者，都会导致对被考核者的考核结果不公平。

（5）相比错误。同一个部门中，对同岗位员工进行比较，导致考核分数不够客观。

（6）盲点。只见被考核者的优点或缺点，不能全面客观地考核。

（7）近期行为偏见。看见了近期的绩效表现，而忽略一整年或整个考核周期的绩效，导致打分不公平。

（8）从众。管理者因为从众心理，给下属们考核打分都参照其他管理者的做法，导致无法区分绩效的优劣。

（9）趋中。被考核者分数趋于一致或差不多。

（10）定势。考核者打分应摒弃定势思维，确保打分客观真实地反映员工业绩。

在绩效管理过程中，我们作为人力资源管理工作者，一定要保持客观公平和专业科学的严谨态度，从帮助各级管理者厘清团队目标和下属们的工作，到帮助员工个体的工作改进和个人成长，进而帮助企业实现整体绩效目标。

十、案例

案例6-1

K科技企业OKR绩效考核方案

企业背景

K企业成立于2012年，为乘用车和商用车提供后市场服务。主要通过外置OBD智能硬件、软件平台、手机App及大数据服务，为客户提供车辆行驶检测、里程、油耗、保险、智慧停车等一系列的车主服务。公司发展到2016年，进入快速增长期，企业在人才盘点和优化之后，希望分解战略目标，发展员工主观能动性，向人力行政中心提出绩效管理的要求。

人力行政中心根据公司的业务性质、互联网高科技行业、快速发展期、员工95%是研发科技人才等情况，建议绩效管理采用OKR方式，注重员工的主要业绩和关键贡献，考核周期为3~6个月，以项目研发交付周期为考核期，但会持续记录每个月每个人的考核得分，并及时沟通和提醒被考核人的当月绩效情况。年度总考核成绩用于年终奖的发放，以及员工晋升、调薪的依据。由于公司一直保留了双周工作汇报和下双周工作计划汇报的惯例，从未推行过绩效考核的举措，因此，为了更好地降低员工的抵触心理，加强大家对于规范化管理的意识，为绩效管理进一步升级做好数据准备工作，我们采取了基于工作汇报和计划检查为载体的OKR绩效管理模型。参见图6-13。

基于工作周报 / 月报的绩效考评操作流程说明（版本1.0）

一、考评目的
为更好的评价员工在岗位上的工作状态和个人及部门工作业绩的优中差水平，公司推行绩效管理体系。该版本为绩效管理1.0版，是基于员工的工作周报及周计划表和月度工作总结，提取相关考评指标和数据，力求真实还原员工的工作状态，粗放式评价员工的工作业绩。
全体员工均应执行。在日后实际运行中，会根据实际需求进行调整和管理版本的升级。

二、考评形式及周期
每周进行周工作汇报（本周工作总结和下周工作计划），每月考评（本月工作总结，下月工作计划）。
各部门负责人及各级小组主管，应当对下属成员每周的工作周报和计划表，进行详细的检查、督导和沟通、分解,并将每月每人的4~5张工作周报表，按周总结评分。
在月度末，根据每人的4~5张周工作总结表，做出综合评价，打出全月绩效的评分、等级。各部门负责人的周报、月报提交人力行政部备案。

三、关于工作月报
（一）部门负责人工作月报
1.每月第1个工作日24:00前：各大部门负责人将本部门工作月报（上月工作总结和下月工作计划）提交至人力行政总监处，由人力行政部汇总后，提交至总经理，总经理进行考评打分。
2.每月第2个工作日24:00前，总经理完成各部门负责人上月的考评和下月绩效目标设定，由人力行政部进行汇总备案。
（二）部门成员工作月报
1.每月第1个工日24:00前：各部门成员将本人工作月报（上月工作总结和下月工作计划）提交至直接上级。
2.每月第2个工日24:00前：直接上级完成以下三项工作：（1）直接上级对下属的上月工作总结进行评价打分。（2）直接上级对下属的下月工作计划进行沟通确认。
（3）直接上级将评价打分后的上月工作总结和沟通确认后的下月工作计划提交至部门负责人。
3.每月第3个工日24:00前：各大部门负责人完成以下工作：（1）确认本部门成员的上月总结评价打分结果，将本部门《考核结果汇总表》提交至 绩效主管处。（2）确认本部门成员下月工作计划并将本部门成员下月工作计划打包发送至 绩效主管处。

四、关于工作周报
每周五16:00前，提交上周工作总结和下周工作计划。
1.各大部门负责人的工作周报提交至人力行政总监处。
2.部门成员的工作周报提交至直接上级处。

五、积分规则：
1.按时提交者，奖励5分。
2.未按时提交者，扣5分。
3.未提交者，按绩效系数0.5计算绩效金额。

六、考评小组与考评结果反馈流程
1.考评小组成员
组长：CEO
组员：×副总、陈××、全国市场总监、钟××、供应链总监、产品总监、彭××、魏×俐、梁××
2.考评结果异议反馈流程
当员工对于评分或考评等级表示不满或质疑时，需向人力行政部提出异议，人力行政部先对该异议员工进行结果沟通，查验原始数据和工作表格，确认需要进行沟通的部分内容，并记录。经过绩效考评小组讨论后，由人力行政部召集打分的直接上级和部门负责人，会同绩效小组成员一起进行评审，对于结果评定进行公开、公平、公正的座谈和反馈会议。对于评审后的绩效结果及沟通意见，制定绩效异议处理方案。

七、考评结果及等级
1.月度计划可由各上级主管根据任务、各岗位职责来安排分解；也可从下至上，由员工根据岗位职责填写，直属上级进行详细的检查、督导和沟通、调整。
2.评分标准
（1）常规性完成工作、实现目标，月度绩效评分起点分为：70~90分。
（2）难点工作有效推进，或工作中有较大创新性，月度绩效评分：在起点分基础上加2~8分。
（3）非客观原因导致的工作未完成，月度绩效评分：在起点分的基础上，未完成1项，减2~8分。
2.关于考核等级分布
部门负责人以下人员：实际执行中各等级人数应大致符合右边分布比例，特殊情况另行报总经理批准。
部门负责人：实际执行中以总经理确定的等级为准。

等级	参考分值	绩效系数	人数分布比例（参考）
A(优秀)	X≥90分	1.5	0%~10%
B（合格）	70分≤X<90分	1	80%
C（需改进）	60分≤X<70分	0.8	10%~20%
D（不合格）	X<60分	0.5	

八、考评结果应用
（一）月度绩效工资浮动
绩效工资=绩效工资基数×绩效系数
（二）员工培训、调岗、解除劳动关系、晋升调薪
1.出现1次或累计2次绩效考核等级为C或D（需改进），公司应安排专人给予培训和指导；
2.连续2次或累计3次绩效考核等级为D（不合格），给予培训或调岗；
3.连续3次或累计4次绩效考核等级为D（不合格），视为达不到公司岗位要求，可以辞退处理；
4.连续3次或累计5次绩效考核等级为D（不合格），视为达不到公司岗位要求，可以辞退处理；
5.年度调薪：年度考核结果为A级的，将予以调薪。
（三）年终奖
根据年度公司经营状况由董事会确定奖金额度，员工个人年终奖与每月绩效考核等级加权平均（权重30%）、年终考核结果（权重70%）、个人绩效与部门平均差异挂钩。

备注：
考评过程中，上下级的沟通贯穿始终，包括上月绩效反馈和改进点、下月绩效目标设定等。

拟定人：魏×俐

图6－13　基于工作周报/月报的绩效考评操作流程说明

（一）规定绩效考核的全部内容

我们规定了绩效考核的全部内容，包含了规范、要求、程序、操作过程、考核周期、考核系数、成绩分布、申诉流程等。这里需要注意的重点是，每一项工作任务，无论是交期还是进展阶段，都需要用具体数据、比例、幅度、程度、范围去细化描述，具体实施如表6-3所示。

（二）考核表打分评测

由表6-3可以看出，我们的绩效考核是基于工作计划、总结的比对和关键任务的打分得出的，绩效管理幅度比较宽容，默认大部分员工都能够按时保质地完成工作。考核表的主要内容是员工的重点工作内容、突发工作项目、定性项、员工自评、绩效面谈记录、加减分项目、评定等级和结果确认。绩效系数的区间是从0.5～1.5倍，把“不合格”和“需改进”两项的比例，强制分布在员工人数20%的范围以内，“合格”人数不低于80%，“优秀”控制在10%的比例，但在各职能部门内，没有采取强制分布法，给予了管理者一定程度的自由裁量权。

（三）重点工作

我们列举HR部门某操作岗位的绩效模板，首先是明确每一项内容的考核权重占比（依据工作任务的轻重缓急进行排序），其次明确定量工作内容，即重点工作项目，这里需要列明任务的名称。例如“社保转移交缴”这个项目，第一步，需要明确什么是考核指标，这里是“完成全员的社保转移，从X账户转入Y账户”；第二步，定义了详细考核标准是“100%无错漏、无失误”；接着第三步，评价依据是“社保缴交明细单”可以由这个文件说明工作是否完全完成，是否有错漏失误；第四步，当定完了交付标准和考核依据这类涉及工作质量的指标和校标后，我们需要明确工作交付的时间，即交期，我们这里确定的交期是“6月20日”。到此，我们明确地知道了，某HR岗位这一项工作的全部考核细则，包括了是什么任务，如何完成，什么样的质量标准，什么样的考核条件，何时完成，

表 6－3　绩效考核实施表

（模板举例）月度工作计划与总结年月 2016年6月

部门：　　　　职位：　　　　姓名：

										月末填写			
月初填写													
本月重点任务			工作指标	重要/紧急程度	权重	考评标准/方法	数据来源/评价依据	计划完成时间	协助/配合人	完成与计划偏差（已完成/按计划进度/轻度落后/严重滞后）	自我评分	上级评分	备注
重点工作	1	人力资源规划	完成《员工手册》的草稿内容	紧急	15%	是否按时完成	《员工手册》完成提交时间	6月30日					
	2	社保转移缴交	完成全体人员100%社保从威易森平移至科隆账号	重要	20%	是否按时完成、有无遗漏、失误	《社保缴交明细表》	6月20日					
	3	公积金转移缴交	完成全体人员100%公积金从威易森平移至科隆账号	重要	20%	是否按时完成、有无遗漏、失误	《公积金缴交明细表》	6月24日					
	4	工资核算	5号前完成工资核算	重要	20%	是否按时完成、有无遗漏、失误	《工资表》	6月5日					
	5	绩效考核	建立1.0版本的绩效评价系统，以工作任务的完成程度和项目进度把控为重点	紧急	20%	推行1.0版绩效考核方案并落地执行	《各部门绩效考核结果汇总表》	6月30日					
	6												
	7												
	8												
	9												
	10												
定性项	11	主动协调			1%								
	12	主动沟通			1%								
	13	责任心			1%								
	14	学习与成长			1%								
	15	遵守制度			1%								
										总分			

绩效考评（以下部分请打印出来手写）

员工自我总结	

面谈记录

面谈时间：　　　　面谈地点：

面谈内容（含计划调整等）	加减分项			分值	面谈内容：
	事由		2分		
			4分		
			6分		
			8分		

面谈人签字：　　　　员工签字：

直属上级评定绩效等级：　　　　间接上级审核绩效结果：

参考资料

1. 月度计划可由各上级主管根据任务、各岗位职责来安排分解；也可从下至上，由员工根据岗位职责填写，直属上级进行详细的检查、督导和沟通、调整。
2. 评分标准：
（1）常规性完成工作、实现目标，月度绩效评分起点分为：60~80分。
（2）难点工作有效推进，或工作中有较大创新性，月度绩效评分：在起点分基础上加2~8分。
（3）非客观原因导致的工作未完成，月度绩效评分：在起点分的基础上，未完成1项，减2~8分。
2. 关于考核等级分布：
部门负责人以下人员：实际执行中各等级人数应大致符合右边分布比例，特殊情况另行报总经理批准。
部门负责人：实际执行中以总经理确定的等级为准。

等级	参考分值	绩效系数	人数分布比例（参考）
A（优秀）	X≥90分	1.2	0%~10%
B（合格）	70分≤X<90分	1	80%
C（需改进）	60分≤X<70分	0.8	10%~20%
D（不合格）	X<60分	0.5	

续表

周工作计划与总结 6 月 3 周

部门： 职位： 姓名：

本周重点任务			工作指标	重要 / 紧急程度	权重	考评标准 / 方法	数据来源 / 评价依据	计划完成时间	协助 / 配合人	完成与计划偏差（已完成 / 按计划进度 / 轻度落后 / 严重滞后）	自我评分	上级评分	备注
重点工作	1												
	2												
	3												
	4												
	5												
	6												
	7												
	8												
	9												
	9												
	10												
突发性工作	1												
	2												
	3												
	4												
总分													
自我总结													
上级评价													

续表

月度工作计划与总结2016年 6 月

部门：　　　　　　职位：　　　　　　姓名：

		月初填写								月末填写			
		本月重点任务	工作指标	重要／紧急程度	权重	考评标准／方法	数据来源／评价依据	计划完成时间	协助／配合人	完成与计划偏差（已完成/按计划进度/轻度落后/严重滞后）	自我评分	上级评分	备注
重点工作	1										8	8	
	2										10	8	
	3										8	10	
	4												
	5												
	6												
	7												
	8												
	9												
	10												
定性项	11	主动协调			1%								
	12	主动沟通			1%							1	
	13	责任心			1%							1	
	14	学习与成长			1%							1	
	15	遵守制度			1%							1	
										总分		4	

绩效考评（以下部分请打印出来手写）

员工自我总结	

面谈记录

面谈时间:　　　　　　面谈地点:

	加减分项			分值	
面谈内容（含计划调整等）	事由		2分		面谈内容:
			4分		
			6分		
			8分		

面谈人签字：　　　　　　员工签字：

直属上级评定绩效等级　：　　　　　　间接上级审核绩效结果　：

参考资料

1．月度计划可由各上级主管根据任务 各岗位职责来安排分解；也可从下至上，由员工根据岗位职责填写，直属上级进行详细的检查、督导和沟通、调整。
2．评分标准：
（1）常规性完成工作、实现目标，月度绩效评分起点分为：60~80分。
（2）难点工作有效推进，或工作中有较大创新性，月度绩效评分：在起点分基础上加2~8分。
（3）非客观原因导致的工作未完成，月度绩效评分：在起点分的基础上，未完成1项，减2~8分。
3．关于考核等级分布：
部门负责人以下人员：实际执行中各等级人数应大致符合右边分布比例 特殊情况另行报总经理批准 。
部门负责人：实际执行中以总经理确定的等级为准 。

等级	参考分值	绩效系数	人数分布比例（参考）
A(优秀)	X≥90分	1.2	0%~10%
B（合格）	70分≤X<90分	1	80%
C（需改进）	60分≤X<70分	0.8	10%~20%
D（不合格）	X<60分	0.5	

续表

__________部门考核结果汇总表（ 年 月 ）

序号	部门	组别	职位	姓名	得分	等级	备注

等级	参考分值	绩效系数	人数分布比例（参考）	部门总人数	各等级人数	人数分布比例
A(优秀）	X≥90分	1.5	0%~10%	10	1	10%
B（合格）	70分≤X<90	1	80%		8	80%
C（需改	60分≤X<70	0.8	10%~20%		1	10%
D（不合	X<60分	0.5			1	10%

部门负责人以下人员：实际执行中各等级人数应大致符合上述分布比例，特殊情况另行报批。
部门负责人：实际执行中以总经理确定的等级为准。

完成的交付证明是什么，是否允许一定范围的差错率。注意：HR负责人对这一项任务要求的差错率是0。以此类推，我们某岗位的重点工作项目，按照步骤一一进行列举，即可反映岗位的日常职责和内容了。

（四）定性项目

表格内的第二部分，一般是企业要求员工们普遍遵守的项目，比如沟通协调、跨部门合作、规章制度的遵守执行、参加培训和分享、参与集体活动等，是另一种形式的管理要求。一般情况下占比不高，但这些项目体现了员工对企业的满意度和认可度，是核查企业文化和组织氛围的一个重要手段，也有利于管理者调整管理策略，适应员工发展。

（五）突发性工作

部分岗位一般是中、高层管理者，会临时接到突发项目，研发经理、产品总监或营销部负责人，往往会遇到这类涉及外部商业环境变化带来的突发项目，通常情况下，这类项目所占考核比例的权重，根据其紧急程度和占用的工作时间来核定，考核标准和依据，根据实际情况商议后确定。

（六）员工自评

员工自评是给员工一个自我总结和定义工作价值的机会，同时了解其对工作任务的看法和态度。之后是绩效面谈沟通，这有利于管理者了解下属们的心声，发现问题和指导下属工作改进。

（七）加减分项

管理者基于员工考核周期内的某项任务或工作，有机会给予表现异常的员工加分或减分，注意这项工作需要以上级与下属之间的沟通作为前提，以避免不必要的误会。

（八）考核结果

绩效结果和等级的确定，通过加权、加减分项的核算，计算员工个人的绩效得分，根据分值对应绩效等级，之后是被考核者确认签字。人力资源部对全员的考核数据和等级进行统计核对，做出绩效结果的汇报分析，必要情况下，会出现考核总数据结果的强制分布情况，这时需要与各职能部门负责人进行沟通和确认。最后，对于结果有异议的员工，可以向绩效考核委员会申请绩效申诉，进入绩效沟通和确认环节。

案例6-2

C 集团商业地产公司 KPI 绩效方案

企业背景

C 集团成立于 1993 年，是集住宅、写字楼、公寓、商场、商铺等综合性房地产开发企业，同时提供优质物业管理服务。公司在业务高速发展的同时，逐步建立、健全了一整套科学高效的商业地产的运营管理制度，形成了较完善的项目策划开发、技术与质量管理、工程预决算、市场营销、成本控制、商户运营及物业管理等先进管理体系，以实现城市地产项目经济效益和社会效益的“双赢”为主要宗旨。C 集团下设地产开发公司、商业管理公司、物业管理公司、投资公司，其商业管理公司是目前深圳市城市商业综合体的高端运营管理商。商业管理公司经过七年发展，收益逐年增长，体系健全，职能明确，员工配置完善，在同行业中品牌知名度较高，处于稳定增长期。

企业绩效管理的相关难题与困扰

笔者所描述案例和考核方案为 C 集团的子公司——商业管理运营公司的绩效管理第二版方案（第一版方案未能执行）的制定和推进过程，以下简称 C 公司。C 公司主要服务于集团开发的位于深圳某商业旺地的城市综合体的运营、管理和服务，实行双向管理机制，对内员工管理，对外商场运作管理和购物管理。具体包括对商场内的品牌招商甄选、商铺管理、租金收缴、商铺策划设计推广、各商铺的销售运营、整场物业的品牌推广策划等活动，场内物业管理、退租清算、停车场及超市运作、商场自有会所的运营管理等。员工 360 人，含商业运营各类内外管理人员、工程物业管理人员、商场内外安保人员、物业清洁人员、停车场管理服务人员、会所及各平台服务人员、企业内部人力行政财务人员。基于业务性质，职能中心（部门）划分为招商运营部、策划推广部、工程管理部、商业管理部、IT 信息部、综合管理部（人力、行政）、财务部。

C 公司的特殊经营性质决定其首先是服务性企业，同时也是管理型企业，其服务对象包含商户和商户的客户（购物者），其管理任务是建立在实现企业自身盈利与商户盈利的双赢局面基础上的。这必然要求企业需要通过完善自身运作体系和服务机制，来为商户提供优质服务，达到满足商户为客户更好服务的目的。这是 C 公司最大的难题所在，目前国内同行业中并没有任何一家类似成型的绩效考核方案，HR 团队在梳理各职能中心的职能职责、制定各类考核指标、分解指标的计算公式、指标设定的准确度和强度评估等诸多方面均无任何可以借鉴的先例，完全需要团队人员靠自身专业功底，从零开始做建设，摸索着沟通和研究。

本绩效管理项目，团队 4 人，在考核指标提取和校标设定过程中，笔者全面主导推动各项工作。主要工作方式是单独访谈、团队座谈、工作现场勘查、员工满意度调查、工作价值测算等，以沟通为主、测算为辅。笔者主要负责自上而下分解各级各类考核指标，与经理级、总监级人员进行沟通，测算指标、校标，带领专员设计指标计算公式，2 名专员主要负责自下而上地收集一线员工的工作数据和结果反馈，1 名文员主要负责图表和文件的制作，通过团队的共同努力，约 4 个月时间，完成了企业 5 级员工共 31 个职位的全套考核方案，开创了同行业第一套公平合理的激励方案。

应用方法和所得成效

推进绩效管理工作，在前期收集了与考核标准相关的足够全面的数据之后，一般是以企业过往 3 个自然年度内积累的各类工作数据为基础，其中包含财务的营收情况、企业各类成本支出、外部业务和市场占比份额、年度管理大事件，以及当年的年度经营计划完成情况等。那么，接下来，结合企业的战略发展目标和各类管理制度，我们需要进行最为重要的一项工作，就是绩效考核指标的分解与设定。

笔者操作本案的工作流程大致如下，在提取企业各层级、各类职位的考核指标时，根据不同层级、不同工作性质和对应特征，使用了BSC、MBO、KPI、360度等指标提取方法。

（一）确定企业整体层面的绩效考核目标

根据企业愿景和战略总目标，再结合企业的年度发展规划和人力资源管理规划，分析企业的外部环境和发展特征，确定企业的整体绩效管理目标，研究确定绩效管理发展的不同阶段，并设定每个阶段的具体绩效考核任务，将企业的主要业务流程与支持性子目标建立关联，如图6－14所示。

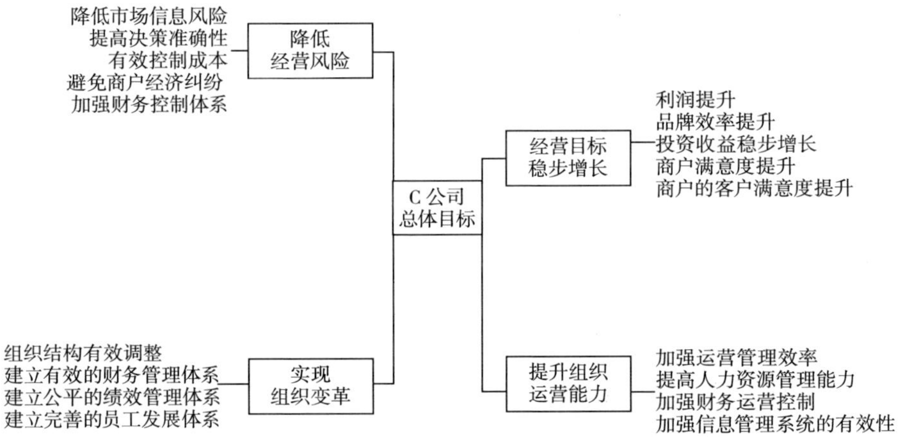

图6－14　C公司战略总目标分解图

考虑到C公司属于综合服务管理型企业，企业在经历了第一阶段的业务倍增、稳定发展和管理沉淀后，进入第二个发展阶段，即内部管理提升、业务持续增加的阶段，加之企业本身由国企改制而来，管理氛围较为人性化，不适宜大跨步进行管理变革。再回顾第一版绩效考核方案，经过详细查勘和总结分析，我们发现考核的数据指标要求比较苛刻，与目前企业的实际工作状况严重脱节，无法对员工的现有具体工作状态做出客观真实的评价。于是，在2014年3月召开的绩效管理会议上，企业确定当年的绩效考核为绩效管理的第一阶段，绩效目标是整理企业层级KPI指标库，吸取第一版方案半途而废的经验教训，依据指标库分解第二版的各业务部门的考核指标任务，梳理出员工岗位级考核指标的大框架，并于次年1月推行试运行工作，试运行阶段为3~6个月，试行期间只做数据采集，暂不进行绩效工资的扣罚。同时确定了绩效奖金的来源、考核周期、数据反馈方式等设想。因此，我们应区分企业的实际经营任务和企业特征，分阶段按具体情况做出企业层级的管理考核目标，并做到逐步推进，采取由上往下和自下而上相结合的方式开展此项工作，务必要避免管理冒进带来的阻力过大、中途夭折的情况。

（二）分解出各职能中心（部门）的绩效考核指标

（1）企业的经营性质和业务特征决定了企业各职能中心承担的工作职责，在分解各职能中心绩效指标时，应充分考虑业务职能的性质和具体工作任务的重要程度。此时，应重点分析企业的横向关键业务价值链和纵向战略管理结构特征，使绩效管理工作以业务为导向，实现管理的“Go To Marketing”，实现绩效管理真正支撑业务的价值。例如，C公司，因其业务是商业地产的运营管理服务型企业，目标是打造优质城市综合体的商业业态，其关键业务价值链就串接了外部客户、客户的客户、内部流程、内外部人员结合同步运营来提升双方营收的模式，因此我们采取了平衡计分卡的方法来提取横向的部门级考核范围和指标。

平衡计分法（BSC），能够全面定位和评价从公司层级到职能部门，再到个人层级的绩效管理指标，能够推动企业自觉去建立实现战略目标的管理体系，帮助公司在产品、流程、客户和市场等关键领域获得突破性的进展。具体结合C公司来看，我们关注的重点落在以下几个方面。①财务方面，如果要在财务收支上有所收获，创造更高的年度营销指标，需要如何满足我们的投资人？②客户方面，在商户管理和商户的客户服务层面上，如果要达成我们的目标，商户的期待、商户的客户对我们的要求，会是怎样的情况？需要做出怎样的努力才能够管理好商户，同时也满足商户和商户的客户的服务？③内部流程管理方面。为了满足商户、商户的客户和投资人需求，我们应该怎样工作、管理和服务？要在哪些方面做得更好？

④学习与成长方面，为了达成目标，我们怎样做才能继续成长和持续学习，以提升管理和服务能力来创造更好的业绩？

依据企业自身发展的7年沉淀和现阶段的绩效管理需求，我们从财务、客户（顾客）和管理提升（笔者合并了内部流程管理、学习与成长两块）这三个维度，分解出各职能中心的关键绩效指标。C公司财务中心的关键指标是营收管理、财务运营控制、年度销售增值比、成本管控四个大项目，其他职能中心则各从其类。

（2）拆解出每个职能中心的各层级任务，确定与之相关的支撑部门需要承担的关键绩效内容和指标。

以提取C公司策划推广部考核范畴和指标任务的流程为例，操作如下：

第一步，依据平衡积分卡BSC方法，企业级目标通过客户维度、财务维度、管理维度和成本维度（本案中成本维度纳入了管理维度）这四个方面的梳理，分层分级形成了企业整体指标库总表。在横向的客户层面，我们找出该中心需要承担的职能是商户（租户）满意度提升和顾客（购买者）满意度提升，因此，分解出策划推广部的核心绩效因素是“营运能力提升”“购物环境改善”“会员服务提升”“主题活动效果”“第三方评价”这5个方面，如图6－15[①]所示，从集团总指标库中提取出策划推广部的5项核心绩效因素。这5项核心绩效因素又覆盖了“商户服务”“品牌推广”“顾客评价”“优质购物环境维持”“投诉响应”“会员人数增长”“会员消费提升”“会员活跃度”“会员信息采集”“活动效果提升”“品牌价值提升”这11项次级绩效因素。

第二步，再回到企业纵向的组织结构中，支撑上述11项次级绩效因素的一共有3个部门，即招商运营中心、策划推广中心、公关中心，涉及的下属职能层级的支撑团队有6个。经过层层分解后，划分给策划推广部的关键绩效指标是二级绩效指标，即“预算支出偏高率”“主题活动举办效果”“顾客投诉处理率”“会员级别保持”“会员消费占比”“广告画面撤

① 图6－15比较大，放置在文后页。

换及时率”“市场调研任务”“供应商评审”“通用指标”等共计 11 项。此处需注意，对于某些企业，采取较为简单的纵向组织结构，则无须划分多个层级的绩效团队和相应的多层级考核支撑指标，这时的重点要在横向的考核范畴和指标内容上做全面详尽的分析和拆解，避免出现考核内容缺失、互相推诿工作责任的局面。策划推广部的 11 项关键绩效指标，如图 6－16 所示。

第三步，图6－16 中策划推广部的11 项关键绩效考核指标，需要往下进一步细化分解，以形成该职能层级下属各团队的考核指标。一般可以结合多种方法进行下属团队的指标设定和提取，本公司主要采取了 KPI 提取法和 MBO 设定方法，图中前6 项为 KPI 提取法，后5 项则是 MBO 提取法，合成11 项指标。针对不同职能角色，亦采取 360°进行个别职位的指标设定。

（3）分解职能中心及部门级绩效范畴和考核内容时，应着重注意的是，职能中心的考核指标，即某个团队的组织绩效指标，并不能等同于该组织第一负责人的个人绩效指标。举个简单的例子反证一下，研发中心的总监，其主要承担研发中心整体工作任务的优质高效完成和团队的发展提升等任务，不能要求他的绩效考核指标是具体研发项目的完成率、达标率、差错率等，否则，他的角色就变成普通的研发工程师了。对于组织绩效的考核，应紧密围绕该组织所承担的企业关键业务价值所赋予它的要求和标准，因此，组织绩效是职能中心全体成员的共同任务，而非职能中心第一负责人的个人任务。

（三）设定多角色指标的权重

就涉及多个职能部门、多个职位角色的指标进行权重划分，明确各自部门或支撑团队的考核权责。在提取指标的过程中，我们常常会遇到同一项工作职责，涉及多个职位的角色，依据工作流程，需要不同部门或几个支撑团队同时负责，方能完成流程链的全部职责。这种情况会在工程项目类的企业频繁出现。例如，业务部门与施工部门、技术部门的工作对接，施工部门与售后部门的技术衔接，项目的合同评审（含技术、商务、生产、

部门	指标类型	序号	指标	权重	指标含义	考核目的	数据来源	计算公式	考核标准		
									最低值	达标值	期望值
策划推广部	KPI	1	预算支出偏离率	15%	预算使用情况的把控	成本控制	财务部	（实际支出－预算金额）/ 预算金额*100%	≤4%	≤3%	≤0%
		2	主题活动举办效果	30%	按计划举办主题活动，提升客流	活动营销能力	信息部	主题活动举办场次；活动期间实际客流/ 活动方案预估客流*100%	≥95%	≥105%	≥120%
		3	顾客投诉处理率	5%	顾客投诉得到及时响应，提高顾客满意度	顾客满意度提升	客诉记录	实际处理单数/ 应处理单数	90%	95.00%	100%
		4	会员级别保持	15%	保持金卡以上会员年度稳定消费，维持级别人数均衡	提升会员质量	信息系统	按年度金卡/ 白金/ 钻卡的人数	3442/798/35	3606/836/38	3934/912/42
		5	会员消费占比	20%	会员消费占消费笔数比例	提升消费	信息部	会员POS消费额/ 全场POS营业额*100%	38.90%	39.30%	39.70%
		6	广告位画面撤换及时率	15%	广告画面按合同约定的合理期限上画和撤画；自主活动画面按活动期及时更换	广告位管理		到期未撤画面数/ 合同到期数*100%	8%	5.00%	3%
	MBO	1	市场调研任务	25%	按公司要求频次完成市场调研		以报告为准	实际完成频次与公司要求频次对比	90%	95%	100%
		2	会员数据分析	20%	对会员数量、活跃度、消费习惯进行的分析报告		按公司规定时间定期提交		——	按时提交	——
		3	广告位形象管理	20%	定期对场内画面巡视维护	广告位管理	巡查记录		——	定期巡查维护	——
		4	供应商评审合规性	15%	年度供应商/ 维保商按规定进行年度续约前评审	管理提升	稽查组		——	按规范执行	——
		5	通用指标	10%	人员编制扩编率：人员编制扩编控制情况	编制控制	人事组	增编人数（以2014 年5月编制为基础）	0	0	0
				5%	流程执行违规率：按工作流程制度执行；工作记录文件档案齐备	合规性	稽查组	未按流程执行次数（未发生经济损失或导致公司在纠纷诉讼中可能承担不利后果的）	2次/ 月	1次/ 月	0次/ 月
				3%	违规责任事故：因违反流程导致损失产生的事件	合规性		如因违反流程导致损失产生的，该指标即不合格	0	0	0
				2%	制度流程文件完善：各部门制度流程编制与更新完善情况	制度建设	流程梳理组	按公司年度制度建设进度		按统一时间完成初稿	2014 年12月底前优化细化本部工作流程

图 6－16　策划推广部关键绩效指标

施工、售后）责任等问题，此时我们的困扰就是，如何区分 A、B、C 部门各自需要承担多大责任？权重比例划分是否合理？一般情况下，我们会回到企业层级的关键业务价值链，由投资人召集讨论会的形式做出决策，判断关键业务价值的重点落在哪个环节，再划分各职能部门或支撑团队的工作侧重点及交叉部分的权重，之后我们会与交叉工作的部门负责人分别进行协商，确定该指标内容的试行期，然后依据试行期的工作效果，收集指标结果的反馈，分析权重的合理性，再组织讨论绩效结果的座谈会，调整权重。也有企业会参考标杆企业的成功操作方法，或采取专家验证法进行该类指标的设定。

（四）设定员工个人的绩效考核指标

对于员工来讲，他对于企业的最大贡献是绩效，也唯有绩效是支撑企业生存与发展的核心要素。现代绩效考核的着眼点则是“人的工作”，它将人是资源作为其价值判断的基础。因此绩效考核的要素与指标必须聚焦于真正意义上的绩效。当然与员工绩效相关的要素是多样的，绩效考核并不是要对所有的绩效要素做出全面评价，有些要素只能通过其他价值评价体系（如素质评价、任职资格评价等）来完成。在此适用的原则是：在把握绩效考核的基本理念前提下，缺什么，就考什么；想得到什么，就考什么；考什么，就能得到什么。作为个体的员工，每个个人的绩效考核指标，应依据个人在本职能中心（部门）内所承担的工作职责和任务轻重分别进行拆分。

（1）设定个人绩效考核指标的基本流程

第一，分析员工的工作岗位。根据考核目的，对被考核对象的岗位工作内容、性质以及完成这些工作所具备的条件等进行研究和分析，从而了解被考核对象在该岗位工作所应达到的目标、采取的工作方式等，初步确定绩效考核的各项要素。

第二，分析横向的工作流程。绩效考核指标必须从流程中去把握。根据被考核对象在流程中扮演的角色、责任以及同上游、下游之间的关系，来确定其衡量工作的绩效指标。此外，如果流程存在问题，还应对流程进行优化或重组。

第三，分析职位的绩效特征。可以使用图标标出各指标要素的绩效特征，按需要考核程度分档，比如可以按照必须考核、非常需要考核、需要考核、需要考核程度低对上述指标要素进行评估，然后根据少而精的原则，按照不同的权重进行选取。此处可以使用公文筐、优秀企业的标杆法、本企业的关键胜任因素分析法等抽取指标因素项目。

第四，理论验证。依据绩效考核的基本原理与原则，对所设计的绩效考核要素指标进行验证，保证其能有效可靠地反映被考核对象的绩效特征和考核目的要求。

第五，要素调查，确定指标。根据上述步骤所初步确定的要素，可以运用多种灵活方法进行要素调查，使指标体系更加准确、完善、可靠，最后确定绩效考核指标体系。

第六，修订指标。为了使确定好的指标更趋合理，还应对其进行修订。修订分为两种，一种是考核前协商修订。通过专家调查法，将所确定的考核指标提交领导、专家会议及咨询顾问征求意见，修改、补充、完善绩效考核指标体系。另一种是考核后反馈修订。根据考核结果及其应用之后的效果等情况进行修订，使考核指标体系更加理想和完善。

（2）设计指标衡量标准

此处应注意，工作岗位不同，指标衡量标准的设计也有明显差异。与企业价值增值直接有关的岗位，可以采用价值增值量、比率等量化指标，一般用于业务类相关职位；与企业外部消费者、供应商及社会关系等发生关联的岗位，一般适用采购、客服类职位，可以用通过外部调查获得的各种主观评价的比例来量化；从事企业内部辅助活动的岗位以及文职、后勤服务类，一般用通过内部调查获得的各种主观评价的比例来量化，同时，以辅助活动的差错率（或无差错）作为基本衡量标准。

（3）选择合适的方法，设定和提取考核内容和关键绩效指标

关键绩效指标法（KPI），是绩效管理中一直要追踪和执行的考核方

向，它反映了个体/组织关键绩效贡献的评价依据和指标，在指标明确的前提下能够继续延续出具体的目标或行为标准，如图 6－17 所示。

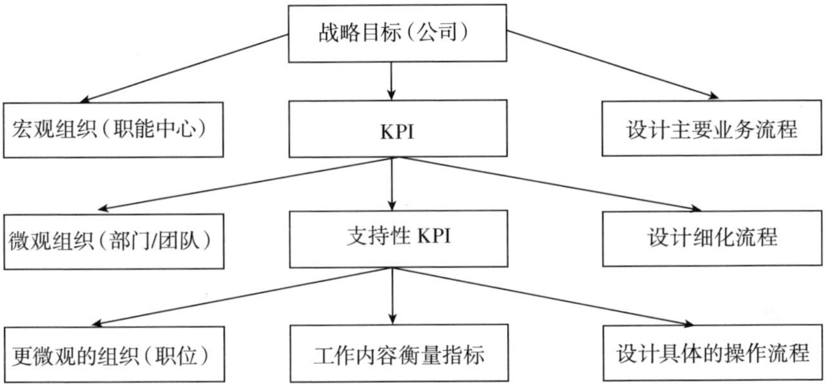

图 6－17　KPI 指标提取流程图

由公司战略目标开始，把职能中心的团队 KPI 结合主要业务流程，梳理出关键岗位和涉及这些岗位的主要 KPI，设计细化工作流程，再把指标的校标和衡量标准设计出来，随之具体内容的操作流程也就出来了。KPI 提取指标，可以用流程重现某项任务相关的所有工作环节和内容，是精细化管理的有效工作方法。

例如，C 公司的策划推广部其中一个下属团队创意设计组，其经理的职位考核指标提取，参见表 6－4。

①依据岗位要求和工作任务分解绩效范围。该职位承担全部创意设计的管理职责和考核任务，关键绩效指标即为"项目目标制定与工作计划设定""主导设计业务的目标与内容沟通，形成专业的设计语言""领导并组织设计项目的定位、定向、定风格的研究和落实""全面把关设计项目的质量""负责涉及业务的成本控制""对设计项目落地进行验收监督""管理、培训设计团队"共计 7 项，这 7 项关键指标，重要性从上往下，分占 25%～10% 的不同比重，组成 100% 完整的考核范畴。

表 6 – 4　业绩指标与管理指标考核表

2015 年度绩效考核表 –员工用 （2014 年11 月依此表进行打分 ）										
部门：策划推广部			岗位：设计经理		考核层级：员工级					
业绩指标与管理指标考核										
序号	指标项	权重	指标含义	数据来源	计算公式	考核标准			实际值	考核得分
						不合格（0分）	最低值（60分）	挑战值（100分）		
1	项目目标的制定与工作计划的设定	20%	规范各类设计业务流程细节，明确设计项目阶段性时间结点，并监督执行。	需求方工作计划/被投诉次数	延误次数或被投诉次数	2次以上	2次	0次		
2	主导设计业务的目标与内容沟通，形成设计专业语言。	15%	分析对方的需求，理解其制作意图，正确把握项目设计创意。	沟通记录	方案通过率	超过3次沟通仍未方案通过	2次沟通以内完成方案通过	1次沟通完成		
3	领导并组织设计项目的定位、定向、定风格的研究和落实	25%	定设计要求，指导设计师策划具体设计与制作，解答设计师在创意方面遇到的问题。			MBO类指标由事项监管人直接评分				
4	全面把关设计项目的质量	10%	对设计的创意、色彩、版式等进行评审，并最终确认。			MBO类指标由事项监管人直接评分				
5	负责设计业务的成本控制	10%	严格控制制作成本，经多家比价，确定项目制作方及制作价格。	财务部		超出预算5%	预算持平	节余3%		
6	对设计项目落地进行验收监督	10%	对完成制作的项目抽样检查、验收品质；确保现场无错误、过期等失实的宣传内容，监督确认下属工作执行力。	抽检记录		每周一次	每周二次	每周三次		
7	管理、培训设计团队	10%	关注国际设计潮流动向，及时掌握时尚形态，督促团队为公司提供持续优化的长期形象传播服务，履行设计管理职责，引领团队保持正确的设计取向，激发团队成员工作主动性和专业潜力，为设计团队创造和谐的工作氛围。	《分享指导记录》		记录不完整	每周一次	每周三次		
权重合计		100%	业绩考核权重	月度、季度考核为100%，年度考核为70%		业绩考核得分				
1. 指标的抽取与设置，请依照指标分解工具中的提示进行。										
2. 红色边框单元格为计算公式，由行政管理部进行设置。										
3. 黄色边框单元格为考核标准，由部门根据岗位工作目标进行设置。										

然后，我们需要就这些关键绩效指标，进行检查和反馈沟通，研究部门职责、工作流程、岗位胜任素质、岗位职责，以确认该职位的主要工作内容，关键胜任因素等必须完整涵盖其中。

②描述员工关键考核指标，检查工作任务绑定。对于上述创意设计组经理的7项个人考核指标，将会由小组团队里的每个员工，分别按岗位承担不同权重的工作任务，其中的“项目工作目标制定的与工作计划的设定”“主导设计业务的目标与内容沟通，形成专业的设计语言”“领导与组织设计目标的定位、定向、定风格的落实”这几项是设计经理需要独立承担的，是对其个人关键胜任能力的考核，检查其对项目的整体布局和掌控能力。“全面把关项目质量”“项目成本控制”则是对其项目管理能力的考评，往往涉及对个人工作能力和经验的检验。“对项目落地执行进行监督检验”“管理培训团队成员”则是对责任度和管理职能的考评。涉及项目流程推进相关的具体工作任务的指标，会继续往下分解出每一个设计组成员在项目过程中的个人绩效考核表。

③指标效度的设定。在每一项指标所覆盖的工作任务下，应依据具体工作内容、质量、数量，直接分解出各项工作内容细则和规范标准，设定出各项指标的校标，列出相关的测算公式。例如表6－4中的“指标含义”项为指标描述，相应的“计算公式”和“考核标准”即为校标。例如，其中第二项“主导设计业务的目标与内容沟通，形成专业的设计语言”，考核权重占比15%，指标含义是“分析对方客户的需求，理解其意图，正确把握项目设计创意”，计算公式为“方案通过率”，数据来源是“沟通记录”，指标效度则为“沟通频次”达成的效果情况。

④本职位的得分计算。根据该效度得出实际分值（100分制），再根据考核项目占比的权重15%，换算成此项的考核得分，如表6－4依据7项内容的每项得分，相加即可得出该职位的绩效考核总分。

目标管理法（MBO），是一种沟通的程序或过程，它是指公司的上下级一起协商，使公司一定时期内的总目标层层分解，确定各级员工的责任和子目标，并把这些目标作为绩效评估和奖励的标准。应用MBO法提取考核指标的基本步骤：首先，依据公司级考核目标，分解出各职能中心考核内容；其次，经过与各部门商讨，确定部门层级的绩效评估指标，然后，督导协作者根据部门绩效要求和员工现状，针对该员工的绩效目标设定和实现，提出2~3个建议；最后，我们再与员工沟通，确定员工的绩效评估指标，并就实现各项目标所需的支持、权限和事后救济措施达成协议。该项工作中，因目标分解基本是描述性表达，因此主观成分相对较高，沟通协商尤为重要。我们需要注意，所定目标能否体现工作的主要特征、是否明确具体、是否可以被检验、是否合理且有挑战性？是否有资源和权限去实现目标？下级对于承担的职责是否有控制力？

①C公司在推行绩效管理过程中，在提取部门级考核指标和部门负责人的员工考核指标时，大多采取MBO法。例如，以策划推广部的部门考核内容来看，其中考核指标里的“市场调研任务”“会员数据分析”“广告位形象管理”“供应商评审的合规性”“通用指标”5项，均为目标管理法。参见表6-5。

表 6-5　策划推广部“MBO 项目指标表”

部门	指标类型	序号	指标	权重	指标含义	考核目的	数据来源	计算公式	考核标准		
									最低值	达标值	期望值
策划推广部	MBO	1	**市场调研任务**	25%	按公司要求频次完成市场调研		以报告为准	实际完成频次与公司要求频次对比	90%	95%	100%
		2	**会员数据分析**	20%	对会员数量、活跃度、消费习惯进行的分析报告		按公司规定时间定期提交		——	按时提交	——
		3	**广告位形象管理**	20%	定期对场内画面巡视维护	广告位管理	巡查记录		——	定期巡查维护	——
		4	**供应商评审合规性**	15%	年度供应商/维保商按规定进行年度续约前评审	管理提升	稽查组		——	按规范执行	——
		5	**通用指标**	10%	**人员编制扩编率：**人员编制扩编控制情况	编制控制	人事组	增编人数（以2014年5月编制为基础）	0	0	0
				5%	**流程执行违规率：**按工作流程制度执行；工作记录文件档案齐备	合规性	稽查组	未按流程执行次数（未发生经济损失或导致公司在纠纷诉讼中可能承担不利后果的）	2次/月	1次/月	0次/月
				3%	**违规责任事故：**因违反流程导致损失产生的事件	合规性		如因违反流程导致损失产生的，该指标即不合格	0	0	0
				2%	**制度流程文件完善：**各部门制度流程编制与更新完善情况	制度建设	流程梳理组	按公司年度制度建设进度		按统一时间完成初稿	2014年12月底前优化细化本部工作流程

应用目标管理法提取的指标，其校标的设定，可以采取逆向差错率来统计达标情况，若无法采取具体差错率的数据标准，则需要用文字描述其强弱程度。

②我们仔细对比该部门级的KPI指标和MBO指标，不难发现，各有其优势。策划推广部关键绩效指标如图6-16所示。

可量化的项目，我们可以采取KPI法来界定，对于难以用具体数据和公式进行量化的指标内容，以及某个时期内无法用数据量化描述的，我们会选择MBO法进行描述和下达目标。

③该方法同样适用于个人绩效指标的分解和设定。例如，C公司的商管部大分部职位的绩效指标设定，每项指标均以具体工作要求，几乎完全使用MBO目标管理法来分解考核指标，加以分值分配，采取百分制，见表6-6商管部收银员岗位绩效考核表。

表 6－6　商管部收银员岗位绩效考核表

商管部每周绩效考核表

2014 年

部门：商场管理部　班组：收费处　被考核人：　职务：收银员　考核日期：　月　日至　月　日

岗位	考核项	序号	考核内容	标准分值	公司领导巡场扣分	实得分	扣分事由	扣分说明
收银员	仪容仪表	1	按规定着工服、佩戴工牌、对讲机及其它装备等；	15				违规一次扣2分
		2	举止大方、动作手势规范、准确；					违规一次扣2分
		3	化淡妆（擦涂粉底液、涂眼影、刷眉毛膏、刷腮红、涂唇膏）、盘头、穿长袜、长头发需整齐绑起；					违规一次扣2分
		4	不准佩戴饰品、涂指甲油、染非黑色发；					违规一次扣2分
	日常管理	5	按时开启收费处，设施设备检查；	15				违规一次扣2分
		6	做好顾客的指引、咨询、协助；					违规一次扣2分
		7	按时检查设备、校对时间及报岗；					违规一次扣2分
		8	做好交接班及报表的填写；					违规一次扣2分
		9	帐目清晰，无短款；					违规一次扣5分
		10	做好岗位交接记录，记录本上字迹工整，数据清晰、准确，岗位物品及跟进事项需交接清楚。					违规一次扣2分
	服务态度	11	精神饱满、热情、按规定使用礼貌用语，主动与客户或同事打招呼，工作过程中使用规范礼貌用语，微笑服务，热情待客；	10				违规一次扣3分
		12	服务意识良好，能够积极接受客户或同事的意见，不与客户或同事发生争吵或有失敬、失礼的行为；					违规一次扣3分
	工作纪律	13	岗位严禁打私人电话、玩手机、聊天、会客；	40				违规一次扣2分
		14	收费处内应保持物品整齐干净；					违规一次扣3分
		15	上下班按时集合，（如迟到、早退各扣1分/次，无打卡记录扣1分/次，旷工一天扣5分/次）；					按内容指定扣分
		16	上班不得擅自离岗、脱岗、串岗、睡岗（违反扣5分/次）；不聚岗聊天、不做与本职工作无关的事（违反扣3分/次）；					按内容指定扣分
		17	不得在收费处内化妆、看书、看报纸及吃食物；					违规一次扣5分
		18	工作质量标准较好，能按时按量完成任务；					违规一次扣5分
		19	诚实公正廉洁、团结同事、不接帮结派、不散布谣言；					违规一次扣10分
	严重事件	20	顾客投诉员工态度服务问题；	20				违规一次扣10分
		21	诚实公正廉洁、遵守公司各项规章制度，服从领导、听从指挥，对上级安排不执行者；					违规一次扣5分
		22	收费系统和停车卡异常能够及时发现并汇报。					违规一次扣5分
合计得分								
备注说明	1. 以上检查项目由主管填写，以个人表现好坏为依据，以周为单位进行登记； 2. 此表为区域表格，总分为100分，按个人平时表现进行扣分，如表现好每项为满分； 3. 各班组负责人每月进行一次汇总，并提交部门处。							

评分人：　　审核人：

（4）特殊部门或职位的考核指标差异化处理。我们在指标提取时，往往会遇到，既没法抽取量化指标，也不能准确描述出工作目标的情况，使用目标管理法和关键绩效法都无法精确反映出岗位工作内容的流动性和客观性，这时需要差异化处理，寻求独特的解决办法，进行动态考核。例如，因C公司策划推广部每月的活动较多，平均每月设计执行20多个推广活动，很难用数据型指标对其设计的活动和文案创意进行量化描述，此处我们根据实际情况，采取了横向项目流程，结合了纵向工作任务的指标分解方法使动态的工作变化参与到具体每个项目的工作评价中，笔者称之为“项目制任务指标法”。表6－7为策划推广部设计组项目完成情况评分表。

表6－7将策划推广部设计经理领导的团队中，涉及项目执行流程的“主题设计师、活动设计师、形象设计师”3个职位多名员工的考核过程完全详细地精准呈现。在考评过程中，依据每月的项目数量，每个项目使用一张本表，本表由直接上司（设计经理）主导打分，再与项目需求人、事件负责人进行有效对接评分，三方综合得分，横向呈现项目进度和各自岗位的贡献，保持项目执行过程每个员工的工作质量和效率的客观性和全面性，最后交由部门文员统计核对上述信息，即可轻松获得创意设计团队成员的整组考核情况，简单高效，不易出错。

综上所述，提取、设定和分解绩效指标，应充分结合每个企业的实际情况，依据实际需求因地制宜，找到合适的方法。

表 6-7　策划推广部设计组项目完成情况评分表

策划推广部设计组项目完成情况评分表

项目名称：

项目跟进人：

项目流程各环节评分

项目总控情况						评定情况		
项目流程		步骤分解		实际结果		直属上司评定	需求发起人评定	事项负责人评分
目标沟通		设计要求		实际完成情况评价				
	1							
	2							
	3							
	4							
	5							
进度控制			计划完成时间	实际完成时间	提前/延误情况			
		项目节点 1						
		项目节点 2						
		项目节点 3						
		项目节点 4						
		项目节点 5						
形象品质		安装标准		验收情况				
	1							
	2							
	3							
	4							
现场巡查		巡查项目	发现需整改点	整改情况				
	1							
	2							
	3							
	4							
	5							

注：主题设计师、活动设计师、形象设计师三个岗位依项目流程和分工，采用直接领导评分的形式，使用此考核表进行考核。

绩效小组修订意见：1. 该表以时间节点为考核主要内容，应只占考核的80%权重；2. 同时，增加两项内容：收集设计元素和对外进行市场调研，各占10%权重；以上内容需要与职能部门相关负责人进行沟通。

第七章

薪酬与福利管理

一个企业如果单纯依靠一个好的薪酬体系，不一定能够获取人力资源方面的竞争优势，因为物质报酬不是唯一的员工激励工具；但是，一个企业如果没有一个好的薪酬体系，是绝对不能获取人力资源方面的竞争优势，因为薪酬管理以一种独特的方式在企业人力资源管理中发挥着不可替代的作用。

书中图表文件
可扫描二维码获取

一、 薪酬

（一）薪酬的含义、功能、主要模式

1. 薪酬的含义

薪酬（Compensation）：指员工因雇佣关系的存在而从企业那里获得的各种直接的和间接的经济收入。狭义上的薪酬是指经济薪酬，广义上的薪酬是指经济薪酬和非经济薪酬。直接经济报酬：以工资、奖金和利润分成等形式组成的个人所获得的显性货币化收入；间接经济报酬：以住房、医疗和退休养老保险等各种福利的隐性货币化收入，以及长期雇佣的承诺、安全舒适的办公条件、免费的午餐、参与决策的机会、反映个人兴趣爱好的工作内容、学习的机会、成长的机会、引人注目的头衔、充分展示个人才能的工作平台等。

薪酬主要包括工资、奖金、股权、福利、津贴（含补贴）、保险等。如图 7－1 所示。

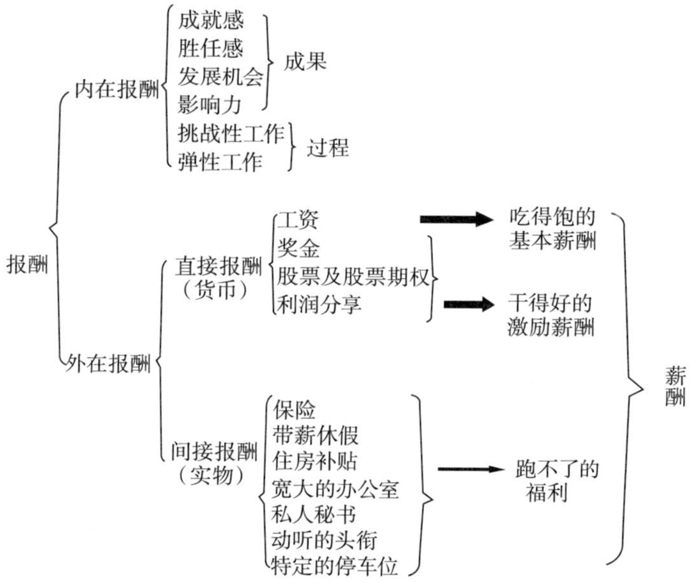

图7－1　薪酬的组成部分

2. 薪酬的功能

薪酬的功能主要体现在对员工、企业和社会三个方面。

一是对员工的功能：①维持和保障功能；②激励功能。

二是对企业的功能：①经济学角度。薪酬对企业具有保值增值功能，薪酬是能够给企业和投资者带来预期收益的资本。②管理学角度。控制经营成本，改善经营绩效，塑造和强化企业文化，强化企业核心价值观，激励员工努力工作，为企业创造更多价值，促进企业可持续发展，支持企业战略的实施。

三是对社会的功能：劳动力资源的优化配置。

3. 薪酬体系的主要模式

薪酬体系主要有三种模式：一是基于职位的薪酬体系；二是基于能力的薪酬体系；三是基于业绩的薪酬体系。三种薪酬体系因使用对象和表现形式有所差异，具体参见表7－1。

表 7－1　三种薪酬体系的比较

薪酬模式	以职位为基础	以能力为基础	以业绩为基础
使用对象	职能人员 管理人员 一般操作人员	研发人员 技术人员及工人 其他靠知识、技能创造价值的员工	销售人员及工人其他业绩易于衡量的人员
表现形式	基础工资（职位、职务工资）	基础工资（知识技能、能力工资）	佣金制 绩效工资 奖金

（二）薪酬设计的基本原则

1. 战略导向原则

薪酬体系的构建与企业发展战略有机结合起来，使企业的薪酬体系成为实现企业发展战略的重要杠杆之一。

2. 竞争原则

“适者生存”“竞争是发展的源动力”。

3. 激励性原则

激励是薪酬最基本的功能。

4. 经济性原则

企业的承受能力、利润的合理积累。企业的分配制度就是在有限的资源和资金内，寻求一种最有效的薪酬福利组合。

5. 合法性原则

符合《中华人民共和国劳动合同法》《中华人民共和国劳动法》及其他法律法规。

6. 透明原则

包括薪酬政策的透明、薪酬管理操作的透明、相关信息的透明。

7. 公平原则

公平是薪酬管理的灵魂。包括外部公平、内部公平、员工个人之间公平。

（三）设计薪酬系统的策略

1. 薪酬结构策略

包括：A——高激励低保健型；B——低激励高保健型；C——调和型：既有激励性又有稳定性；D——混合型：针对不同职位、不同人才的特点选择不同的薪酬结构策略。

2. 外部竞争性策略

外部竞争性策略包括：市场领先策略、市场追随策略、市场滞后策略、混合策略。企业可选择同行业同岗位市场薪酬水平的90分位、75分位、50分位，具体根据企业实力、人才策略和盈利情况来定。

（四）薪酬的发展过程

薪酬发展从薪资到薪酬再到全面薪酬，再到如今的全面报酬，一步步升级的过程，体现了人力资源管理对人才的逐步尊重和重视。由单一的基础物质报酬，逐步增加了股权、福利、隐形福利，甚至是员工的各种心理体验，“心流”在管理工作中的作用无处不在。具体如图7－2薪酬演变过程所示。

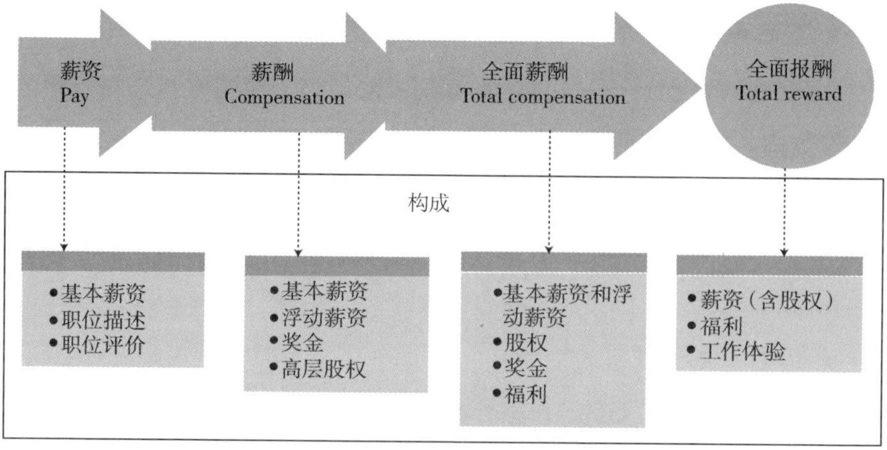

图7－2 薪酬演变过程

二、　薪酬管理

（一）薪酬管理的基本概念、主要内容和核心决策

1. 薪酬管理的基本概念

薪酬管理是指企业在战略思维的基础上对本企业员工报酬的支付标准、发放水平、分配要素结构进行确定、分配和调整的过程。

2. 薪酬管理的主要内容

薪酬管理的主要内容包括确定企业的薪酬战略、设计企业的薪酬结构、全面实施薪酬管理。

3. 薪酬管理的核心决策

薪酬体系决策的主要任务是确定企业确定员工基本薪酬的基础是什么。国际上通用的薪酬体系主要有三种，即职位（或称岗位）薪酬体系、业绩薪酬体系以及能力薪酬体系。

（二）薪酬水平决策

薪酬水平是指企业中各职位、各部门以及整个企业的平均薪酬水平。薪酬水平决定了企业薪酬的外部竞争性。薪酬结构指的是同一组织内部的薪酬等级数量以及不同薪酬等级之间的薪酬差距大小。

其他决策包括薪酬形式决策、特殊群体薪酬决策、薪酬管理政策决策。所谓薪酬管理政策，主要涉及企业的薪酬成本与预算控制方式以及企业的薪酬制度、薪酬规定和员工的薪酬水平是否保密等问题。

1. 薪酬管理是人力资源管理的重要一环

薪酬管理与人力资源管理的其他各模块管理职能之间的关系密不可分。如图7－3所示，薪酬管理从企业的使命、愿景、价值观出发，到人力资源战略、组织结构的设计和调整，再到员工绩效标准、人才招聘选拔、员工胜任力模型的构建和绩效评价，都需要用薪酬管理作为基石和落脚点。薪酬管理体系又指引着员工的培训开发、职业规划、晋升、异动和解聘等各个阶段的工作方向。

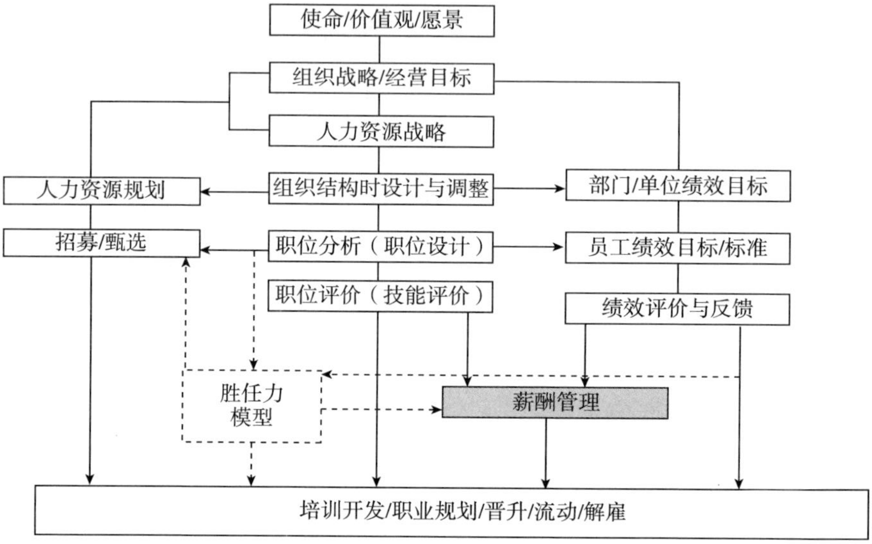

图7－3　现代人力资源管理体系与薪酬管理

2. 薪酬管理的流程

薪酬管理的基本流程参见图7－4。

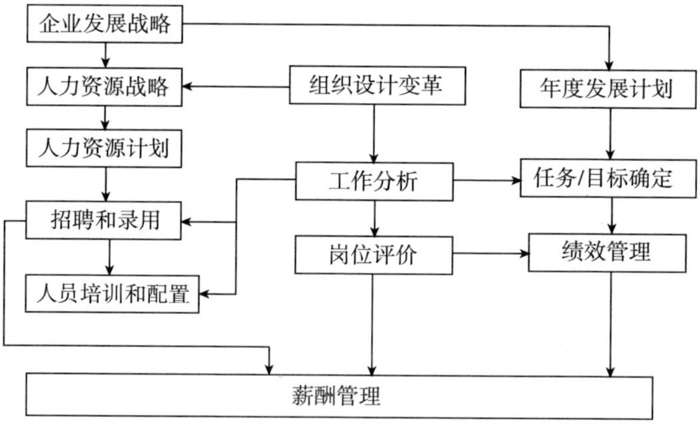

图7－4　薪酬管理的基本流程

如图7－4所示，薪酬管理从企业发展战略、人力资源战略出发，到组织设计变革和员工的年度发展计划，再到人员招聘和工作分析、岗位评价，在确定绩效管理的各项指标后，结合人员配置，梳理出薪酬管理的框架。薪酬管理流程设计，如图 7－5 所示，第一步，根据薪酬战略的定位，综合考虑公司内外部环境和战略，分析过往的成功关键因素，结合公司的文化核心价值观，明确公司的薪酬定位基准线。第二步，确定薪酬结构，结合公司的职级体系，明确薪酬等级、薪酬水平（建议取市场水平中分位以上的水平即 75 分位）、级差幅度和浮动区间等。第三步，开始实施。核定内外薪酬数据，进行企业在职员工的工资套改（遇到在职员工现有工资套改在某薪级中，低于某薪等的额定金额但其个人综合素质和业绩贡献又较好的情况，建议取高值为其加薪，避免引起员工情绪受挫，当然此处会增加一定的人力成本），套改也是一轮人才能力素质盘点工作，需要谨慎为之。也可以以浮动薪资方放的形式，来逐步调整和套改。作为人力资源管理者，切记涉及员工实际利益的举措，一定要审慎，宁可多轮沟通、慢慢调整，万不可操之过急。

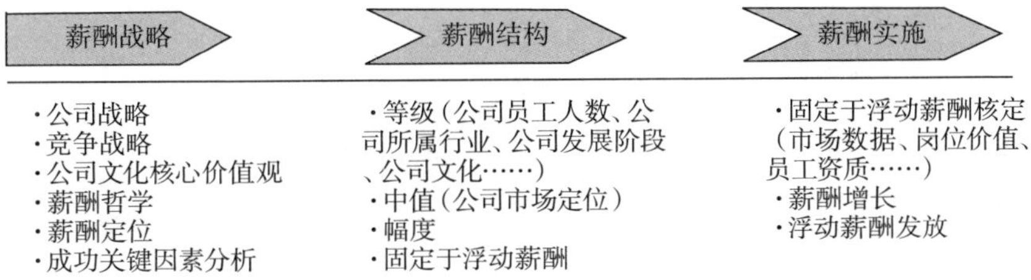

图 7－5　薪酬管理的流程

3. 公司战略、人力资源管理战略、薪酬战略和薪酬管理的关系

它们之间的主要关系：公司战略驱动人力资源战略，人力资源战略影响薪酬战略，三者共同体现了“全面薪酬管理体系”的思想。如图 7－6 所示，外部的政治和法律环境、社会与行业环境，内部的技术环境、经济环境，共同决定了人力资源战略和薪酬战略的方向。当企业的薪酬结构、福利水平保持了内部公平性和外部竞争性，才能吸引和保留人才、提升竞争能力、促进员工发展、实现战略目标。在设计合理的薪酬结构和福利方案时，需要充分研究职位的价值饱和度评价、外部的第三方薪酬调研报告数据、任职资格管理体系，以及关键核心员工的持股计划等措施。

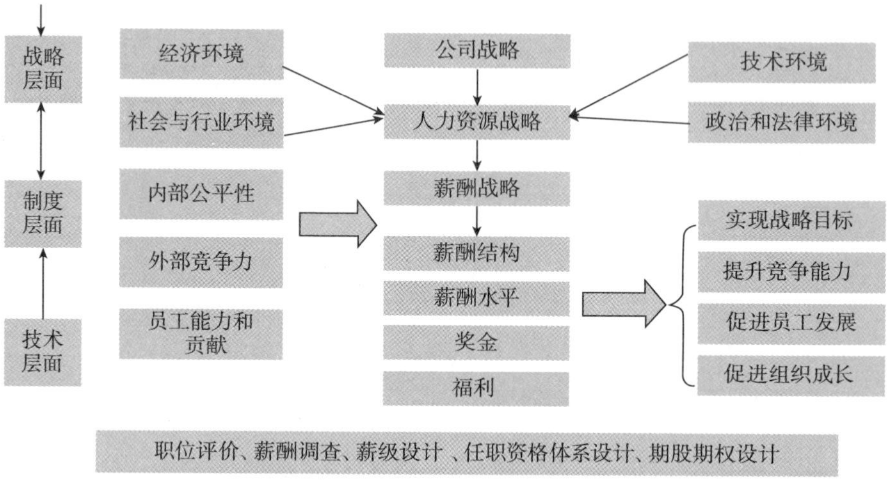

图7－6　公司战略、人力资源战略、薪酬战略与薪酬管理关系

在前面几章的内容中，我反复提醒大家，企业战略驱使人力资源各模块的管理工作，引导我们在企业的不同发展和竞争阶段采取不同的薪酬战略，进行薪酬管理。如表7－2所示。

表7－2　不同竞争战略对应的薪酬战略

竞争战略	商业反馈	人力资源战略	薪酬体系
创新战略：提高产品的复杂性	1. 充当产品市场上的领袖 2. 转向大众化生产和创新 3. 缩短产品的生命周期	1. 灵敏 2. 有冒险精神 3. 富有创新意识	1. 鼓励产品创新和生产过程中的改革 2. 薪酬以市场为基础 3. 灵活的工作描述
成本领先战略：注重效率	1. 操作精便 2. 寻求节省成本的方法	1. 少用人 2. 多办事	1. 重视竞争对手的劳动成本 2. 提高可变工资的比率 3. 重视生产率 4. 重视系统控制和工作分工
客户中心战略：提高顾客期望	1. 密切与顾客的联系 2. 售后服务 3. 对市场反应迅速	1. 取悦顾客 2. 超出顾客期望	1. 以顾客的期望为基础的激励工资 2. 以与顾客的交往为依据评价工作和技能

4. 全面薪酬战略

全面薪酬战略的定义：一种以客户的满意为中心，鼓励创新精神和持续的绩效改进，对娴熟的专业技能提供奖励，使员工与企业间营造出一种双赢的工作环境的战略。它包含：

（1）基本薪酬。尽量与竞争性劳动力市场保持一致，同时也作为可变薪酬的一个平台。

（2）可变薪酬。全面薪酬战略非常强调可变薪酬的运用，可以通过调整可变薪酬来反映组织目标的变化。一方面，对员工所达成的有利于企业成功的绩效提供灵活的奖励；另一方面，在企业经营不善时还可以有效控制成本开支。

（3）福利。作为全面薪酬管理的核心要素，基本薪酬和可变薪酬的一种补充。

（4）轻福利/软福利。行业红利、优秀的团队伙伴、好老板、办公楼交通便利、提供免费午餐或下午茶、office 环境美丽舒适、多元化与差异化的各类文娱活动、年节/生日/特殊事件礼金……都是当今职业环境里的轻福利或称软福利。

在战略性薪酬管理这一全新理念下，薪酬的管理与组织的其他管理职能实现了整合。薪酬管理并不仅仅是薪酬管理专家的专利，直线管理者甚至普通员工都要参加其中，企业让薪酬管理者能够及时准确地获知组织所发生的变化，同时从繁杂的管理事务中解脱出来，使他们由官僚体制的捍卫者，转变为真正可以提供建议和支持、具有全局眼光的领域专家。

综上所述，薪酬以及薪酬管理必须能够支持企业的经营战略，与企业的文化相容，并且具有对外界压力做出快速反应的能力。

三、薪酬总额

（一）薪酬总额/人力成本的预算

公司在实行工效挂钩的基础上，对薪酬总额进行控制。每年的薪酬总额不能超过营业收入总额的预算比例，且薪酬总额的增长幅度应低于营业收入总额的增长幅度。

财务部、人力资源部根据本年度的营业收入（销售收入、资金回收、利润情况等）、薪酬总额以及下一年度的经营计划及人力资源规划情况，对各职系中各职级职等和薪档的薪点数进行调整和确定；通过对下一年度各职等和薪档人数的预计，做出下一年度的薪酬预算。

薪酬预算根据公司年度经营目标，一般按以下比例进行总额预算控制，并报经总经理审批后执行。不同企业根据实际情况进行调整。参见表7－3。

表7－3　薪酬总额预算比例参考表

年度经营目标	3 000万元以内	3 000万元~1亿元	1亿~3亿元
薪酬总额预算比例	15%	13%	12%

备注：①薪酬总额包括：工资、提成、奖金、加班费、社保、公积金；②根据公司的发展定期对此表中的薪酬总额预算比例与年度经营目标的对应关系进行调整。

一般情况下，企业的年度经营目标小于3 000万元，年度薪酬总额的比例约15%；年度经营目标为3 000万~1亿元，薪酬总额的比例约13%；当年度经营目标为1亿~3亿元，薪酬总额的比例约12%。

（二）影响人力成本的因素

1. 外部因素

（1）国民经济增长率；

（2）通货膨胀率；

（3）地区，行业间的人力资本市场行情；

（4）劳动力市场的供求状况。

2. 内部因素

（1）企业经营效益；

（2）往年人均薪资水平；

（3）年度人力资源计划；

（4）个人因素。

因此，我们需要通过专业科学的测算，来确定企业人力成本最合理的区间和额度。

（三）人力成本的计算方法

人力成本计算方法包括劳动分配率基准法、销货净额基准法、盈亏平衡点基准法。如图7－7所示。

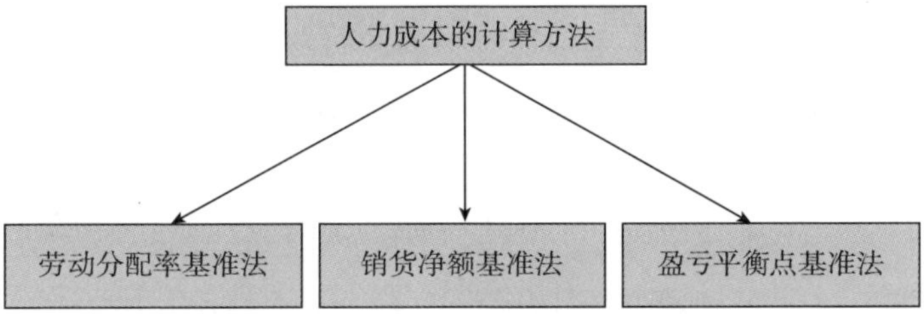

图7－7　人力成本的计算方法

（1）劳动分配率基准法，是以劳动分配率为基准，根据一定的目标用人费，推算出所希望达到的目标销货额，或者根据一定的目标销货额，推算出可能支出的用人费及用人费总额增长幅度。

劳动分配率，是指企业人力费用占企业附加价值的比率。附加价值是指由企业本身所创造的价值，是企业可用于进行分配的收入，即成为在资本与劳动之间分配的基础。

①附加价值扣除法：

附加价值＝销售或生产额－外购部分

＝销货净额－当期进货成本

＝销货净额－直接原材料－购入零配件－外包加工费－间接材料

②附加价值相加法：

附加价值＝利润＋人力费用＋其他形成附加价值的各项费用

＝利润＋人力费用＋财务费用＋租金＋折旧＋税收

（2）销货净额基准法，是根据实际用人费比率、上年度平均人数、平均薪资和本年目标薪资增长率，求出本年的目标销售额，并以此作为本年应实现的最低销售净额。

· 目标用人费 = 本年计划平均人数 × 上年平均薪资 ×（1 + 计划平均薪资增长率）

· 目标销售额 = 目标用人费/人力费比率。

（3）盈亏平衡点基准法，是指在单位产品价格一定的条件下，与产品制造和销售及管理费用相等的销货额，或者说达到这一销货额的产品销售数量。盈亏平衡点还可以简要概括为公司利润为零时的销货额或销售量。

· 销售收入 = 制造成本 + 销售 + 财务及管理费用

成本按流动性可划分为固定成本（指不随生产量多少而增减的费用，如折旧费、房租）与变动成本。

因此，测算出盈亏平衡点之后，明确企业可承受的盈/亏区间，由此倒推，计算出盈利/亏损幅度范围内的人力成本总费用。

（四）企业人力成本的控制

1. 薪酬控制的含义和目标

· 含义：薪酬控制是指管理者在薪酬管理过程中进行的一系列成本开支方面的权衡和取舍。

· 目标：

（1）合理控制员工流动率，同时降低企业的劳动力成本；

（2）有效影响员工的行为。

2. 薪酬成本控制的方法

（1）控制员工编制：计算人数和工时。

（2）控制人均现金报酬。

（3）控制人均福利项目。

（4）通过薪酬技术，进行潜在的薪酬控制。

四、 职序、职类、职级与薪酬结构

（一）企业职序职类

（1）管理职序：分为经营、管理、督导三个职类。经营职类包括总经理、副总经理，管理职类包括总监、经理级别职位，督导职类包括主管级别职位。

（2）营销职序：分为市场拓展、销售业务、业务支持三个职类。市场拓展职类包括行业经理、品牌推广策划、市场专员，销售业务职类包括销售工程师，业务支持职类包括商务、跟单员。

（3）技术职序：分为产品、研发、工程、质量四个职类。产品职类包括产品工程师、产品经理和技术支持工程师，研发职类包括软件工程师、嵌入式软件工程师、单片机软件工程师、硬件工程师、测试工程师、结构工程师，工程职类包括 PE 工程师、IE 工程师，质量职类包括 QC、QA。

（4）专业职序：分为财务人资、计划风控、事务文职三个职类。财务人资职类包括总账会计、成本会计、人力经理、招聘经理、绩效薪酬经理、培训专员，计划风控职类包括战略规划总监、法律风控经理、审计经理、生产计划员、采购员、仓管员，事务文职职类包括人事文员、技术文员、前台行政。

（5）制造职序：分为检验类、作业类两个职类。检验类包括进料检验员、制程检验员、成品检验员，作业类包括现场组长、维修作业员、测试作业员、组装作业员。

（6）企业的职序职级是根据组织架构的设定，依据工作分析和岗位评价逐步形成的，不同企业对于职级的命名不同。根据岗位评价的结果，形成了职级职等方案、挂钩薪酬方案和薪酬工资结构。如图 7 - 8 所示。

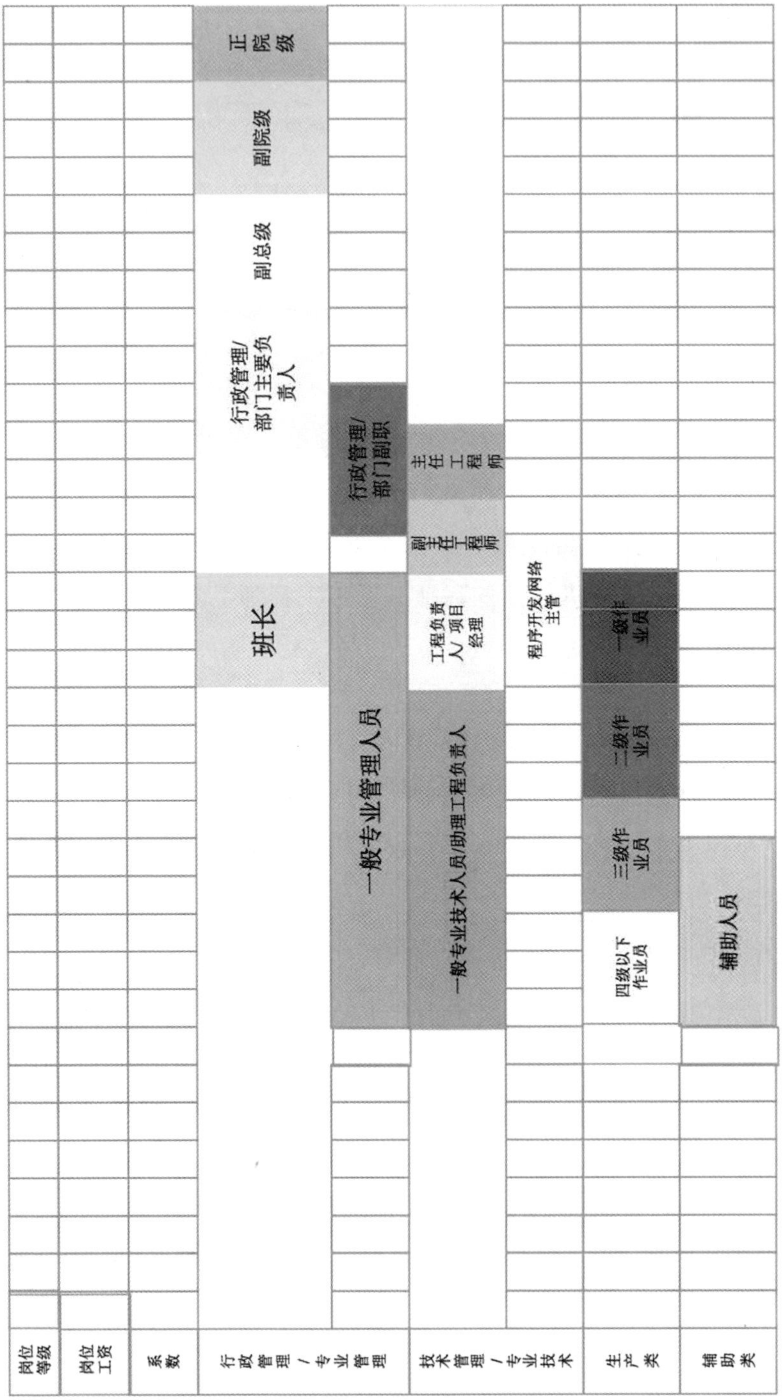

图 7－8 岗位职级与薪酬等级关系

（二）薪酬结构

1. 年薪制

年薪制适用于管理职序的经营职类和管理职类、营销职序市场拓展职类中的行业经理。根据公司每年下达的经营目标和各职能领域目标，依据承担的业务领域范围、工作责任、工作风险、工作复杂性与难度等要素，确定年薪的额度。

年薪制适用原则：报酬与绩效挂钩、固定收入与风险收入相结合、长期与短期业绩奖励相结合、收入分层级的原则。

年薪薪酬 = 月工资 + 各种福利 + 年终奖金 + 长期报酬。

2. 薪酬结构

薪酬结构就是将工资单元组合形成不同的薪酬体系：基础工资、岗位工资、技能工资（职能工资）、绩效工资、奖金、年功工资……

3. 结构工资制

结构工资制包含六个部分：基础工资、岗位工资、技能工资、效益工资、浮动工资、年功工资。分为岗位技能工资制、岗位等级工资制、职位绩效薪酬制、年薪制、佣金提成制五种形式。

（1）岗位技能工资制的含义：岗位技能工资制是以按劳分配为原则，以劳动技能、劳动责任、劳动强度和劳动条件等基本劳动要素为基础，以岗位和技能工资为主要内容的企业基本工资制度。它包含两个部分：岗位工资、技能工资。

（2）岗位等级工资制的含义：按照员工在工作中的工作岗位确定工资等级和工资标准。其形式有一岗一薪、一岗数薪、复合岗薪制。

（3）职位绩效薪酬制包括两种结构：薪酬 = 基本工资 + 绩效工资 + 奖金，薪酬 = 基本工资 + 奖金。

（4）年薪制是针对企业的中高层管理人员、核心技术人员、核心营销人员等采用的一种薪酬制度。年薪制就是以年为单位计算和支付员工的薪酬。一部分是按月支付的，另一部分是年底支付的。

（5）佣金提成制是一种比较典型的基于绩效的薪酬体系。这种制度在销售人员中的应用十分普遍。常见结构有三种：薪酬 = 底薪 + 佣金提成 + 奖金，薪酬 = 佣金提成 + 奖金，薪酬 = 佣金提成。对进入销售领域人员的素质要求较高，主要特征还是由于货币报酬可以很好地激励他们。设计销售人员工资体系的考虑因素：企业的战略、竞争对手的措施、所销售产品（或服务）的性质。

4. 股权激励薪酬

股票、期权激励薪酬可以统称为股权激励薪酬。现股激励：企业赠送或有价转让本企业的股票给员工。期股激励：组织与员工以合约形式，确定员工可以且必须在未来某一时期以规定的价格购买一定的股票，同时也规定了所购股票再转让的条件。期权激励：组织赋予员工在未来某一时刻，以规定价格购买一定数量股票的权利，员工到期可以行使或放弃该权利，同时对员工购买股票以后再出售股票的条件有明确规定。

股权激励的六大要素：①激励对象；②购股规定；③售股规定；④权利与义务；⑤股权管理；⑥操作方式。

股权激励形式：①员工持股计划；②股票期权制；③现股出售计划；④期股出售计划。

5. 跨国公司的薪酬战略

（1）外派人员的薪酬设计：①直接薪酬设计；②间接薪酬设计。

（2）薪酬设计方法：①母国体系与资产负债表法；②东道国体系与现行费率法；③其他体系与办法。

（3）外派人员的薪酬支付：①税款补偿；②商品和服务差额补贴；③其他薪酬支付方式。

（4）外资企业对本土国（中国）员工的薪酬架构：①竞争性的工资；②完善的福利计划：包括补充社会保险、出国培训、员工期权、多项奖项和各种补贴等。

五、 工资特区

（一）工资特区适用范围

设立工资特区是为激励和吸引优秀人才，使企业与外部人才市场接轨，提高企业对关键人才的吸引力，增强公司在人才市场上的竞争力。

工资特区针对不适合年薪制、职位绩效工资制的特殊人才。其中包括：有较大贡献者、稀缺人才、顾问、特聘人才等。工资特区的工资总额，可由该职位上级领导与人力资源部共同建议，由总经理批准。

（二）设立工资特区的原则

（1）谈判原则。特区工资以市场价格为基础，由双方谈判确定。

（2）保密原则。为保障特区员工的顺利工作，对工资特区的人员及其工资严格保密，员工之间禁止相互打探。

（3）限额原则。特区人员数目实行动态管理，依据企业经济效益水平及发展情况限制总数，宁缺毋滥。

（三）工资特区人才的选拔与淘汰

特区人才的选拔以外部招聘为主。其条件为名优院校毕业生、企业人力资源规划中急需或者必需的关键岗位人才、行业内人才市场竞争激烈的稀缺人才。针对工资特区内的人才，年底根据绩效目标责任书进行年度考核，或可设定特殊的绩效管理措施。

绩效考核总分低于预定标准、人才供求关系变化、不再是市场稀缺人才，出现这些情况则会自动退出人才工资特区。

六、 专项奖金

（一）研发项目奖金

（1）设立研发项目奖金的目的，是为了进一步调动技术研发人员的主观能动性，激励技术研发人员不断开发适销对路产品，有利于将技术成果有效转化为企业效益，提高产品的市场竞争力。

(2) 研发项目奖金的适用范围为所有已转正的研发职类的在职员工（以项目验收报告、产品鉴定报告、专利证书等中的名单为准），在发放日前离职的员工不享受此项奖金。

(3) 研发项目奖金根据研发项目立项的目的、对市场的预期成效，设立两种研发项目奖金总额的确定方法，可根据研发项目具体情况选择使用。

方法一：对于追求市场回报为目的的项目，根据该项新产品开发销售毛利、新产品开发奖系数、销售目标、费用预算目标达成状况等，计算研发项目奖金总额。其计算公式为：

研发项目奖金总额 = （本年度新产品销售毛利 × 年度计提系数 × 销售毛利目标达成系数 × 费用成本系数） – 延时扣款

①年度计提系数根据新产品上市年限予以确定，在新产品上市3个月后予以计算，在3年内参与项目的研发人员享受研发项目奖金，3年后不再享受，在研发项目奖金发放前离职的研发人员不享受研发项目奖金。年度计提系数见表7–4。

表7–4　研发奖金年度计提系数表

年度计提系数（%）		
第一年	第二年	第三年
1.5	1	0.5

②销售毛利目标达成系数，由产品管理部在产品开发计划书中对该产品的市场行情予以分析，初步预算该新产品的市场销售目标。研发项目奖金与之挂钩的系数见表7–5。

表7–5　研发项目资金与销售挂钩的系数表

销售毛利目标达成率	100%以上	90%以上	80%以上	70%以上	70%以下
新产品开发奖系数	1.1	1.0	0.9	0.8	0

③费用成本系数，指研发过程中发生的费用控制情况，研发前进行费用预算，研发后进行总结，费用成本系数 = 预算研发费用额 ÷ 实际研发费

用额。延时扣款，指研发计划未按时完成，造成新产品交付时间延迟。延时扣款 = 单日销售毛利目标 × 延迟天数。

方法二：对于自身技术创新需要的研发项目，根据该研发项目难易程度、时间急迫性等，计算研发项目奖金总额，其计算公式为：

研发项目奖金总额 = 研发项目奖金基数 × 立项系数 × 费用成本系数 × 延迟系数 × 新产品销售毛利系数

①研发项目奖金基数，由财务部根据上年度研发投入情况，结合高科技企业研发投入比例要求，扣除其他研发投入，余留部分作为年度研发项目奖金总额。由研发中心负责人根据年度研发计划，确定研发项目奖金基数。（另可根据上一年度新产品销售毛利的一定比例，提拔年度研发项目奖金总额）

②立项系数，指在项目立项评审中，由评审小组人员根据项目对公司的重要性、难易程度、时间急迫性等项目因素进行评分（由技术副总拟订此项评分标准，交总经理批准后执行），根据评分确定的相应立项系数见表 7 - 6。

表 7 - 6　立项系数表

项目立项评审分数	90 分以上	80 分以上	70 分以上	60 分以上	60 分以下
立项系数	1.2	1.0	0.8	0.6	0.4

③费用成本系数，指研发过程中发生的费用控制情况，研发前进行费用预算，研发后进行总结，费用成本系数 = 预算研发费用额 ÷ 实际研发费用额。延时系数，指研发计划未按时完成，造成新产品交付时间延迟天数对应的相关系数见表 7 - 7。

表 7 - 7　造成新产品交付时间延迟天数对应的相关系数表

延迟天数	按时完成	10 天以内	10 天以上	20 天以上	30 天以上
延时系数	1.0	0.8	0.6	0.4	0

④新产品销售毛利系数，为鼓励研发人员积极配合新产品的市场销售工作，以新产品自正式交付之日起一年内的实际销售毛利的比例设定相关

系数见表 7－8。

表 7－8　新产品销售毛利系数表

新产品销售毛利	50 万元以上	10 万元以上	5 万以上	1 万元以上	1 万元以下
毛利系数	2.0	1.5	1.2	1	0.8

（二）研发项目奖金的分配

（1）研发项目奖金，半年计发一次，涉及与销售毛利相关的数据时，以每年 6 月 30 日和 12 月 31 日的销售毛利为核算基准。研发项目奖金总额的 70% 作为研发项目团队奖金分配，15% 作为研发管理奖金分配，15% 作为研发风险金提留。

（2）研发团队项目奖金分配：

研发团队个人项目奖金 = 项目奖金总额 ×（项目贡献系数 × 时间系数 × 个人绩效挂钩系数）。

①项目贡献系数：在研发项目立项时，由项目经理根据项目组成员的角色、承担的工作量大小等，确定项目贡献系数，并由技术副总批准后执行。所有项目成员的项目贡献系数总和为 1。

②时间系数：以研发计划中各项工作任务书为依据，项目交付后进行对比。时间系数 = 实际参与开发时间 ÷ 计划参与开发时间。

③个人绩效成绩与研发项目奖金分配的挂钩系数见表 7－9。

表 7－9　时间系数表

参与项目期间的平均绩效成绩	S	A	B	C	D
挂钩系数	1.2	1.0	0.8	0.6	0.4

（3）研发管理奖金分配：研发管理奖金的 50% 作为研发管理人员及参与研发项目的其他人员的分配额，研发管理人员包括产品开发部经理、技术文职人员，参与研发项目的其他人员包括工艺技术人员、质量技术人员等，具体分配方案由产品开发部经理提出，交技术副总审核、总经理审批后执行。

研发管理奖金的另外50%作为研发中心部门基金，根据部门实际需求进行安排使用，但使用情况需提前报技术副总审批。研发部门基金可由公司财务部或部门文员代管，当研发部门需要使用时，在技术副总审批同意使用时予以支取。

（三）研发项目风险基金

研发项目风险基金由公司设立专户存储，统一托管，当出现因研发技术问题引发的重大质量事故损失时，根据损失情况从研发风险基金中进行抵扣。

上一年度的研发风险基金，在本年度经过抵扣的剩余部分，转入下一年度研发项目奖金总额。

（四）研发项目奖金的取消条件

因公司原因取消的研发项目，按取消前项目评审通过阶段进行比例计发；因项目团队原因或个人原因取消的研发项目，不计发研发项目奖金。经查实有损害公司利益的行为，或有违反公司规定受记行政大过处分的，不享受研发项目奖金分配。

七、　年度效益奖金

（一）年度效益奖金的含义

年度效益奖金是根据公司本年度实现的效益并结合员工个人的工作业绩而确定的奖励。效益奖金与公司的经营效益、个人考核结果挂钩，是在公司取得一定的整体经营效益基础上对绩优员工的一种激励，鼓励员工创造更好的成绩，以实现员工、公司共同发展。

（1）年度效益奖金的发放范围：年度效益奖金适用于当年度末在职的正式员工，试用期员工、非正式员工、当年度内离职员工不参与当年度效益奖金分配。年薪制人员、销售提成人员不参与年度效益奖金分配。

（2）年度效益奖金提拔总额：一般情况下，当年度销售目标达成60%

以上时，按照公司年度经营目标，结合公司财务消化能力，计提年度效益奖金，年度效益奖金提拔总额计算公式为：

年度效益奖金总额 = 年度毛利总额 ×（年度销售目标达成率 - 0.6）×X% - 业绩提成总额 - 各类已发奖金总额

①年度毛利总额：以公司财务报表损益表中的数据为准。

②年度销售目标达成率 = 实际销售额 ÷ 目标销售额 ×100%，实际销售额以订单销售额减去退折后的销售净额为准。

③X%：为公司准备从毛利总额中提拔的具体比例，由财务部提供数据报董事会讨论具体比例。

④业绩提成总额：包括已发放或已计算待发放的所有业绩提成、管理提成。

⑤各类已发奖金总额：包括研发项目奖金及公司已发放的各类专项奖金。

（二）个人年度效益奖金分配

（1）个人年度效益奖金分配计算公式为：

个人年度效益奖金 = 年度效益奖金总额 × [（个人年度绩效系数 × 责任系数 × 时间系数）/∑I（个人年度绩效系数 × 责任系数 × 时间系数）]

①个人年度绩效系数以个人年度绩效成绩对应系数为准。

②责任系数 = 薪点表对应职位等级相关的责任系数。

③ I = 参与年度效益奖金分配的员工总数。

④时间系数 = 本年度实际上班天数/本年度应上班天数（不含加班），截止到 12 月 31 日尚未转正的员工或已离职员工，不计发年度效益奖金。

（2）个人年度效益奖金的取消条件：因工作失误造成公司重大损失，或被记行政大过处分的不享受效益奖金分配。因病假、事假、工伤假、产假、自我申请脱产培训累计超过一个月者，不参与效益奖金分配。

八、　总经理特别奖

为充分肯定与鼓励员工对公司做出的突出贡献，倡导企业价值导向，引导员工的工作行为，不断进取与创新，创造更高的工作质量与效率，实现企业的经营目标，设立总经理特别奖。大部分中小企业不设该奖。

总经理特别奖发放时间为第二年的一月份。

（1）总经理特别奖金等级设置（可依据企业实际情况来确定金额）：

总经理特别奖一等奖：1 名，奖金额为 10 000 元；

总经理特别奖二等奖：2 名，奖金额为 8 000 元；

总经理特别奖三等奖：3 名，奖金额为 5 000 元；

（2）总经理特别奖申报条件：

①绩效等级为 A 级（优秀）以上者（年度考核成绩）；

②在公司发展规划、资本运作、业务及市场拓展领域内，有重大突出贡献者；

③进行管理模式改进并成功实施，为公司创造效益者；

④发现重大隐患或经营风险，并采取有效措施避免重大损失者；

⑤进行管理创新，被公司采纳效果显著者；

⑥进行公司级管理流程优化与设计，被公司采纳效率明显提升者；

⑦进行增收节支、经济效益显著，全年累计金额在 10 万元以上者；

⑧维护企业利益见义勇为，避免企业遭受重大损失者；

⑨对公司业务范围延伸与发展方面，取得重大突破者；

⑩对提升企业形象与品牌有重大影响行为者。

（3）凡具备上述条件之一者，均具有总经理特别奖的申报资格，并附详细的申报材料。

由申报人的直接上级来提名，也可以由申报者本人提出，编写总经理特别奖申报材料，但均需要部门负责人签字认可。申报材料经主管领导审核签字后，交总经理助理审查，进一步判断是否符合申报要求。经总经理助理审查后的申报材料提交至总经理办公室审批，确定最终结果。

总经理办公室对符合申报总经理特别奖的申报人材料进行评审（真实性、效益性、影响力、贡献度等方面），并做出综合评判。

总经理办公室将符合条件的申报人评出，按贡献大小优先排序，分出不同的获奖级别。评选必须依据严格的标准执行，宁缺毋滥。

九、福利

（一）员工福利的概念

企业基于雇佣关系，依据国家的强制法令及相关规定，以企业自身的支付能力为依托，向员工提供的、用以改进其本人和家庭生活质量的各种以非货币性和延期支付为主的补充性报酬与服务。

目的：福利是公司向员工提供的一种报酬形式，是对员工的一种关心和爱护。公司通过福利体系给员工提供一个更好的发展空间，营造良好的工作和生活氛围，提高员工的归属感，使员工能够安心工作、愉快生活。

（二）员工福利的特点

（1）基本薪酬是劳动的直接报酬，福利是间接报酬。

（2）基本薪酬采用货币支付的方式，福利通常采用各种保障计划、休假、服务以及实物支付和延期支付的方式。

（3）基本薪酬是可变成本，福利有固定成本的特点。

（4）福利几乎针对全体员工。

（三）员工福利存在的必要性

（1）员工福利对企业的影响

①法律的强制性规定；

②劳动力市场竞争的压力；

③集体谈判和用工风险管控；

④员工福利是影响企业劳动力雇佣决策的重要因素；

⑤有利于吸引和留住员工，培养员工忠诚度；

⑥有助于传递企业文化和价值观。

（2）员工福利对员工的影响

①税收的优惠；

②集体购买的规模经济效应；

③员工的偏好；

④平等和归属的需要。

（四）公司提供员工福利的原则

普惠原则：一部分福利员工均能同等享受。

贡献原则：一部分福利需与职位等级、绩效考核挂钩。

效益原则：福利不是固定不变的，它将随着公司效益的变化而改变。

取消原则：有些福利，具有一定的约束条件，若有违反，可取消某员工的该项福利。从员工离职当日起，取消一切福利。

（五）普惠性福利

（1）普惠性福利指每个公司员工都能享有的福利，结合公司实际情况，普惠性福利有以下几种：

社会保险：基本养老保险。

假期福利：法定休假、法定休息日、殡丧假、计生假、产假等。

其他福利：教育培训福利、慰问金、体检、娱乐、生日礼金、结婚生育礼金、工龄奖励、购车买房资助款、集体活动等。

（2）普惠性福利实施办法。

此处，以K科技公司的福利体系为样本，我们来查看一下具体福利措施。

①社会保险：公司与员工签订劳动合同后，建立员工档案，公司予以办理社会保险，并依照国家及政府的法律、法规和政策进行调整。社会保险采用企业与员工个人共同承担的办法，依照国家和本市相关规定执行。员工参加的社会保险，其费用应由个人承担的部分，由公司从员工每月工资中代扣代缴。

②假期福利：按照国家与公司的相关规定，具体详细内容参见《K公司休假管理制度》。

③教育培训福利：根据职位需求，由人力资源部制定培训计划并组织实施，使每个员工的知识、技能、态度等方面不断提高，以适应不断变化的经济技术、外部环境。教育培训福利包括员工在职或短期脱产的免费培训、免费进修等。具体规定见公司《K公司培训管理制度》。

④慰问金：工龄满一年以上员工，在发生结婚、殡丧（直系亲属）、生育（符合计生规定）等情况时，确认相关证明后，公司提供慰问金500元。

⑤娱乐活动：公司定期组织各种活动及举行各种竞赛，丰富员工业余生活。

⑥体检：为了保持员工健康的身体，公司每年为员工进行免费体检一次，由人力资源部具体安排。

⑦其他各项福利，参见K公司的相关福利规定细则。

（六）激励性福利

（1）指具有一定的约束条件的福利，只有当员工达到规定条件时才能享有。它是为了有效激励员工创造良好的工作业绩，从而实现企业的经营目标。公司提供的激励性福利一般有以下几种：补充商业保险、带薪休假、专项教育。

（2）补充商业保险。公司为优秀或有发展潜力的员工提供商业保险，并根据公司各职位工作性质（危险性、风险性、责任性等），为一些特殊职位提供商业保险。商业保险以年为单位，为期一年，每年购买一次，收益权为符合条件的员工。商业保险采取动态管理，每年年初由人力资源部提出符合条件人员名单，总经理审批。

（3）带薪休假。它是公司为员工提供的额外假期，一般5~10天不等，员工在休假期间享有工作日同等的工资和福利。

（4）专项教育。公司为优秀且有潜力的员工提供成长的机会。享受专项教育的员工须与公司签订《××培训服务协议》，若员工提前离职，须对公司做相应的赔偿。

（七）其他福利

1. 企业补充保险计划

（1）企业补充养老保险计划

（2）集体人寿保险计划

（3）健康医疗保险计划

2. 补充性住房计划

（1）补偿性住房公积金

（2）现金住房补贴

（3）低息或无息住房贷款

（4）利息补助计划

（5）低价格的集体购房计划

（6）提供公寓或宿舍

3. 员工服务福利

（1）员工援助计划（员工 EAP 心理救援计划）

（2）咨询服务

（3）教育援助计划

（4）儿童看护帮助

（5）老人护理服务

（6）饮食服务

（7）健康、娱乐、文体、旅游服务

（8）员工住宿设施

（9）交通服务

（10）金融服务

4. 其他正在被广泛采用的福利项目

（1）额外金钱收入

（2）超时酬金

（3）生产线福利设施

（4）其他生活性福利

5. 菜单式弹性福利制度

一种员工选择自由度更大的弹性福利制度，该制度强调让员工根据自己的需求和偏好，从企业所提供的福利项目中确定最合适自己的福利组合形式。

（1）确定福利菜单的组成项目；

（2）核定福利项目的货币成本；

（3）确定每个员工的购买能力；

（4）员工选择福利组合。

（八）员工福利的管理

员工福利管理是为了保证员工福利实现预期效果而采用各种管理措施和手段对员工福利的具体内容进行控制或调整的活动。员工福利管理的内容包括：方案制定、财务预算、管理机构、人员配备、成本控制、调整变动、效果评估。员工福利管理的流程包括：计划、组织、指挥、实施、控制、调节。

十、薪酬水平调查

（一）薪酬水平

薪酬水平是组织里的几种薪水或年薪的平均值，该平均值可以是基于单个职位的个体薪酬等级，也可以是若干职位的薪酬平均值，薪酬水平决定了企业薪酬的外部竞争力。

薪酬水平调查是企业用来确定自身薪酬标准的一种最有效的手段，它通过对企业的主要竞争对手、所处行业的重要企业以及所处地区的薪酬水平进行调研，综合分析采集的数据，并根据企业自身的发展阶段和相应战略，最终确定企业的薪酬水平。

（二）薪酬水平调查的目的和意义

（1）明确和调整企业的薪酬水平；

（2）确定企业的薪酬结构；

（3）解决与薪酬有关的其他问题；

（4）评估竞争对手的人力成本；

（5）制定薪酬预算和控制人力成本；

（6）建立良好的企业形象。

（三）薪酬水平调查的主体

1. 国家行业主管部门

优点：节省调查成本、可信度和准确性高、提供的调查信息丰富。

缺点：信息的及时性和有效性不够，缺乏对某些特定岗位的调查。

2. 社会专业咨询调查机构

优点：针对性强。

缺点：费用高，可能会泄露调查资料。

3. 企业自己

优点：针对性强，费用相对较低。

缺点：对调查人员的要求高。

（四）薪酬水平调查报告

大部分企业会向权威的第三方机构购买年度或半年度的薪酬水平调查报告，用于查阅行业薪酬水平，明确自己企业所处的市场薪酬水平，为确定内部薪酬公平性和外部薪酬竞争性提供有效的参考依据。

（五）薪酬水平调查流程

薪酬水平调查流程参见图 7－9。首先，明确薪酬水平调查的内容和对象，然后进行职位描述，做好调查问卷或访谈问卷；其次，展开调查，收集问卷；再次，根据问卷的统计分析做出薪酬水平调查报告，分析调查结果；最后，整理问卷并统计结果。

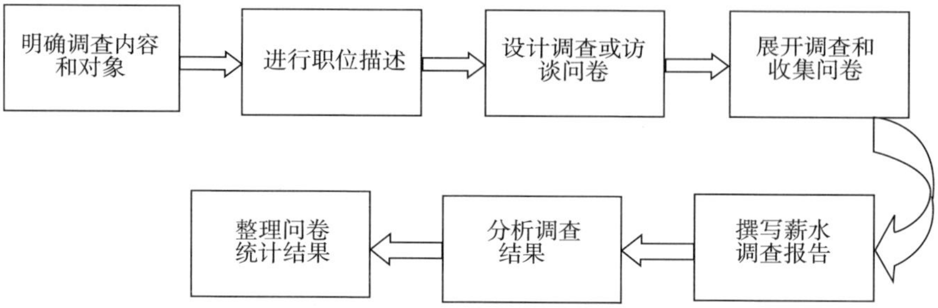

图 7-9　薪酬水平调查流程

十一、薪酬调整

（一）调薪与降薪

1. 年度调薪

年度调薪是根据公司经营效益、行业整体薪酬状况、员工的绩效或任职能力提升状况而进行的工资调整，一般在每年的3—4 月进行一次。是否调整以及调整的额度由总经理综合考虑各方面因素确定。

2. 年度调薪方法

通过人才盘点、任职能力考评确定员工能力提升状况。任职能力考核的标准是员工所在级别的任职资格标准，如暂时未进行任职资格评估，以年终绩效考核成绩作为工资调整依据。

调整方法：T 公司是每年 4 月 30 日前，人力资源部将员工任职能力评价结果（或年度绩效考核成绩）汇总，提出工资调整建议，包含金额和幅度，编制年度工资调整申请表，报总经理办公会议审批。工资调整在 4 月的工资中开始体现。工资调整的依据见表 7-10。

表 7－10　工资调整表

年度绩效等级	工资调整	备注
S	优先上调一级（按部门比例）	特殊情况需经总经理办公会议讨论决定
A	根据上调比例控制（按部门比例）	
B	保持不变	
C	不调整，书面警告	
D	下调一级或一级以上	

3. 除外情况

即使全年个人绩效考核优异，但有下列情况者，无资格参与年度调薪：一是病假、事假、工伤假、产假、自我申请脱产培训累计超过一个月者；二是该年度受到“记大过”行政处罚者；三是加薪实施日前离职者。

4. 职位异动调薪

因员工职位发生调动或升降而进行的工资调整，不受时间限制，每月都可以进行。职位异动调薪方法：有异动后，本文直接向上级提出工资调整申请，详细说明建议调整薪级和事实依据，经部门领导审核、人力资源部审查和主管领导审批后，在当月工资中体现。

5. 薪等、薪级的调整方法

我们以某科技公司薪酬框架为例，假设该公司的薪酬等级与职级吻合，共计 12 级，L1 级为最低薪资，L12 级为最高薪资，每一级设 1～3 个薪等 S，S1～S3 也是由低到高。如表 7－11 所示。

· 升级：按照 L1～12 级的顺序依次调高，当遇到起调级需要跨等时，则调为上一等中比起调级高的对应薪等。

· 降级：按照 L12～1 级的顺序依次降低，当遇到起调级需要跨等时，则下调为下一等中比起调级低的对应级。

· 升等：直接升入上一等中比本等级高的对应级。

· 降等：直接降入下一等中比本等级低的对应级。

薪资调整后的计算方式为：在 15 日以后生效的当月按原等级计算，15 日之前生效的当月按新等级计算。

表 7－11 ××科技公司职级与薪级框架表

K公司职级薪级表

管理序列（M）						产品与研发序列（P/T）						
职级	L薪级	薪酬区间	薪资等级（S1－3等）			职级		L薪级	薪酬区间	薪资等级（S1-3等）		
			S1	S2	S3	产品	研发			S1	S2	S3
总经理	12	41000－45000	41000	43000	45000	产品生命周期总监	专家	12	38000-40000	38000	39000	40000
副总裁/执行VP	11	37000－40000	36500	38000	40000	产品总监	CTO	11	35000-37000	35000	36000	37000
执行总监	10	34000－36000	34000	35000	36000	产品副总监	技术总监	10	32000-34000	32000	33000	34000
总监	9	31000－33000	31000	32000	33000	高级产品经理	资深级开发/研发技术经理	9	29000-31000	29000	30000	31000
	8	28000－30000	28000	29000	30000			8	26000-28000	26000	27000	28000
副总监	7	24600－28000	24600	25000	28000	中高级产品经理	高级开发	7	23000-25000	23000	24000	25000
高级经理	6	18600－24500	18600	21550	24500			6	21000-23000	21000	22000	23000
经理	5	14600－18500	14600	16550	18500	中级产品经理/高级UI	中级Java/web/高级测试	5	18000-20000	18000	19000	20000
主管/组长	4	11000－14500	11000	12750	14500			4	15000-17000	15000	16000	17000
	3	8800－10900	8800	9850	10900	初级产品/UI	初级开发/中级测试	3	12000-14000	12000	13000	14000
无	2	6900－8700	6900	7800	8700	产品助理	测试工程师	2	10000-12000	10500	11000	12000
	1	5500－6800	5500	6150	6800			1	8500-10000	8500	9000	10000

表7－11　××科技公司职级与薪级框架表（续表）

运营与市场营销序列（O/M）								职能与保障序列（F）					
职级			L薪级	薪酬区间	薪资等级（S1－3等）			职级	L薪级	薪酬区间	薪资等级（S1－3等）		
市场部	运营部	咨询部			S1	S2	S3				S1	S2	S3
营销副总经理	无	副总裁vp	12	22000-25000	23000	24000	25000	首席人才官	12	33000-40000	33000	35000	38000
区域/大区总监	专家	执行总监	11	20000-22000	20500	21000	22000	资深/总监	11	29000-32000	29000	30000	32000
总监	总监		10	18000-20000	18000	19000	20000		10	26000-28000	26000	27000	28000
副总监	副总监	总监	9	17000-18000	17000	17500	17800	副总监	9	23000-25000	23000	24000	25000
高级销售	高级经理	副总监	8	15000-17000	15500	16000	16800		8	20000-23000	20000	22000	23000
	平面设计师	高级项目经理	7	14000-15000	14000	14500	15000	高级经理	7	18500-20000	18500	19000	20000
中级销售	运营经理	项目经理	6	12000-14000	12000	13000	13800		6	15500-18000	16000	17000	18000
	高级运营		5	10000-12000	10000	11000	12000	经理	5	13000-15000	13000	14000	15000
初级销售	中级运营	咨询顾问	4	9000-10000	9500	9800	10000		4	10500-13000	11000	12000	13000
			3	8000-9000	8000	8500	9000	主管	3	8500-10000	8500	9000	10000
无	初级运营	无	2	6500-8500	6500	7500	8500	文员/专员	2	6600-8500	6900	7800	8700
			1	5500-6500	5500	6000	6500		1	5500-6500	5500	6150	6800

操作说明：本方案把XX科技所有部门和职位分为4大类职序，产品与研发序列（技术类）、运营与市场序列（盈利类）、职能与保障序列（支撑类）、管理序列，在所有职位中共设职级13级，对应薪级也为13级，每1级设宽带区间，薪酬宽带中共设3个薪等，对应定薪时尽量挂靠3等的数额。L职级对应S薪酬区间，依据实际情况确定S薪等水平。

1.员工在本方案中，既可以走管理路线逐级晋升，也可以走技术/业务路线逐级晋升，还可以走管理与技术双通道晋升路线，充分拉宽了发展平台。

2.综合评估员工的素质在中下水平的，在该薪酬区间的S1和S2之间确定具体薪酬数额。一般情况下，S2薪等为市场同等职位的中位值薪资水平，具备外部参考性。

3.员工素质在中上水平的，在该薪酬区间的S2和S3之间确定具体薪酬数额。在同一薪酬区间内，根据个人成长速度、能力水平、业绩贡献大小，来确定具体的薪资等级。

举例定薪：研发部小王与运营部小方，小王的同岗位经验有5年，小方学历与小王一样，同属于211第一梯队的本科学历，但小方同岗位工作经验只有3年，且个人成长速度较小王略慢，因此可以给小王薪资为T序列L6级S2等，给小方薪资定为O序列L5级S3等。

4.从管理职能角度衡量，产品和研发的高级职称技术员工，相当于管理岗位的副总监，运营和销售的高级岗位员工，相当于管理岗位的副总监。

6. 自动降薪

当公司经营业绩与经营目标差距较大或出现大幅度下降时，或遇自然灾害、政治行为等不可抗力造成的经营业绩大幅下滑时，公司可启动自动降薪机制。自动降薪通过降低薪级、统一调整薪点、停止晋升薪级等方法实现。自动降薪的具体实施方案，由人力资源部提出，经总经理办公会议审议后执行。

（二）薪酬体系管理

人力资源部负责薪酬管理制度的拟订、修改及执行。每年进行一次同行业同类岗位的薪酬调查，及时了解内外部薪酬信息，组织相关权限管理人员进行讨论，并提出相应改善方案和薪酬总体调整方案。参见表7-12员工工资管理权限表。

表7-12　员工工资管理权限表

工资管理项目	直接领导	人力资源部经理	财务部经理	总经理
新员工工资定级 转正工资定级	建议权	初审权	不参与	审批权
异动调整	建议权	初审权	不参与	审批权
工资数额	直接下属工资的知情权	职能工资制 员工工资知情权	职能工资制 员工工资知情权	全员工资知情权
工资核算、发放	不参与	提供工资核算资料	工资核算与发放	审批权

1. 年度工资调整由人力资源部会同财务部共同完成

员工对薪酬制度及执行过程、执行结果有异议、争议或建议时，应直接向人力资源部负责人申诉，即“点到点”，人力资源部负责人在一周内应予以处理并回复。

2. 薪酬保密规定

保密内容：公司的薪酬政策、制度、办法是公开的，人力资源部应主动进行培训、宣传，使每一个员工都了解公司的价值导向和价值评价、价值分配原则。薪酬额度（含薪点）是保密的，从公司各部门经理起，对上透明，但对下、对平级都不透明。

3. 保密要求

公司员工都不能打听、攀比、议论或公开自己的（或他人的）薪酬数据。公司员工对工资报酬的申诉，都只能“点到点”地按申诉及处理流程进行，不能“广播式”地以口头、书面或电子邮件等方式发表意见。

违反处罚：如有违反者，降薪一至三级，造成严重不良影响者，予以解除劳动关系。

4. 工资管理信息系统

财务部或人力资源部进行工资报酬的核算与管理，每月输入相关数据后自动生成工资报表。财务部或人力资源部应定期对工资结构及支出进行统计分析，出具分析报告，提供改进建议。工资报酬的相关报表、资料、数据，都须存档备查（包括纸质及电子文档），保存期限至少三年。

十二、案例

案例7-1

K公司宽带式薪酬体系设计

企业背景

K公司成立于2012年，为乘用车和商用车提供后市场服务。主要通过外置OBD智能硬件、软件平台、手机App及大数据服务，为客户提供车辆行驶检测、里程、油耗、保险、智慧停车等一系列的车主服务。公司发展到2016年，进入快速增长期，经历了一轮人才盘点和优化，加上OKR绩效管理体系之后，我们重新梳理了K公司的薪酬管理体系，并针对保留员工设计了一套福利体系。具体内容如下。

（一）结合职级体系进行薪酬等级设计

首先，我们将K公司的职序分类为技术序列、运营与营销序列、职能与保障序列、管理序列。技术序列包含软件开发、硬件开发的研发员工、测试的软硬件员工、技术预演研究院的研发人员、数据运维和数据库工程师这些纯技术人才。运营与营销序列包含市场拓展、营销、客服、售后等员工。职能与保障序列包含基础人力行政支持人员、采购与仓库管理人员、财务基础支持人员。管理序列包含各部门的负责人、总监、总经理。

其次，结合市场薪酬调研数据，为了实现公司的战略目标，我们定位公司的薪酬水平为85分位，高于市场的人才水平，处于同行业中极具竞争力的薪酬水平。根据职位等级划分出工资等级，如表7－13所示。

再次，宽带式薪酬幅度设计。由表7－13可见，薪资等级分位16等，从最低1等开始，最高等是16等。在不同序列里，薪资等级显示的金额有较大差异，符合我们的设计目的，即加大薪酬空间会给员工带来更多的实际利益。我们给K公司设计的薪酬区间的幅度较宽，属于宽带式薪资。最小值与最大值之间的差额，常常超过2万元人民币，给员工留足了晋升和晋级的空间。在K公司，我们推行双晋升职业通路、技术道路或管理通路，或技术与管理同步提升的通路。因此，结合我们的薪酬等级表可以看出，薪资完全体现了人力资源管理里其他模块的政策和思想。

（二）定级和充分沟通

根据员工们现有的薪酬金额，进行员工个人的岗位定级和薪资定级，同时以邮件通知员工们，让其知道自己未来的薪资提升是哪一级、是多少金额，用于激励员工的工作积极性和主动性。值得一提的是，必须要提前进行人才盘点或员工素 质能力模型的匹配测评报告，才可以推行这一项庞大的定级定薪工作。在这个过程中，人力资源部面临着大量的解释沟通和疏导员工情绪的工作。

（三）薪资套改

根据已经确定的员工的职级和薪级进行工资套改，该降级降薪的沟通后实施降薪，一般不建议降级，劳动法也不允许这么操作。遇到这种情况，根据员工状态进行调岗或劝退。这期间令人开心的是，大部分员工将会面临调级和调薪，这意味着工资总额增加，工资级别也提高了。参见表7－14。

表 7－13　K 公司职级薪级表

<table>
<tr><th colspan="9">管理序列 （M)</th><th colspan="6">技术序列 （T)</th></tr>
<tr><th colspan="4">职级</th><th>薪级</th><th>薪酬区间</th><th>最小值</th><th>中位值</th><th>最大值</th><th>职级</th><th>薪级</th><th>薪酬区间</th><th>最小值</th><th>中位值</th><th>最大值</th></tr>
<tr><td></td><td></td><td></td><td rowspan="3">总经理</td><td>16</td><td>69600－84500</td><td>69600</td><td>77050</td><td>84500</td><td rowspan="3">专家级</td><td>16</td><td>69600－84500</td><td>69600</td><td>77050</td><td>84500</td></tr>
<tr><td></td><td></td><td rowspan="5">副总经理</td><td>15</td><td>54100－69500</td><td>54100</td><td>61800</td><td>69500</td><td>15</td><td>54100－69500</td><td>54100</td><td>61800</td><td>69500</td></tr>
<tr><td></td><td rowspan="4">总监</td><td>14</td><td>41600－54000</td><td>41600</td><td>47800</td><td>54000</td><td>14</td><td>41600－54000</td><td>41600</td><td>47800</td><td>54000</td></tr>
<tr><td rowspan="3">副总监</td><td rowspan="3"></td><td>13</td><td>32000－41500</td><td>32000</td><td>36750</td><td>41500</td><td rowspan="3">资深级</td><td>13</td><td>32000－41500</td><td>32000</td><td>36750</td><td>41500</td></tr>
<tr><td>12</td><td>24600－31900</td><td>24600</td><td>28250</td><td>31900</td><td>12</td><td>24600－31900</td><td>24600</td><td>28250</td><td>31900</td></tr>
<tr><td>11</td><td>18600－24500</td><td>18600</td><td>21550</td><td>24500</td><td>11</td><td>18600－24500</td><td>18600</td><td>21550</td><td>24500</td></tr>
<tr><td colspan="4" rowspan="2">经理</td><td>10</td><td>14600－18500</td><td>14600</td><td>16550</td><td>18500</td><td rowspan="2">高级</td><td>10</td><td>14600－18500</td><td>14600</td><td>16550</td><td>18500</td></tr>
<tr><td>9</td><td>11000－14500</td><td>11000</td><td>12750</td><td>14500</td><td>9</td><td>11000－14500</td><td>11000</td><td>12750</td><td>14500</td></tr>
<tr><td colspan="4" rowspan="2">副经理</td><td>8</td><td>8800－10900</td><td>8800</td><td>9850</td><td>10900</td><td rowspan="2">中级</td><td>8</td><td>8800－10900</td><td>8800</td><td>9850</td><td>10900</td></tr>
<tr><td>7</td><td>6900－8700</td><td>6900</td><td>7800</td><td>8700</td><td>7</td><td>6900－8700</td><td>6900</td><td>7800</td><td>8700</td></tr>
<tr><td colspan="4" rowspan="6">无此薪酬区间</td><td>6</td><td>5500－6800</td><td>5500</td><td>6150</td><td>6800</td><td rowspan="2">初级</td><td>6</td><td>5500－6800</td><td>5500</td><td>6150</td><td>6800</td></tr>
<tr><td>5</td><td>4500－5400</td><td>4500</td><td>4950</td><td>5400</td><td>5</td><td>4500－5400</td><td>4500</td><td>4950</td><td>5400</td></tr>
<tr><td>4</td><td>3900－4400</td><td>3900</td><td>4150</td><td>4400</td><td rowspan="4">无此薪酬区间</td><td>4</td><td>3900－4400</td><td>3900</td><td>4150</td><td>4400</td></tr>
<tr><td>3</td><td>3600－3800</td><td>3600</td><td>3700</td><td>3800</td><td>3</td><td>3600－3800</td><td>3600</td><td>3700</td><td>3800</td></tr>
<tr><td>2</td><td>3300－3500</td><td>3300</td><td>3400</td><td>3500</td><td>2</td><td>3300－3500</td><td>3300</td><td>3400</td><td>3500</td></tr>
<tr><td>1</td><td>3000－3200</td><td>3000</td><td>3100</td><td>3200</td><td>1</td><td>3000－3200</td><td>3000</td><td>3100</td><td>3200</td></tr>
</table>

表 7－13 K 公司职级薪级表(续表)

运营与营销序列（S）						职能与保障序列（F）					
职级	薪级	薪酬区间	最小值	中位值	最大值	职级	薪级	薪酬区间	最小值	中位值	最大值
无此薪酬区间	16	69600－84500	69600	77050	84500	无此薪酬区间	16	69600－84500	69600	77050	84500
	15	54100－69500	54100	61800	69500		15	54100－69500	54100	61800	69500
专家级	14	41600－54000	41600	47800	54000		14	41600－54000	41600	47800	54000
	13	32000－41500	32000	36750	41500		13	32000－41500	32000	36750	41500
资深级	12	24600－31900	24600	28250	31900		12	24600－31900	24600	28250	31900
	11	18600－24500	18600	21550	24500		11	18600－24500	18600	21550	24500
高级	10	14600－18500	14600	16550	18500	资深级	10	14600－18500	14600	16550	18500
	9	11000－14500	11000	12750	14500		9	11000－14500	11000	12750	14500
中级	8	8800－10900	8800	9850	10900	高级	8	8800－10900	8800	9850	10900
	7	6900－8700	6900	7800	8700		7	6900－8700	6900	7800	8700
初级	6	5500－6800	5500	6150	6800	中级	6	5500－6800	5500	6150	6800
	5	4500－5400	4500	4950	5400		5	4500－5400	4500	4950	5400
无此薪酬区间	4	3900－4400	3900	4150	4400	初级	4	3900－4400	3900	4150	4400
	3	3600－3800	3600	3700	3800		3	3600－3800	3600	3700	3800
	2	3300－3500	3300	3400	3500	无此薪酬区间	2	3300－3500	3300	3400	3500
	1	3000－3200	3000	3100	3200		1	3000－3200	3000	3100	3200

备注：在同一薪酬区间内，根据能力水平、贡献大小确定具体的薪酬数额。
1.中下水平，在该薪酬区间的最小值和中位值之间确定具体薪酬数额。
2.中上水平，在该薪酬区间的中位值和最大值之间确定具体薪酬数额。

表 7－14　K 公司薪资套改表

表7-14　K公司薪酬套改数据（人员截止日期2015.12.31）

员工编号	所在部门	姓名	岗位名称	入职时间	岗位序列	职级	岗位对应薪级	薪酬套改					新工资结构					2016-8-8调薪幅度	原工资标准参照				
								薪级	薪酬区间	最小值	中位值	最大值	岗位工资	保密津贴	绩效工资	各类补助	2016.1.19调整后工资		合计	固定工资	保密津贴	补助	住房津贴
46	财务部	XX芳	出纳	2015/7/1	F	中级	5-6	5	4500-5400	4500	4950	5400	3060	510	1530		5,100.00	**700.00**	4,600.00	3,600.00	200.00	800.00	
47	财务部	X霞	会计	2014/6/16	F	中级	5-6	6	5500-6800	5500	6150	6800	3660	610	1830		6,100.00		6,100.00	5,100.00	200.00	800.00	
53	人事行政部	XX红	薪酬绩效专员	2015/3/23	F	高级	7-8	7	6900-8700	6900	7800	8700	4680	780	2340		7,800.00		6,600.00	5,600.00	200.00	800.00	
2	总经办	刘XX	总经理助理（兼）	2014/7/10	F	高级	7-8	8	8800-10900	8800	9850	10900	6360	1060	3180		10,600.00		9,600.00	8,600.00	200.00	800.00	
45	财务部	XX梅	财务主管	2015/4/21	M	副经理	7-8	7	6900-8700	6900	7800	8700	4680	780	2340		7,800.00	**700.00**	7,800.00	6,800.00	200.00	800.00	
1	总经办	XX良	执行副总（见习）	2015/7/30	M	副总经理	11-15	11	18600-24500	18600	21550	24500	12720	2120	6360		21,200.00		12,800.00	9,800.00	200.00	800.00	2,000.00
10	XX中心	XX山	XX中心总监	2015/6/23	M	总监	11-14	12	24600-31900	24600	28250	31900	18060	3010	9030		30,100.00		30,100.00	29,100.00	200.00	800.00	
13	XX研发中心	XX峰	副总监	2015/5/4	M	总监	11-14	12	24600-31900	24600	28250	31900	17700	2950	8850		29,500.00		22,800.00	21,800.00	200.00	800.00	
14	XX研发中心	余XX	总监	2015/6/11	M	总监	11-14	12	24600-31900	24600	28250	31900	18300	3050	9150		30,500.00		22,800.00	19,800.00	200.00	800.00	2,000.00
11	XX中心	杨XX	产品助理	2015/4/13	S	初级	5-6	6	5500-6800	5500	6150	6800	3480	580	1740		5,800.00	**700.00**	5,800.00	4,800.00	200.00	800.00	
43	XX研发中心	XX沂	运维经理	2014/5/26	S	中级	7-8	8	8800-10900	8800	9850	10900	6180	1030	3090		**10,300.00**	**1,000.00**	9,300.00	8,300.00	200.00	800.00	
12	XX中心	XX升	项目经理	2013/6/1	S	高级	9-10	9	11000-14500	11000	12750	14500	7980	1330	3990		13,300.00	**1,700.00**	13,300.00	12,300.00	200.00	800.00	
29	XX研发中心	XX莹	项目经理	2015/3/31	S	高级	9-10	9	11000-14500	11000	12750	14500	8280	1380	4140		13,800.00		12,800.00	11,800.00	200.00	800.00	
56	市场中心	XX刚	产品经理	2013/6/4	S	高级	9-10	10	14600-18500	14600	16550	18500	10560	1760	5280		17,600.00		16,800.00	15,800.00	200.00	800.00	
31	XX研发中心	XX峰	协议工程师	2015/11/30	T	实习生	无此薪级区间	4	3900-4400	3900	4150	4400	2580	430	1290		4,300.00		4,300.00	3,300.00	200.00	800.00	
32	XX研发中心	XX青	协议工程师	2015/7/27	T	初级	5-6	5	4500-5400	4500	4950	5400	3060	510	1530		5,100.00	**1,200.00**	5,100.00	4,100.00	200.00	800.00	
33	XX研发中心	邹XX	协议工程师	2015/6/10	T	初级	5-6	6	5500-6800	5500	6150	6800	3960	660	1980		6,600.00	**500.00**	6,600.00	5,600.00	200.00	800.00	
48	供应链部	X永政	MEI工程师	2014/12/9	T	初级	5-6	6	5500-6800	5500	6150	6800	3960	660	1980		6,600.00		6,100.00	5,100.00	200.00	800.00	
5	XX中心	张XX	WEB前端工程师	2015/12/7	T	中级	7-8	7	6900-8700	6900	7800	8700	4800	800	2400		8,000.00		8,000.00				
22	XX研发中心	黄XX	测试工程师	2015/6/26	T	中级	7-8	7	6900-8700	6900	7800	8700	4380	730	2190		7,300.00	**1,000.00**	6,300.00	5,300.00	200.00	800.00	
25	XX研发中心	王XX	测试工程师	2013/5/2	T	中级	7-8	7	6900-8700	6900	7800	8700	4980	830	2490		8,300.00		7,300.00	6,300.00	200.00	800.00	
27	XX研发中心	XX明	资讯兼配置工程师	2015/11/25	T	中级	7-8	7	6900-8700	6900	7800	8700	4980	830	2490		8,300.00		8,300.00	7,300.00	200.00	800.00	
34	XX研发中心	XX天	机电工程师	2015/5/20	T	中级	7-8	7	6900-8700	6900	7800	8700	4860	810	2430		8,100.00		8,100.00	7,100.00	200.00	800.00	
35	XX研发中心	郑XX	协议工程师	2015/6/8	T	中级	7-8	7	6900-8700	6900	7800	8700	4260	710	2130		7,100.00	**500.00**	7,100.00	6,100.00	200.00	800.00	
36	XX研发中心	刘XX	协议工程师	2015/6/1	T	中级	7-8	7	6900-8700	6900	7800	8700	4560	760	2280		7,600.00		7,600.00	6,600.00	200.00	800.00	
40	XX研发中心	李XX	LAYOUT工程师	2014/12/1	T	中级	7-8	7	6900-8700	6900	7800	8700	5160	860	2580		8,600.00	**500.00**	8,100.00	7,100.00	200.00	800.00	
49	供应链部	XX旺	品质专员	2015/7/9	T	中级	7-8	7	6900-8700	6900	7800	8700	4260	710	2130		7,100.00		6,600.00	5,600.00	200.00	800.00	
6	XX中心	XX鹏	JAVA工程师	2015/11/30	T	中级	7-8	8	8800-10900	8800	9850	10900	6480	1080	3240		10,800.00		10,800.00	8,800.00	200.00	800.00	
7	XX中心	XX山	测试工程师	2015/5/25	T	中级	7-8	8	8800-10900	8800	9850	10900	5580	930	2790		9,300.00		9,300.00	8,300.00	200.00	800.00	
23	XX研发中心	梁XX	测试工程师	2015/6/15	T	中级	7-8	8	8800-10900	8800	9850	10900	5460	910	2730		9,100.00		7,600.00	6,600.00	200.00	800.00	
24	XX研发中心	陈XX	测试工程师	2014/11/3	T	中级	7-8	8	8800-10900	8800	9850	10900	5700	950	2850		9,500.00		8,500.00	7,500.00	200.00	800.00	
26	XX研发中心	吴XX	测试工程师	2015/7/6	T	中级	7-8	8	8800-10900	8800	9850	10900	5760	960	2880		9,600.00		9,600.00	8,600.00	200.00	800.00	
8	XX中心	XX湘	高级JAVA工程师	2015/6/15	T	高级	9-10	9	11000-14500	11000	12750	14500	7860	1310	3930		13,100.00		13,100.00	12,100.00	200.00	800.00	
9	XX中心	XX军	高级运维工程师	2015/4/21	T	高级	9-10	9	11000-14500	11000	12750	14500	7860	1310	3930		13,100.00		13,100.00	12,100.00	200.00	800.00	
20	XX研发中心	XX秋	软件工程师	2014/7/1	T	高级	9-10	9	11000-14500	11000	12750	14500	8160	1360	4080		13,600.00	**1,500.00**	12,600.00	11,600.00	200.00	800.00	
28	XX研发中心	XX军	软件工程师	2015/1/20	T	高级	9-10	9	11000-14500	11000	12750	14500	7800	1300	3900		**13,000.00**		10,100.00	9,100.00	200.00	800.00	
15	XX研发中心	XX成	OBD高级工程师	2015/7/2	T	高级	9-10	10	14600-18500	14600	16550	18500	9060	1510	4530		15,100.00	**1,500.00**	15,100.00	14,100.00	200.00	800.00	
16	XX研发中心	XX明	软件工程师	2015/6/23	T	高级	9-10	10	14600-18500	14600	16550	18500	9060	1510	4530		15,100.00	**1,000.00**	15,100.00	14,100.00	200.00	800.00	
17	XX研发中心	XX清	软件工程师	2015/6/1	T	高级	9-10	10	14600-18500	14600	16550	18500	10080	1680	5040		16,800.00	**1,500.00**	16,800.00	15,800.00	200.00	800.00	
18	XX研发中心	XX敏	OBD主管	2014/6/9	T	资深级	11-13	11	18600-24500	18600	21550	24500	13800	2300	6900		23,000.00		20,000.00	19,000.00	200.00	800.00	
19	XX研发中心	宋XX	软件工程师	2015/6/24	T	资深级	11-13	11	18600-24500	18600	21550	24500	11280	1880	5640		18,800.00	**500.00**	18,800.00	17,800.00	200.00	800.00	
21	XX研发中心	XX	测试主管	2014/1/6	T	资深级	11-13	11	18600-24500	18600	21550	24500	11880	1980	5940		19,800.00		16,800.00	15,800.00	200.00	800.00	
30	XX研发中心	XX云	协议主管	2013/4/23	T	资深级	11-13	11	18600-24500	18600	21550	24500	13800	2300	6900		23,000.00		19,480.00	18,480.00	200.00	800.00	
39	XX研发中心	陈XX	硬件主管	2013/3/19	T	资级级	11-13	11	18600-24500	18600	21550	24500	12000	2000	6000		20,000.00		17,708.00	16,708.00	200.00	800.00	
3	XX中心	XX安	高级JAVA工程师	2015/11/23	T	资深级	11-13	12	24600-31900	24600	28250	31900	14880	2480	7440		24,800.00		24,800.00	21,800.00	200.00	800.00	
4	XX中心	XX皓	系统架构师	2015/11/2	T	资深级	11-13	12	24600-31900	24600	28250	31900	14880	2480	7440		24,800.00		24,800.00	23,800.00	200.00	800.00	
													362880	60480	181440		604800		554788				
																		14,500.00					

（四）实施该薪酬体系的文件

大量的沟通工作和调整表格工作结束后，需要走完公司层级的审批流程，接着我们将新的工资表提交给财务部并开始实行。

（五）改善员工福利

由于K公司是创业型公司，绝大部分员工是“90后”“95后”，他们注重办公室氛围和工作带来的价值感和体验感。为了加强他们的自由感和被尊重感，从而提高组织氛围和工作效能，K公司推出了一系列福利政策、普惠福利项目、激励性项目、带薪休假、特殊奖金项目，包括但不限于一定金额的免息贷款购车、项目奖、创新技术奖、图书角、下午茶、体育活动、相亲会等。参见表7－15。

对于员工来讲，最直接的工作体验就是薪酬和福利所带来的感受、认同和价值感，因此，在薪酬总额允许的范围内，无论我们设计怎样的薪酬福利制度，都应当充分考虑员工的需要和特点。

表 7－15　K 公司福利管理制度实施细则

序号	福利类别	细项	类似现金价值/次数	办理人/部门	报销/实施流程	报销票据类别	使用说明
1	生日	生日礼物或礼金	100元/人	人力行政部	凭票提交报销系统	礼品/用品等	
2	团队经费	部门聚餐/活动	80元/人/月	各部门		门票/餐票/车票/油票等	
3	结婚	结婚礼物或礼金	500元/人	人力行政部		礼品/用品/食品等	
4	生育	生育礼物或礼金	500元/人				
5	住院	探望和慰问金	200元				
6	年度体检	年度体检	400元/人			体检相关发票	
7	春节礼包	春节礼包	300以内/人			礼品/用品/食品等	
8	开工利是	开工利是	根据实际情况			无	
9	车辆补助	车辆补助	1500元/月/人	个人		机票、火车票、汽车票、打车票、油票、停车票等	开车上下班，加装公司的OBD产品，并配合测试，协助公司的公务用车，以运维数据不低于11个工作日为标准。
10	春节路费	春节探亲路费	500元/人				员工个人春节回乡探亲或父母/配偶/子女春节来深团圆
11	带薪假期	带薪假期	根据实际情况	各部门	提出申请，经部门负责人/总经理签批休假单后，交人力行政部存档。	无	
12	人才推荐奖	人才推荐	200~800元/人		各部门提出纸质申请经部门负责人、财务负责人、总经理签批后，交人力行政部存档，以工资的形式发放到个人。	无	录用初级人才200元，录用中级人才500元，录用高级人才800元。
13	月度优秀员工奖	月度优秀员工	500~1000元/人			无	初级500元，中级800元，高级1000元。
14	月度优秀项目组奖	月度优秀项目组	1000~2000元/组	各部门/人力行政	各部门提出纸质申请经部门负责人、财务负责人、总经理签批后，提供相应金额的发票交人力行政部报销。	门票/餐票/车票/油票等	以项目组为单位进行奖励。人力行政部负责制作奖状、报销。
15	技术创新奖	技术创新	800~2000元/人	各部门	各部门提出纸质申请经部门负责人、财务负责人、总经理签批后，以工资的形式发放到个人。	无	初级800元，中级1000元，高级2000元。
16	图书角	与本职岗位工作技能相关的书籍	300~1000元/部门		凭票提交报销系统	图书相关发票	书籍交人力行政部统一安置管理
17	下午茶		300元/周	人力行政部	凭票提交报销系统	食品相关发票	
18	羽毛球活动		根据实际情况，每周一次			相关发票	
19	篮球活动						
20	拓展活动		根据实际情况，每季一次				
21	年度旅游		根据实际情况，每年一次				

备注：1. 上述相关所需表单由人力行政部负责提供；2. 各项福利详情请查阅《福利管理制度》。

第八章

员工关系管理

严肃刻板或积极愉悦的企业组织气氛是这家企业员工关系管理工作好坏的重要体现，它让人产生主动融入的轻松感觉，或让人望而却步的胆怯感觉。和谐积极的组织氛围会大大提高员工的满意度和忠诚度，反之亦然。在后互联网和AI崛起的时代，员工关系管理在智力密集型企业的作用非同小可，它甚至决定一个企业的存亡。

书中图表文件
可扫描二维码获取

一、 员工关系管理的概念和内容

（一）含义

员工关系管理（Employee Relations Management，ERM），从广义上讲，是在企业人力资源体系中，各级管理人员和人力资源职能管理人员，通过拟订和实施各项人力资源政策和管理行为，以及其他管理沟通手段调节企业和员工、员工与员工之间的相互联系和影响，从而实现组织的目标，并确保为员工、社会增值。从狭义上讲，员工关系管理就是企业和员工的沟通管理，这种沟通更多采用柔性的、激励性的、非强制的手段，从而提高员工满意度，支持组织其他管理目标的实现。其主要职责是：协调员工与管理者、员工与员工之间的关系，引导建立积极向上的工作环境。

（二）内容

现代的、积极的员工关系管理主要包含：劳动关系管理（指传统的签订合同、解决劳动纠纷等内容）、法律问题及投诉、员工的活动和协调、心理咨询服务、员工的冲突管理、员工的内部沟通管理、员工的晋升、员工的信息管理、员工的奖惩管理、员工的纪律管理、解除劳动关系、裁员及临时解聘、合并及收购、工作丰富化与扩大化、岗位轮换等。

其中“劳动关系管理”就是指传统的签订劳动合同、解决劳动纠纷等内容；而“心理咨询服务”或称“员工 EAP 心理救援计划”是现在企业中最时髦、最流行的一种福利，这项福利的产生是因为日益强烈的竞争压力和社会认可；“员工的信息管理”对那些相对比较大，如几千人的公司非常重要；另外“解除劳动关系、裁员及临时解聘”则是偏消极的员工关系管理，是用来处置消极员工的。在员工关系管理中，我个人更加推荐采取一系列激励举措来激发员工产生“心流体验”，帮助员工发现自我、自主管理和精进、热爱自己的岗位，体验到工作贡献的价值感和成就感，从而塑造积极正向的整体组织氛围，从根源上减少劳动用工风险和纠纷等。

员工关系管理的内容，涉及了企业文化和人力资源管理体系的构建。企业愿景和价值观确立，内部沟通渠道的建设和应用，组织的设计和调整，人力资源政策的制订和实施等，所有涉及企业与员工、员工与员工之间的联系和影响的方面，都是员工关系管理体系的内容。

二、员工关系管理的九个方面

从管理职责来看，员工关系管理主要有以下九个方面。

（一）劳动关系管理

劳动关系管理包括劳动争议处理、员工上岗、离岗面谈及手续办理、处理员工申诉、人事纠纷和意外事件。我认为劳动关系管理是企业风控管理的重要部分，建议每个企业在成立之初就设立风控部门，例如法务部或法律风控部，一方面可以从总体上规避企业各类经营管理风险，做好企业各类应急预案工作，另一方面也可以预见性地解决劳动纠纷，必要时进行专业的谈判和沟通工作。但是，我们的主要管理思路是遵纪守法、安全作业，避免外部商业纠纷、内部劳动纠纷和意外事件。

（二）纪律管理

引导员工遵守公司的各项规章制度、劳动纪律，提高员工的组织纪律性，在某种程度上对员工行为规范起着约束作用。

（三）人际关系管理

引导员工建立良好的工作关系，创建有利于员工建立正式人际关系的环境，加强团队凝聚力，教练式辅导员工，使大家学会与他人和谐共事的能力。

（四）沟通管理

保证沟通渠道的畅通，引导公司上下及时的双向沟通，完善员工谏言献策的建议制度，设置“员工建议箱”“管理意见栏”等。

（五）绩效管理

制定科学的绩效考评标准和管理体系，执行公平、公开、合理的考评程序。绩效考评工作既能真实反映员工的工作成绩，又能促进员工工作积极性的发挥，使员工主动改进工作技能，实现自我提升和进步。

（六）情况管理

组织员工心态、满意度调查，做好谣言、怠工的预防以及消极因素的检测与处理，解决员工关心的各类问题。

（七）企业文化建设

建设积极有效、健康向上的企业文化，引导员工树立正确的价值观，维护公司的良好雇主形象。

（八）服务与支持

为员工提供有关国家法律、法规、公司政策、个人身心等方面的咨询服务，协助员工平衡工作与生活，保持心理健康。

（九）员工关系管理培训

组织员工进行人际交往、沟通技巧等方面的培训。

三、 员工关系管理的目的

从影响员工关系管理的三个方面，不难得出结论，即员工关系管理的最终目的不仅仅是让员工满意，而更应该是使每一位“权力人”满意。“权力人”应该包括顾客、员工、出资人、社会与环境，甚至包括供应商和竞争对手。从目前成功企业的企业文化分析可以看出，他们都非常重视对企业各种“权力人”权力的尊重。惠普的企业文化明确提出：“以真诚、公正的态度服务于公司的每一个权力人”的思想，这与IBM公司的“让公司每一个成员的尊严和权力都得到尊重，为公司在世界各地的消费者提供最上乘的服务”有异曲同工之妙。

有的管理者讨论如何让员工努力工作，但很少听到他们认真研究如何实现对员工所承担的义务的承诺，包括工作的引导、组织和资源的支持、服务的提供，更谈不上对员工生活的关心。

经常听到经理们对于别的部门不配合自己部门工作的抱怨，特别是对于相互间的推诿、办事效率低的议论，却很少逆向思考“我自己是如何配合别人的”。试想一下，我们为什么不从自身角度改变服务观念，先让别人满意而做好先行者和倡导者呢？作为管理者，我们在其中扮演了什么角色？为什么不能成为公司利益的代言人、企业文化的宣传者，而只是一味抱怨呢？当听到消极的、负面的或者笼统称作所谓员工“不满意”的议论时，我们为什么不能从公司的角度、积极的角度、正面的角度加以重视、引导、解决而是任其蔓延呢？这些问题或许尖锐了一点，但这样的反思会帮助我们梳理和更进一步认清员工关系管理的目的。换句话说，员工关系管理的目的是我们每一个管理者必须首先明确和弄清楚的问题。唯有如此，我们管理者才能以正确的心态，寻找适当的方法，来面对和解决员工关系管理中的种种问题。

员工关系管理是企业人力资源部门的重要职能之一，良好的员工关系可以使员工在心理上获得一种满足感，有利于提高其工作意愿和积极性，也在一定程度上保障企业战略和目标的有效执行。可以说，员工关系是影响员工行为态度、工作效率和执行能力的关键因素，值得企业管理者高度重视。尤其是正向积极的心理体验，是员工忠诚度和高绩效产出的关键。

四、 员工关系管理的框架

员工进入企业成为组织的成员后，就进入了员工关系管理的框架。从理论上说，企业人力资源管理从三个方面影响企业与员工、员工与员工之间的联系，这三个方面就是工作设计、员工异动和员工激励。

（1）工作设计，是指根据企业目标和业务特点，确定每个工作职位的工作内容和所应承担的职责，彼此之间的工作联系、管理关系和方式，以及这些工作对员工的要求。工作设计对员工应该做什么和如何做才能达到要求进行了明确。

（2）员工异动，是指员工从进入企业到离开企业的整个过程。这个过程实际上是员工为实现本人的职业发展计划和企业为保证业务运转的整个人力资源配置过程，以及满足企业和员工本人对工作能力要求而进行的绩效评估、能力转化和提升的过程。

（3）员工激励，是指如何通过内外部激励手段，不断促进企业目标实现和员工个人发展之间的良性循环。内外部的激励手段，既包含报酬体系、福利体系，也包含其他满足员工心理需求的各种措施。

五、 如何做好员工关系管理

（一）员工关系管理的起点是让员工认同企业的愿景

企业所有利益相关者的利益都是通过企业共同愿景的实现来达成的。因此，员工关系管理的起点是让员工认同企业的愿景。没有共同的愿景，缺乏共同的信念，就没有利益相关的前提。但凡优秀的企业，都是通过确立共同愿景，整合各类资源，当然也包括人力资源，牵引整个组织不断发展和壮大，牵引成员通过组织目标的实现，来实现个体目标。

企业的价值观规定了人们的基本思维模式和行为模式，或者说是习以为常的东西，是一种不需要思考就能够表现出来的东西，是一旦违背了它就感到不舒服的东西。因此，可以说企业的价值观是企业的伦理基准，是企业成员对事物共同的判定标准和共同的行为准则，是组织规范的基础。有了共同价值观，对某种行为或结果，组织成员都能够站在组织的立场做出一致评价。这种一致的价值观既是组织特色，也是组织成员相互区分的思想和行为标识。

所以，**认同共同的企业愿景和价值观，是建立和完善企业员工关系管理体系的前提和基础**。

（二）完善激励约束机制是员工关系管理的根本

企业有多种利益相关者，但其创立和存在的核心目标在于追求经济价值，而不是为了单纯满足员工个体利益需求。因此，识别企业组织的目标和其所处的竞争状况，并建立企业与员工同生存、共发展的命运共同体，是处理员工关系的根本出发点。完善激励约束机制、建立科学合理的薪酬制度包括晋升机制、合理利用利益关系就成了员工关系管理的根本。

（三）心理契约是员工关系管理的核心部分

20 世纪 70 年代，美国心理学家施恩提出了心理契约的概念。虽然心理契约不是有形的，但却发挥着有形契约的作用。**心理契约是指员工以自己与组织的关系为前提，以承诺和感知为基础，自己和组织彼此形成的责任和义务的各种信念。“心理契约”是存在于员工与企业之间的隐性契约，其核心是员工满意度。**

企业清楚地了解每个员工的需求和发展愿望，并尽量予以满足；而员工也为企业的发展全力奉献，因为他们相信企业能满足他们的需求与愿望。

心理契约的主体是员工在企业中的心理状态，而用于衡量员工在企业中心理状态的三个基本概念是**工作满意度、工作参与和组织承诺**。在企业这样的以经济活动为主的组织中，员工的工作满意度是企业心理契约管理的重点和关键。心理契约管理的目的，就是通过人力资源管理来实现员工的工作满意度，进而实现员工对组织的强烈归属感和对工作的高度投入。

心理契约还由员工需求、企业激励方式、员工自我定位以及相应的工作行为四个方面的循环构建而成，并且这四个方面有着理性的决定关系。心理契约给员工关系管理带来的思考是：

①企业在构建心理契约时，要以企业自身的人力资源和员工个人需求结构为基础，用一定的激励方法和管理手段来满足、对应和引导员工的心理需求，促动员工以相应的工作行为作为回报，并根据员工的反应在激励上做出适当调整。

②员工则依据个人期望和企业的愿景目标，调整自己的心理需求，确定自己对企业的关系定位，结合企业发展目标和自身特点设定自己的职业生涯规划，并以此决定自己的工作绩效以及与企业达成的共识：个人成长必须依附企业，离开企业这个平台谈员工个人目标的实现只能是一句空话，这好比大海与溪水的关系，企业是大海，个人是溪水，离开大海，溪水是会干枯的。这就是现代人力资源管理的心理契约循环过程，也是企业员工关系管理的核心部分。

（四）员工关系管理的首要责任人

各职能部门的负责人和人力资源部工作者，是员工关系管理的首要责任人。在企业员工关系管理系统中，职能部门负责人和人力资源部处于联结企业和员工的中心环节。他们相互支持和配合，通过各种方式，一方面协调企业利益和员工需求之间的矛盾，提高组织的活力和产出效率；另一方面协调员工之间的关系，提高组织的凝聚力，从而保证企业目标的实现。因此，职能部门负责人和人力资源部工作者是员工关系管理的关键，是实施员工关系管理的首要责任人，他们的工作方式和效果，是企业员工关系管理水平和效果的直接体现。

综上所述，**员工关系管理的问题最终是人的问题，主要是管理者的责任。所以，管理者，特别是中高层管理者的观念和行为起着至关重要的作**

用。在员工关系管理和企业文化建设中，管理者应是企业利益的代表者，应是群体最终的责任者，应是下属发展的培养者，应是新观念的开拓者，应是规则执行的督导者。在员工关系管理中，每一位管理者能否把握好自身的管理角色，实现自我定位、自我约束、自我实现乃至自我超越，关系到员工关系管理的水平和成败，更关系到一个优秀企业文化建设的成败。这才是我们每一个管理者进行员工关系管理时应该深深思索的问题。

（五）员工成长沟通管理是员工关系管理的重点

不论从影响企业和员工、员工与员工之间的联系的工作设计、人力资源的流动和员工激励三个方面，还是从员工关系管理的广义和狭义内容角度，我们都会发现，沟通渠道建设特别是涉及员工异动的员工成长管理，我们暂且称之为员工成长沟通管理，是管理者进行员工关系管理的重点。

1. 员工成长沟通管理的内容与目的

员工成长沟通可以细分为“入司前沟通、岗前培训沟通、试用期间沟通、转正沟通、工作异动沟通、定期考核沟通、离职面谈、离职后沟通管理”等八个方面，构成一个完整的员工成长沟通管理体系，用以改善和提升员工关系管理水平、为公司领导经营管理决策提供重要参考信息。

2. 员工成长沟通管理的具体内容与类别浅析

阶段一：入司前沟通

（1）沟通目的

重点对企业基本情况、企业文化、企业目标、企业经营理念、所应聘岗位工作性质、工作职责、工作内容、加盟公司后可能遇到的工作困难等情况进行客观的介绍，达到“以企业理念凝聚人、以事业机会吸引人、以专业化和职业化要求选拔人”之目的。

（2）沟通时机

招聘选拔面试时进行。招聘主管负责对企业拟引进的中高级管理/技术人才进行企业基本情况介绍等初步沟通，对拟引进的一般职位负责完成“入司前沟通”；对拟引进的中高级管理/技术人才，人力资源部负责人和公司主管领导完成“入司前沟通”。

阶段二：岗前培训沟通

对员工上岗前必须掌握的基本内容进行沟通培训，以掌握企业的基本情况、提高对企业文化的理解和认同、全面了解企业管理制度、知晓企业员工的行为规范、知晓自己本职工作的岗位职责和工作考核标准、掌握本职工作的基本工作方法，以帮助员工比较顺利地开展工作，尽快融入企业，度过“入职适应期”。

阶段三：试用期间沟通

（1）沟通目的

帮助新员工更加快速地融入企业团队，度过“适应期”，尽量给新员工创造一个舒适、愉快的工作环境，即使新员工最终被淘汰，也应该是因为员工自身不符合录用条件。

（2）沟通责任者

人力资源部、新员工所属直接和间接上级。人力资源部主要负责对用人部门管理人员进行试用期间的沟通；部门管理人员以外的新员工沟通、引导原则上由其所属上级负责。

（3）沟通频次要求

①人力资源部：新员工试用第一个月：至少面谈 2 次（第一周结束时和第一个月结束时）；新员工试用第二、三个月（入司后第二、三个月）：每月至少面谈 1 次、电话沟通 1 次。

②新员工所属直接上级：可以参照人力资源部的沟通频次要求进行。

（4）沟通形式

面谈、电话等方式外，人力资源部还应不定期组织新员工座谈会进行沟通，可与新员工岗前集中培训结合进行。

阶段四：转正沟通

（1）沟通目的

根据新员工试用期的表现，做出是否转正的意见。建议同意转正的，应指出工作中存在的不足、今后的改进建议和希望；不同意转正或延长试用期的，应中肯地分析原因和提出今后改进建议。

（2）沟通时机

①新员工所属直接上级：进行新员工转正评价时，形成用人部门的意见。

②人力资源部：在审核部门新员工转正时，形成职能部门的意见。

阶段五：工作异动沟通

（1）沟通目的

使员工明确工作异动的原因和目的、新岗位的工作内容、责任、挑战及希望，以使员工比较顺利地融入新岗位，以期达到员工到新岗位后更加愉快、敬业地工作之目的。

（2）沟通时机

①人力资源部：在决定形成后，正式通知员工本人前。

②异动员工原部门直接上级：在接到人力资源部的员工异动决定通知后，立即进行。

③异动员工新到部门直接上级：在异动员工报到上岗之日，相当于新员工的入职引导和岗前培训沟通。

阶段六：定期考核沟通

企业可以结合员工绩效管理方案，定期或不定期随机抽取员工，进行绩效面谈沟通工作。这项沟通工作可以由部门负责人独立进行，也可以会同人力资源部共同进行。

阶段七：离职面谈

（1）沟通目的

本着善待离职者的原则，对于主动离职的员工，通过离职面谈了解员工离职的真实原因，以便公司改进管理；对于被动离职的员工，通过离职面谈提供职业发展建议，不让其带着怨恨走；诚恳地希望离职员工留下联系方式，以便跟踪管理。

（2）沟通时机

第一次：得到员工离职信息时或做出解除劳动关系决定时；第二次：

员工离职手续办清楚，准备离开公司的最后一天，一般安排在工资费用结算前。因此时离职员工再无任何顾忌，容易讲真话。

（3）离职面谈责任人

原则上由人力资源部和员工所属部门负责人共同组织：①第一次离职面谈：对于主动提出辞职的员工，员工直接上级或其他人得到信息后，应立即向其部门负责人和人力资源部负责人反映（人力资源部应该落实专人负责员工关系管理），拟辞职员工部门负责人应立即进行离职面谈，了解离职原因，对于欲挽留员工应进行挽留面谈，对于把握不准是否挽留的，应先及时反馈人力资源部以便共同研究或汇报，再采取相应措施。对于经理级以上的管理干部主动辞职的，得到信息的人应先将信息第一时间反馈人力资源部负责人以便决策。对于企业主动解除劳动关系的员工，经理级以下员工，由员工所在部门负责人进行第一次离职面谈；经理级以上员工（含经理级）由人力资源部，组织进行第一次离职面谈。

②第二次离职面谈：对于最终决定同意离职的员工，由人力资源部进行第二次离职面谈。主管级以下员工由人力主管进行离职面谈；主管级以上员工（含主管级）由人力资源部经理及以上负责人进行离职面谈（原则上企业谈话人应比离职者的职级略高或至少应对等）。对于管理岗以外的员工离职，第二次面谈可以采取离职员工填写《离职员工面谈表》的相关方式配合完成。第二次面谈应技巧性让离职员工自愿留下联系方式，以便跟踪管理。

（4）离职原因分析

离职原因分析，应每月定期进行 1 次，由人力主管负责完成，报人力资源部负责人或分管领导，以便改进人力资源管理工作。

阶段八：离职后沟通管理（依据企业的实际人力配置和管理惯例来定）

（1）管理对象

属于中高级管理人员、关键技术人员或具有发展潜力的员工、营销一线骨干岗位员工，并且不是因人品、工作失职等原因主动离职，同时是属于企业希望其“吃回头草”的离职员工。

（2）管理目的

通过真诚的关心，建立友善的终生同事关系，使其能成为企业外部可供开发的人力资源，更是企业文化、企业形象的正面宣传窗口。

（3）管理方式

①人力资源部负责员工关系管理的人力主管，应建立此类员工的离职后续管理档案，档案内容至少应包括离职去向、离职原因、联系方式、后续追踪管理记录等内容。

②离职时诚恳地要求其留下联系方式。

③一般应在员工离职后 1 月内、半年内、1 年内分别电话沟通关心一次。

④每年给离职员工寄生日卡和新年卡，由副总级以上分管领导亲笔签名。

⑤把离职员工列入公司内部刊物邮寄名单（至少 3 个月 1 次）。

⑥定期（原则上 3 个月 1 次）为离职员工寄发有公司近况和经营业务的电子邮件。

（六）针对不同员工采取不同的管理方法

1. 对性格孤僻的员工进行引导

首先，拒绝冷落，施以温暖。管理这类员工最有效的策略是给其人世间的温暖和体贴。可以在学习、工作、生活的细节上多为他们做一些实实在在的事，尤其是在他们遇到了自身难以克服的困难时。在任何情况下都不要流露出对他们的表现漠不关心的态度，要像对待其他员工一样对待他们。这里就需要领导者的宽宏大度了。

其次，性格孤僻员工一般不爱讲话。对此，关键是选好话题主动交谈。一般而言，只要谈话内容触到了他们的兴奋点，他们是会开口的。但也得注意，性格孤僻的人喜欢抓住谈话中的细枝末节胡乱猜疑，一句非常普通的话有时也会使其恼怒，并久久铭刻在心以致产生深深的心理隔阂。

因此，谈话时要特别留神，措辞要仔细斟酌。

再次，从这类员工心理特点来说，他们有自己的生活方式，不希望被别人打扰。如果为了能和他们接触，而整日耐着性子，装出一副热情有加的样子和他们称兄道弟，保证不会得到什么好结果。尤其是当他们感觉到上级是为了某种目的而想和他们“套近乎”时，他们一定会从心里认为上级是个十分虚伪的人。其实，只要和他们保持一般的工作上的接触就可以了。真正需要对他们进行帮助应该是在他们遇到了某种困难的时候。

另外，保持耐心很重要。对性格孤僻的人进行管理，有时很容易遭到对方的冷遇，如果遇到这种情况一定要有耐心。“日久知人心”“事实胜于雄辩”，只有到了他们能够完全信任领导者的时候，你说的话才会有分量，此时，管理行为也就具备了威信。

最后，要投其所好，直攻其心。这类寂寞的人群总有他们独特的方式来享受这独处的时光。仔细观察了解，看看脾气古怪的员工是以什么方式打发时间的，以此作为突破口，打开彼此间的僵局。

作为领导者来说，尊重他们的选择是创造彼此间良好交往氛围的前提条件。**对每一个员工，领导者都有义务去关心和爱护他们，不要轻言放弃，用心地努力，就会得到他们的认同**。

2. 对桀骜不驯的员工设法掌控

每个员工都有自己不同于别人的心理，因此，作为领导者来说，不是去压制他们的想法，而应该是巧妙地利用他们各自的不同为工作所用。对一个聪明的领导者来说，不仅应该细心研究自己及周围人员的性格特点、工作作风以及心理状态，更应做到因地制宜、对症下药，这样工作起来才能得心应手、事半功倍。对于那些桀骜不驯、表现型的人，务必注意在工作的各个细节上都为其制定具体的计划，否则，他们很容易偏离工作目标。要以同情的态度倾听他们的述说，不要急于反驳和争辩，当他们安静下来时，再提出明确的、令人信服的意见和办法。对他们的成绩要及时给予公开表扬，同时也要多提醒他们冷静地思考问题。

管理是一门艺术，科学地采用适合于彼此的工作方法进行管理和处理人事关系，可以避免简单生硬和感情用事，避免不必要的误解和纠纷，扬长避短、因势利导，进而赢得同事的支持与配合，造就一个协同作战的团队，并且能更迅速、更顺利地制定和贯彻各种决策，实施更有效的管理。

3. 对“老黄牛”式的员工要善待

在一个团队中，既需要那些很有创意的人才，同样也需要那些“老黄牛”式的员工，所有人的配合才能共同把工作做好。所谓“老黄牛”式的员工，往往是那些勤勤恳恳、踏踏实实、毫不张扬的人。这样的人虽然可能没有太引起领导者的注意，他们可能也没有太突出的业绩，但团队同样离不开他们。因此，作为领导者不能因为他们的低调，就理所当然地忽略他们的成绩和存在，而应该一视同仁，像对待那些为团队做出突出贡献的员工一样来用心对待他们。

“老黄牛”式的员工虽然平时一声不吭，但他们的心里同样有问题，有对上级不同的看法，有对团队发展的建议，等等，平时这些问题不可能充分展开，大多数是上级占尽上风。但领导者非常有必要抽出时间，听听他们从自己的角度对心中块垒的宣泄。有时只需带着耳朵，耐心听完他们的叙述，甚至不必做出什么回答，对方的不平心理就已经得到舒展。

相对来说，“老黄牛”式的员工不是没有需求，只是他们很容易得到心理满足而已。因此，作为领导者只需要把“饼”画得清楚就行了。也许并不需要对这类员工进行特别的动员和嘉奖，只需要对团队的未来有一个长远、清晰的规划，就可以拴住他们的心，就可以激励他们为团队继续任劳任怨。

“老黄牛”式的员工即使职务对他们并不合适，他们也会抱着是上级安排的，就应该努力干好的心理，而不会主动向上级提出来。这时就需要领导者用心观察他们的工作情况，如果发现他们目前的职务对他们并不合适，有时不妨直接告诉他们。即使他们以后离去，对团队和个人都是有利的。

因此，对于领导者来说，针对“老黄牛”式的员工要区别对待，要用心解读他们的心理，而不仅仅是引导、利用，这样才能抓住他们的心理，从而做到更好地管理他们。

4. 对墨守成规的员工要多揣摩他们的心理

众所周知，有效的沟通是管理的法宝之一。但是领导者常常会碰到一些“墨守成规”的员工，他们往往是我行我素，对人冷若冰霜。尽管你客客气气地与他寒暄、打招呼，但是他总是爱理不理，不会做出你所期待的反应。为了更好地管理这类员工，你不妨从了解这类员工的性格特点开始。

墨守成规的员工天生缺乏创意，喜欢模仿他人，做人、处世的方法和语言都按照别人的样子，既没有自己的主见，也没有自己的风格，没有现成的规矩，就不知该如何行事。这种人往往没有突破性的发现，对新事物、新观点接受得较慢。这种人因为墨守成规，当实际情况发生变化时，不知道灵活运用，只是搬出老皇历寻找依据。这种人不知以变应变，因此，他们难以应对新事物、新情况。因此，这种人不宜委以重任。

但他们同样也有优点。比如他们做事认真负责，易于管理，虽没有什么创见，但他们一般不会发生原则性的错误。一般的事情交给他们去办，他们能够按照上级的指示和意图进行处理，往往还能把事情做得令上级十分满意，难以挑剔。从形式上看，似乎他们怎样对我，我当然可以以同样的方式去对待他们，但是，这种想法对领导者是不恰当的。这种员工，他们的这种墨守成规并不是由于他们对你有意见而故意这样做。实际上，这往往是他们本身的性格，尽管你主观上认为他们的做法使你的自尊心受到伤害，但这绝非他们的本意。所以说，你完全没有必要去计较。

因此，领导者不仅不能冷落他们，反而应该多花些工夫，仔细观察，注意他们的一举一动，从他们的言行中，寻找他们真正关心的事情。一旦你触及他们所热心的话题，对方很可能马上会一扫往常那种墨守成规的死板态度，而表现出相当大的热情。

要管理好墨守成规的员工，更多的是要有耐心，要循序渐进。如果你能够设身处地地为他们着想，维护其利益，逐渐使对方去接受一些新的事物，从而改变和调整他们的心态，那么，他们可能对你心存感激，这样，不但可以使他们改掉墨守成规的毛病，也为你对他们有效的管理添上了一份力量。

六、 员工管理的注意事项

（一）管理者的管理技巧

1. 技巧一：摆正心态，降低权力距离

有句谚语说得好：“低头的稻穗，昂头的稗子。”所表示的意思是低头是一种谦虚的人生态度，一种真正懂得做人处世的意义后表现出来的态度。有道是“人格无贵贱，人品有高低”。作为老板或管理者老把自己看作官，把自己摆在“高人一等”的位置上逞威风，实则是把自己的人品降了三等。反之，不摆官架，低调一点，看似少了些官威，实则提升了自己的人品和威信。管理者应该敏而好学，不耻下问，虚怀若谷。把你的才智和谦虚结合在一起，保持学习的热情，时刻学习别人的长处，不断提高和充实自己。

作为一个管理者，不要认为自己比别人高明多少。事实上比你高明的人有很多，你要放下管理者的“身架”，把自己的言行举止融于常人当中，并始终把自己看作是团队中普通一员。永远与下属保持良好的沟通平台。放低姿态等于抬高自己的身价，每一个人都不是完人，都有不足和错误，所以要多看别人的优点和长处，多肯定和包容部属。

2. 技巧二：以身作则，履行领导职责

吉姆·柯林斯在《从优秀到卓越》一书中说：“言行一致，坚定不移、正直并且强有力的领导人才是优秀的领导人，才能攀越高峰。”作为一个管理者，言行一致不仅是一条做人的基本准则，也是为“官”从政的基本准则。我国的孔圣人曰：“政者，正也。君为正，则百姓从政矣。”律人必须先律己，作为企业的管理者，必须注意自身修养，行动要以身作则，先正自身再去影响他人，进而率领员工去开拓进取。己身不正，焉能正人？

管理者对于任何一个组织来说，其观点、力量、信心和忧虑，都会影响组织，你必须在你所说和所做的所有事情中为你的员工树立一个标准，树立起一个高标准的榜样让他们学习。管理者不在于你做了多少工作，而是在于你带领部属完成了多少工作？在完成工作过程中你有没有以身作责，起模范带头作用？

3. 技巧三：识人于微，用人于长

防微杜渐，见微知著。微的意思是事态的微细变化，君子见到微，就应有所领悟，有所作为。人的一举一动、一言一行，无不折射出其人的学识修养。作为一个管理者，应该有“一叶落而知天下秋，饮一瓢而知河所在”的本领。管理者通过细微之处来识别一个人的品性才华，为企业的人才选择把好脉。现代企业都需要具有良好心理素质的员工，一个意志不坚强的人，最终会被生活抛弃。而勇敢坚强的人，不会在任何困难面前言弃。作为一个管理者，在选择人才时，应该注意对员工心理素质的考察。

用人以长，适才适所。我们用人就是要用员工的长处和强项，把合适的人才放在最合适的地方，发挥员工最大的价值。一个不会用人的管理者，不会成为一个好的管理者，他与员工的关系也会处理得很紧张。

（二）员工管理操作的注意事项

1. 要制订清晰可见的规则和制度

清晰可见的规则和制度可以避免员工的行为盲目和没有导向。其中，激励制度的合理建立，会激发人们更多的正面行为，从而产生更多的利益。另外，管理层一定要明确，这些制度是要严格执行的，而且是始终如一的。

2. 要聘用合适的人

“人是生事的动物”，防范“生事”请从筛选和面试开始！候选人的过去经历和发展方向与我们的要求合不合拍，特别是性格、处事态度、行为特性等，都是我们要细心思考的问题。在组织内提拔人才时，一定要考虑被选人是否具备良好的“人际技能”。主管人员如果沟通技能很差，一旦上任，就会带来可怕的冲突，以致影响下属员工的整体业绩。

3. 保持良好的沟通

通常，新员工到来时，都会接受“入职培训”的课程。新人通过培训，可以减少陌生感和由此产生的压力。而且“开会”也是良好的面对面的沟通方式，因为在会上，大家可以相互交换信息、交换意见。如果公司人数较多，可以由 HR 出面，定期出版内部的“业务通信”，栏目设置可多可少，但一定是代表公司和员工的双方视角，涉及的内容大家都要有兴趣。除此，我曾经有过在企业内设置“意见箱”的经历，并保证及时地反馈，在员工受奖时，以老板的名义给员工的父母或配偶发“喜报”，以示庆贺；员工离职时，有正式的面谈和发展跟踪……我们建议企业对于新员工，设计一套完善的“试用期动态管理跟踪”项目，让新人尽快适应企业的各项环境和情况。同时，我们还建议企业的 HR 安排新人与总裁的沟通午餐，利用工作日的机动时间，增加新人们与总裁的交流和沟通，并表达出企业对于新人才的重视和尊重。

表 8－1 为试用期员工动态跟踪反馈表。如表 8－1 所示，我们追踪了每一个试用期新员工在工作、生活、情绪中的变化和需求，反馈给直接上司和部门负责人，以帮助新人调整态度，以及加强岗位培训，帮助新人提高工作技能。现在的员工，越来越知识化、信息化、国际化。我们在面对他们时，要善用“换位思考”的方式，斟酌如何对待同事、处理“人事”。最后，作为管理者，请始终牢记“尊重员工”。

（三）员工管理的误区

1. 缺乏共同的愿景，导致员工关系管理的起点不清晰

企业共同愿景首先必须是企业利益相关者的共同追求，因此，员工关系管理的起点是让员工认同企业的愿景。没有共同的愿景，缺乏共同的信念，就没有利益相关的前提。据估计，中国年度营业收入规模在 2 亿以上的企业具有清晰战略愿景的不到 20%。很多企业也提出了远大的目标，但是目标的制定缺乏员工的参与，目标的宣贯远远不够，对于愿景的不认同也就在所难免。

表 8－1 试用期员工动态跟踪反馈表

表8-1 试用期动态跟踪反馈汇总---7月入职（2018）

部门	姓名	岗位	直接领导	与预期偏差	本周期已完成工作	收获
XX--创新事业部	龚X航	品牌 BD	周XX	目前基本无偏差，与入职前了解的基本符合，入职相关手续，以及制度、福利完善，特别经过上周五的新员工培训，深入了解公司情况以及福利制度，符合心中预期。	截止到这周二10号（第七个工作日），主要了解公司业务结构等，并撰写新员工学习力PPT，参加新员工入职培训会议，参加新媒体营销会议，参加部门6月述职会议，整理筛选之前老客户，看能否有转化。	通过学习以及撰写新员工PPT，以及新员工培训会议，在这过程中，了解熟悉到公司的组织结构以及业务模式，为接下来的开展工作打下坚实的基础。参加多次部门会议，以及与老员工的沟通，基本熟悉业务，并且开始转化老客户，以及开发新客户。
XX屏媒事业部	黄XX	销售副总监	李XX	公司的运作、管理比预期的跟规范，团队热情、接纳、快乐，使我产生强烈的归属感。	熟悉媒体、对接资源，为开展下一步的工作打下坚实基础。	智能安防及其延伸领域为我打开了一扇窗。
XX屏媒事业部	林X彪	销售	李XX	新的环境的一切肯定会带来偏差，万事开头难做好自己别解释，融入团队做好、人、品、礼、德，适者生存。	1. 公司的企业文化、员工制度、深度了解部门的产品 2. 了解行业市场、动态、产品形式 3. 了解竞争者产品及营销模式 4. 线上线下获取潜在目标行业进行联系、开发 5. 利用自身现有资源介绍其个人业务范围打好地基、方便进行日后的二次开发。	享有公司有良好的工作环境、团队、平台、资源、大家都很友好、“That' slife、Thisismyjob”。
XX-创新事业部	刘XX	媒介经理	周XX	无	了解传媒广告知识、业务情况和工作规划，并将自己的理解梳理，完成入职PPT。 参加6月述职会议、创维智能交互会议屏使用培训，签订入职合同等事务性工作。	在一周的学习和工作中，了解了基础的专业知识，对传媒广告业有了一定的认知，明晰了工作方式和工作方向，能够很快的进入到工作状态。并收获了一群有爱的小伙伴。
市场推广部	刘X敏	文案策划	魏XX	基本无偏差	公众号的日常维护，智博会礼品方案更新，重要领导以及合作伙伴礼品方案初拟，公关接待流程梳理，配合市场部跟进平安社区智慧社区的宣传视频，配合市场部同事进行媒体名录的收集。	学习运用OA系统流程办公，提升了沟通与办公效率。
XX屏媒事业部	尚X霖	销售	李XX	没有	了解公司产品，熟悉价格体系，熟悉公司环境	无
XX屏媒事业部	谈XX	销售	李XX	和预期差不多	签约客户	认知市场学习产品
XX事业部	温XX	客户经理	周X	入职初期对公司业务认知比较单一，当时以为就单做门禁广告，经过入职后这段时间的学习和了解后对公司业务有了更全面的认识，了解到公司的业务范围，不单是屏媒广告，涉及多领域合作。	更加深入了解到公司的业务范围及相关的组织架构。对自己接下来的业务开展行业有个初步的轮廓方向，对后期的客户业务合作制定了一些基本方针和办法。	对媒体渠道知识有了更深的认知，对公司的业务组成及涉列范围有一定认识。
XXX（硬件部）	吴XX	项目经理	廖XX	公司办公环境好！	熟悉公司环境及公司产品应用和开发工作流程，配合廖XX进行处理DOOr4和DOOr6。	掌握公司的产品应用，智能门禁产品新的了解及人脸识别技术。
XX事业部	杨XX	城市推广经理	周XX	暂无	1. 新员工入职培训。2. XX传媒新员工学习力 word 里边的问题以PPT的形式自行创作已做好。3. 已了解清楚XX传媒产品广告模式投放渠道价位。4. 每天拜访客户量，日报周报开会讨论问题更好的解决问题	以前没有接触到门禁频广告，现在深刻了解的产品趋势，也了解之前没有接触很多
XX事业部	周X	广告客户经理	周XX	我实际在公司上班的天数只有4天，目前接触到的东西不是很多，今天算是对我们一级职能部门的整个团队架构熟悉。还有一些同事不是很熟悉还需要更进一步的了解。公司是集团化的公司整个制度是相当完善，后续的话还需要做更多的了解。	1. 参加新人培训以及考试通关 2. 撰写新人入职 PPT关于对行业，产品的了解。已提交 3. 详细了解我们的产品和业务开拓。	无
汇总分析：						

表 8－1　试用期员工动态跟踪反馈表（续表）

问题 / 困难	建议意见	下一周期计划与目标	个人评分
目前开发客户的模式比较单一，接下来还得跟前辈们多多学习，学习他们的开发客户能力、话术、细节处理等知识。	经过第一阶段，认识到了公司的雄厚基础，制度完善，结构分明，各部门分工明确。	经过上一阶段，已经基本熟悉公司业务模式、价格政策等，已经为开展工作打下了前提。下一个阶段的主要任务是：学习跟KPI。学习前先得认清自己，目前自习线上业务比较熟悉，但是线下方面也是我所缺少的，需要向老员工虚心学习，多看多做多学。下个阶段（7月）定在2万，暂先往生鲜电商、咖啡蛋糕快送方向寻找客户，争取完成业绩考核。	90
媒体基数少，市场覆盖率低，影响小，造成拓展中的障碍。实际工作中通过营销媒体价值和前景加以消解、转化。	对公司新的认识是：移动互联网、物联网的应用场景变得具体而真实 OA 的功能空间得到更深更广的应用	首先是熟悉媒体，加深对媒体价值的认知和了解； 其次对目标客户分级管理（ABC），重点客户重点跟进和促成； 首月目标是产生订单，金额争取在5万–10万之间。	90
新旧习惯的过渡综合症问题，在自身工作时其他暂时没有发现问题，如有遇到自己在无法抗拒情况，没办法完成的问题，我会与同事交流、沟通、听取上级领导经验，制定方案完成工作，或协同公司其他部门共同完成。	××集团与子公司的人员产品结构，希望定期对公司员工进行实用性的专业技能培训。	完成上级领导指示，主要工作就是突破kpi，我不会限制自己。	92
无	公司的门禁、屏媒、传媒广告业务及内部各项工作流程都非常专业，能感受到公司强大的业务平台和规范化的流程。非常荣幸能在专业的平台和氛围中创造价值。	开发媒介渠道，丰富媒介资源，40+ 为执行中的业务开发目标渠道，开发实际可投放渠道5+	87
对于智慧城市行业还未了解深入，需多花时间了解行业，以便输出更完善的策划方案。	无	1. 加强对公司业务板块与行业的了解 2.参考研究同行对手的活动推广类型 3.思考公众号的推文形式能否改进 4.跟进展会事宜，与彭××详细交接。	91
无	没有建议，公司的环境跟工作的气氛都很好	提成自己的同时并为公司创造利益	
目前还没有遇到具体问题	感觉公司氛围较好，处于高速发展期觉得将来会有很好的发展，	完成KPI绩效考核	93
从之前的信息流广告为主到如今以屏媒广告为主的业务转变，在开拓客户上面的一些方式有些不一样，行业针对性也不一样。这些转变都需要尽快适应和改过来。	就××传媒而言，比我预想的业务合作方式不一样，××同时还和第三方有流量上面的合作，以及我们在接入广告主时，需要根据客户需求，来去制定最佳投放方案，选流量平台。	首先计划是把之前合作的老平台的客户，有适合屏媒广告业务的行业挑选出来，进行业务洽谈，通过该部分老客户能转化出1–2单，成交金额目标是在2万–3万左右。其次跟据自己所选的行业去开发出新的意向客户，从中来达成转化，为后面工作做准备。	94
常用开发工具及仪器设备不全，各部门划分不够清晰。	建议公司企业微信群每人的人头像，进行更换自己头像图片方便各部门同事联系及认识。	熟悉公司产品及工作流程，完成上级领导安排的任务，智能家居产品规划和项目跟踪，配合部门人员协调。	98
暂无	暂无	多开单	95
无	无	1. 熟悉产品，应用话术做业务开拓 2. 每天88个电话有效沟通15个拜访2—3个客户 3. 一周下来储备8—10个A类意向客户 4. 转化1—2个客户成交 5. 业绩目标1W	92

2. 对短期利益的过度追逐，冲淡了企业内部员工关系管理的是非标准

企业的价值观规定了人们的基本思维模式和行为模式，是企业的伦理基准，是员工对事物共同的判定标准和行为准则，企业核心理念的深入人心必须通过制度去体现，价值观只有反复强化才会得到员工认同。中国很多行业的集中度都不高，企业面临着激烈竞争，如海尔这样的知名企业，亦是如此，他们经常在短期利益和长期利益之间摇摆不定。例如，诚信固然重要，但不诚信的确能带来良好的业绩行为而得到褒奖，导致评判员工关系管理的是非标准模糊不清。

3. 缺乏完善的激励约束机制，导致员工关系管理根本的缺失

员工关系管理的根本是内部公平，调查显示，员工离职的第一原因不是薪酬水平低，而是员工内部的不公平感。内部不公平体现在激励、职业发展、授权、组织支持度等方面。从程序看，过程的不公平比结果的不公平更加突出。因此，如何完善激励约束机制，建立科学合理的薪酬制度和晋升机制，成为员工关系管理的根本。

4. 员工关系管理的主体不清晰，直线经理作为员工关系管理的首要责任人的理念，始终没有得到广泛确认

人力资源部是公司员工关系管理的组织部门，广大的直线经理是员工关系管理的首要负责人，他们相互支持和配合，从而保证企业目标的实现。企业内部员工关系或者人力资源管理的首要责任人是直线经理，但是这一观点在很多企业得不到确认，导致企业员工关系管理水平和效果得不到有效的体现。

5. 员工需求的实现程度不高，作为员工关系管理核心的心理契约总体失效

企业对于合同、协议等契约比较重视，却普遍忽视了企业与员工之间的心理契约，企业没有清楚地了解每个员工的需求和发展愿望，并尽量予以满足；也没有对员工的需求进行适当的引导，导致员工需求期望的实现程度不高；老板和员工心理定位差距较大，双方的满意度都较低，导致员工找不到归属感，遇到好机会或高薪就频频跳槽。因此，企业应从员工需

求、企业激励方式、员工自我定位以及相应的工作行为四个方面的循环来加以完善。

七、案例

案例8-1

降低T公司离职率、提高敬业度的举措

企业背景

T公司成立于2012年，是一家以软件技术服务外包和互联网创新业务解决方案为核心的国家高新技术企业，员工总人数2 800余人，其中90%为“90后”的程序开发人员。公司提供从软件技术服务，到信息咨询、行业解决方案、大数据解决方案和智慧城市解决方案等多维度的信息化服务，主要业务板块分为软件技术服务业务板块和互联网创新业务板块。

（一）离职率问题展示

T公司2018年的全年离职率34.54%，年度在岗人数2 284人，全年离职人数1 205人；2019年的全年离职率35%，年度在岗人数2 948，全年离职人数1 588人。员工的敬业度持续走低，如表8－2、表8－3所示。

表8－2　2018年全年离职率情况表

类别	月份 员工类型	1月	2月	3月	4月	5月	6月	7月	8月	9月	10月	11月	12月	合計
人员变动	当月入职	56	78	226	229	209	221	306	231	149	99	63	82	1079
	当月离职	104	76	83	143	162	142	158	134	127	102	113	56	1205
	月末人数	2231	2239	2273	2237	2467	2478	2602	2703	2876	2347	2981	2209	2284
	离职率	21.06%	4.18%	3.38%	6.36%	9.05%	9.45%	8.06%	5.72%	4.63%	4.87%	3.04%	4.58%	34.54%

年度离职率=1205/（2284+1205）*100%=34.54%

表 8－3　年全年离职率情况表 2019

类别	月份 员工类型	1月	2月	3月	4月	5月	6月	7月	8月	9月	10月	11月	12月	合計
人员变动	当月入职	67	56	203	218	218	222	317	242	220	194	195	99	2251
	当月离职	91	80	142	134	165	151	193	142	164	130	140	56	1588
	月末人数	2234	2210	2271	2355	2410	2481	2605	2705	2761	2825	2880	2923	2948
	离职率	25.96%	4.08%	6.38%	6.76%	8.05%	9.85%	8.60%	5.52%	6.63%	4.85%	5.04%	2.53%	35%
	年度离职率=年度累计离职人数/(年度在岗人数+年度离职人数)*100%													
	年度离职率=1588/（2948+1588）*100%=35%													

离职岗位中以研发岗和招聘岗的离职人数最多，分居第一、第二位。经过测算，我们发现 T 公司的离职员工的成本相当高。

数据统计得知，2018 年研发岗主被动离职人数为 1 038 人，离职总成本 0.78 亿元，招聘岗主被动离职人数为 131 人，离职总成本为 369 万元。2019 年研发岗主被动离职人数为 1 457 人，离职总成本为 1.2 亿元，招聘岗主被动离职人数为 92 人，离职总成本为 201 万元。

（二）问题的根源

根据员工敬业度调查的 3 个层面来看，在“宣传、留用、努力”层面，离职员工们并不愿意留用，也就谈不上宣传和努力。如表 8－4、表 8－5所示，离职的“90 后”员工多半是因为不喜欢工作、找不到工作的意义、职业发展规划不稳定、讨厌职场的复杂人际关系、企业组织架构变动带来的模糊和不安全感、组织支持度不够、无法信任、与上司性格不合、难以处理人际关系等原因造成的。

表 8－4　2018 年离职原因分析

项目	离职原因	人数	占比
主观因素	1. 职业发展和个人规划与企业提供岗位和空间不符合	144	12%
	2. 薪酬福利低于个人要求	193	16%
	3. 家庭原因（夫妻异地、跨省、父母催回家结婚等）	36	3%
客观因素	4. 组织支持度不佳，制度流程复杂、职责不清晰	289	24%
	5. 与上司无法沟通、性格不合	374	31%
	6. 工作任务过重、加班过多	48	4%
合计		1205	

表8－5 2019年离职原因分析

项目	离职原因	人数	占比
主观原因	个人原因/职业发展规划/不喜欢	429	27%
	去异地发展	64	4%
	家庭原因	16	1%
	与上级/下级关系不和/讨厌同事	445	28%
客观原因	薪酬福利太低	16	1%
	缺少发展空间/岗位规划不清晰	175	11%
	无法胜任工作	80	5%
	组织架构变动/高管更换频繁	206	13%
	被解除劳动关系	111	7%
	其他或调合作伙伴公司	47	3%
合计		1588	

在《心理契约视角下新生代员工敬业度研究》一文的阐述，心理契约与员工敬业度密切相关。心理契约是员工与组织之间的相互理解和信任，除正式雇佣契约规定的内容外，还存在着隐含的、非正式的、未公开说明的相互期望。文章指出，首先，员工对组织的理解和信任程度的高低，导致员工对工作有着不同水平的忠诚度、投入、认同、价值感和稳定性，从而影响员工的敬业度；其次，敬业度又反作用于心理契约，随着员工工作敬业度和组织敬业度水平的提高，员工个体绩效和组织绩效也相应提高，员工从绩效提高中获得较高的工作价值感和组织认同感等，其情感投入和稳定性也随之提高。“90后”员工有两类，一类是职业探索期，初入职场的“95后”员工，另一类是立业初期，有五六年工作经验的“立业初期”员工。职业探索期的员工，他们倾向于通过工作的变动来选定自己的职业，他们变换职业和工作的愿望强烈，流动率较高，对企业忠诚度较低，敬业度也较低。他们希望通过多渠道和方式全面了解企业的真实信息，并对企业形成客观的认识和开发，进而用以判断企业环境、文化和工作要求等，是否与自身的特点和职业发展规划相适应。这类员工的心理契约较不稳定，员工与企业的关系尚处于磨合之中，或者说双方的心理契约处于形

成阶段。此时，若员工感到心理契约的违背，则所采取的行为反应通常表现为退出，就是离开现在的组织，寻找新的组织和工作。立业初期的员工，他们制定了相应的职业发展规划，并且愿意为实现自己的职业发展目标而竭尽全力，他们非常关心自己工作的发展，关注公平的晋升机会、公正的薪酬、合理的培训计划等方面，他们对公平期望较高。立业初期的“90后”员工，他们与企业的心理契约属于交易，员工希望能够通过明确的工作绩效来体现自身的价值，并实现对其职业生涯发展的愿望，同时也希望企业对他们的付出给予合理的回报。这阶段的员工还没有形成组织成员的身份认同感，如果他们感到心理契约的违背，那么可能采取的行为反应既可能是表达，也可能是离职或与组织直接对抗，或者采取忽视的行为反应。由此可见，组织信任、组织公平在心理契约违背机制中扮演着重要的角色。

（三）解决方法

为了提高员工稳定性，降低离职率问题，T公司制定了一系列措施来加强员工与企业之间的心理契约，提升组织氛围。具体措施如下：

①组织“90后”员工们参加个人使命探寻的培训课程，通过帮助“90后”厘清他们个人的才华、热情、价值观清单，引导他们自我反思，找到工作意义，激励他们自我实现。

②引入系列教练课程，帮助“90后”员工们跳出个人舒适区，进行开放式学习，并保持刻意练习，最后形成持续学习的终身习惯，帮助他们找到个体的精力曲线，不断反思自己的思维模式，帮助“90后”保持自我精进的状态。

③帮助“90后”们跳出自我设限的模式，教会他们用系统视角去对待问题和困难，学会自己对自己负责的人生态度，形成动态自治的团队和组织。

④在招聘工作中注重诚实信任，构建员工与T公司的初步心理契约。真实地提供公司信息，让中层人员参与候选人的面试过程，增加承诺，选

择高成就动机和胜任力的员工进入T公司。

⑤为员工设计科学合理的职业生涯管理体系，共建T公司与“90后”们的心理契约，一方面增强员工的工作成就感、满意度以及对组织的忠诚度，防止组织内优秀人才流失，另一方面也带动组织自身的发展和壮大。T公司可以帮助员工分析他们各自的职业锚，针对性地设立双重或多重职业生涯阶梯。针对“90后”的特征和喜好，设计技术型和管理型的阶梯式晋升通路，调动员工的工作积极性和主动性。

⑥搭建OKR绩效考评体系，完善薪酬设计，减少心理契约违背的副作用。设计程序和分配都公平公正的宽带薪酬体系，实施绩效OKR的考核体系，尽量保证过程和结果的公平客观，对于考核结果及时沟通和帮助分析提出合理化建议，减少因此而产生的离职和对立倾向。

⑦推行员工EAP心理援助计划。引入测评公司的测评技术，举行全员测评，建立员工心理健康档案。根据测评分数和倾向，划分员工中的黑、白、灰名单，针对黑名单和灰名单进行分别的辅导和心理干预。再一轮的暗黑人格测评和员工发展性测评，找出新一轮的辅导对象，进行情绪管理和培训，帮助员工走出心理困境。参见图8－1、图8－2。

第一，进行员工职业心理健康问题评估。采用专业的心理健康评估方法评估员工心理生活质量现状，及其导致问题产生的原因。目前在人力资源管理中心设置EAP小组，由高情商、亲和力佳的员工担任专员，通过访谈、问卷等方式做出心理评估报告。

第二，搞好职业心理健康宣传。利用海报、自助卡、健康知识讲座等多种形式，树立员工对心理健康的正确认识，鼓励遇到心理困扰问题时积极寻求帮助。

第三，对工作环境的设计与改善。一方面，改善工作硬环境——物理环境；另一方面，通过组织结构变革、领导力培训、团队建设、工作轮换、员工生涯规划等手段改善工作的软环境，在企业内部建立支持性的工作环境，丰富员工的工作内容，指明员工的发展方向，消除问题的诱因。人力资源中心的EAP小组承担工作环境设计和建议工作，针对现状提出更

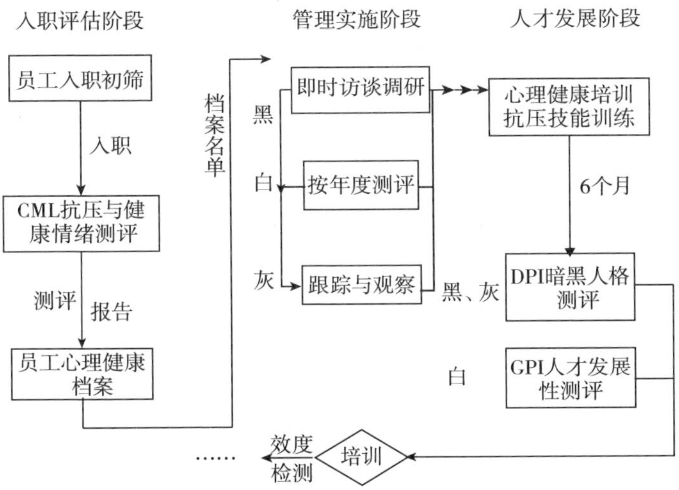

图 8-1　T 公司 EAP 实施流程

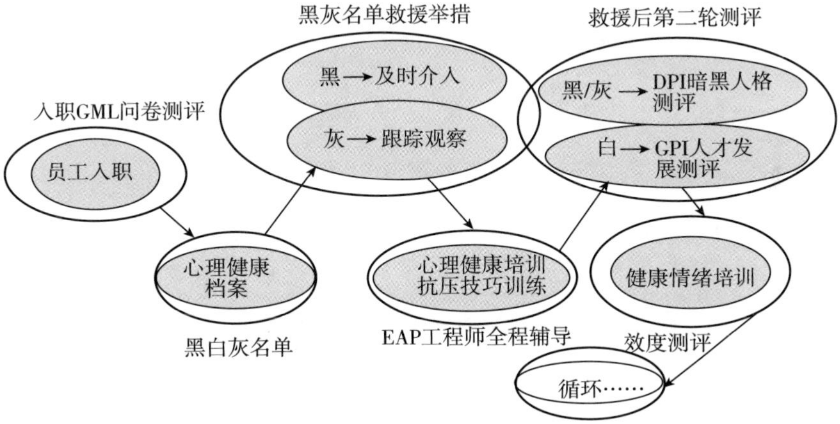

图 8-2　EAP 实施过程

加有利于提升员工情绪和心理安抚的措施。同时推行新员工试用期动态管理跟踪项目。

第四，开展员工和管理者培训。通过压力管理、挫折应对、保持积极情绪、教练式管理者等一系列培训课程，帮助员工掌握提高心理素质的基本方法，增强对心理问题的抵抗力。管理者掌握员工心理管理的技巧，能在员工出现心理困扰问题时，很快找到适当的解决方法。必要时，先向

EAP小组同事寻求支援，再形成专案小组，分析讨论后制定相应的解决方案，分步骤、分层次与员工进行单独或多方沟通。

第五，组织多种形式的员工心理咨询。对于受心理问题困扰的员工，提供EAP小组面询、咨询热线、网上咨询、团体辅导等丰富的形式，充分解决员工心理困扰问题。

⑧建立员工的生命周期管理体系。参见图8－3。

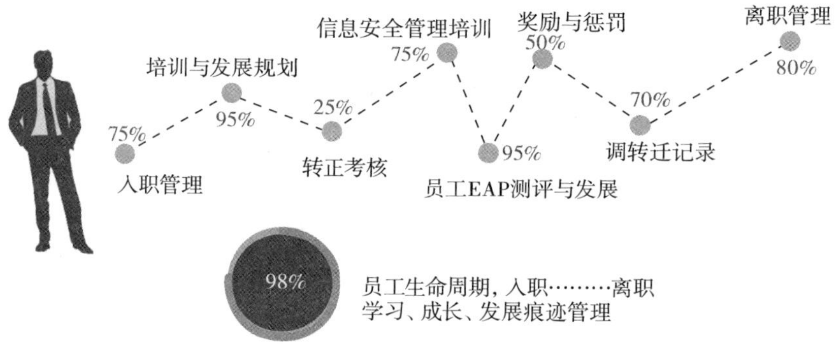

图8－3　员工生命周期管理

员工生命周期管理[①]，主要是把员工作为一个有机生命体，从入职到试用、培训到转正，再到工作过程管理、绩效薪酬、转调部门、个人奖惩发展等情况，做统一的跟进管理的过程。这个过程会形成对员工信息连贯的了解和沟通，有利于加强员工的归属感，也帮助管理者更加深入全面地了解员工。

（四）效果评估

对EAP工作效果的反馈检验，分为两个方面：硬性指标和软性指标。具体可以通过《员工满意度调查表》《项目客户评分表》《团队/项目工作效率评估表》等方式，发起360度的EAP工作调研、访谈或问卷。

1. 硬性指标包括：工作效率、销售额、产品/研发质量、缺勤率、管

① 说明：员工生命周期管理，这是本书作者自创的概念，从研发公司的“产品生命周期管理”演绎而来。

理时间、员工赔偿、招聘及培训费用分析等。

2. 软性指标包括：人际冲突、沟通关系、工作满意度、员工忠诚度、组织气氛检验等。

（五）实施流程

T 公司的 EAP 员工心理救援方案，主要采取从调研员工心理状态到宣传推广心理学知识，再到情绪培训和管理技能提升，并就整个个案针对不同情形进行一对一的咨询和帮助。企业在组织上也成立了内部的 EAP 团队，针对不同员工的需求，进行阶段性总结和效果评估工作。

在具体管理工作中，我们针对不同层级的管理者，提出不同程度的管理心态和技能要求，目标是提高团队管理者的“宜人性”，加强组织支持度，提高员工的被关注度和正向感受。我们设置 EAP 小组，通过关心员工的个人健康和家庭和谐情况，有利于提高员工幸福指数和职场的归属感，更加有利于提高员工效能。

（六）风险和问题

采取上述措施，需要注意各方面可能出现的风险，具体如下：

①激发清醒的“90 后”员工个体，帮助他们转变成为自我实现、自我精进、动态自治的个体，需要管理者具备较高的教练技术，以免激起“90后”们的应付和逆反心理。建议或外请专业咨询公司来承担教练或管理干部，或引入咨询经验和教练技术背景深厚的新任管理者。

②招聘过程中需要特别注意，避免面试阶段的虚假承诺或无法兑现的条件等情况。

③在职业生涯管理设计体系时，需要通过耗时费力的组织一对一或小组沟通会的方式来了解“90 后”们，并且给出的建议需要关注他们自身的各个方面，因人而异地给予建议和设计，以免心理契约崩塌。

④绩效考核和薪酬设计中，避免绩效考核误区，减少因为从众心理、调和倾向、比对效应、考核结果保密、不及时与被考核者沟通等原因引起的考核不公平，导致员工出现心理挫折或对立情绪，违背心理契约。一定

要在绩效和薪酬方面做到公平、公正、客观，尊重事实和量化考核。基于以人为本的文化，营造公平、沟通的组织氛围，建立可信任的组织。

⑤推行员工 EAP 心理救援过程中，对于员工的测评信息和沟通过程，需要高度保密；同时要对管理者和员工双向负责；需要人力资源工作人员具备较强的冲突管理能力。

在日新月异的今天，管理者每天都要面对不断变化的外部环境和日益专业化的员工，世界经济和政治的不稳定性，让我们必须在全新的快速变化的环境中，履行好计划、组织、领导和控制的职能。我们意识到，为客户提供高质量甚至是超越期待的服务，才是企业竞争环境中最重要的环节。因此，管理者必须成长，必须不断地创新和进步，建立起客户反应型的科学敏捷的组织，以适应市场变幻莫测的发展需求，这也是企业在日益激烈的全球化竞争中存活下去的唯一方法。身为管理者的你我，任重而道远。

参考文献

[1] ku...8@163.com.确定公司战略目标的步骤[EB/OL].https://wenku.baidu.com/view/78f867ec00f69e3143323968011ca300a7c3f6cc.html.

[2](美)迈克尔·波特等.重塑战略[M].北京:中信出版社,2016.

[3] yyz200202.人力资源战略规划.[EB/OL].https://wenku.baidu.com/view/0d9fb6dffd4ffe4733687e21af45b307e971f9e5.html.

[4] GONG岁月.人力资源战略与规划(个人汇总)[EB/OL].https://wenku.baidu.com/view/a91174c71fb91a37f111f18583d049649b660eaf.html.

[5]杨少杰.进化:组织形态管理[M].北京:中国法制出版社,2019.

[6]吴大有.繁荣共进组织基本框架[EB/OL].www.slashme.com.

[7]张国有.企业驱动力——文化的力量[M].北京:企业管理出版社,2017.

[8] lxw911.企业文化建设方案[EB/OL].https://wenku.baidu.com/view/2cdd643d8662caaedd3383c4bb4cf7ec4bfeb640.html.

[9]惠兴图文.公司企业文化建设方案[EB/OL].https://wenku.baidu.com/view/fdeb56b9182e453610661ed9ad51f01dc3815736.html.

[10]张祥.公司培训体系建设方案[EB/OL].https://wenku.baidu.com/view/b115d1981611cc7931b765ce05087632311274b5.html.

[11]来捏我的脸.薪酬管理方案[EB/OL].https://wenku.baidu.com/

view/9df5f40f4afe04a1b171de99. html.

[12]冯烨. 关于招聘的文献综述[EB/OL]. https://wenku. baidu. com/view/cda3b569690203d8ce2f0066f5335a8103d26675.

[13]@ time 拼命三郎 . 员工关系管理[EB/OL]. https://baike. baidu. com/item/员工关系管理/10567447? fr = aladdin.

[14](美)彼得·德鲁克. 管理的实践[M]. 齐若兰,译. 北京:机械工业出版社,2012.

[15](美)彼得·德鲁克. 卓有成效的管理者[M]. 许是祥,译. 北京:机械工业出版社,2009.

[16] YUNHAO5330. 管理学[EB/OL]. https://wenku. baidu. com/view/e307c65f3b3567ec102d8a55.